KIRCHSCHLAGER/BECHLER
DAS THÜRINGISCHE
OBSCURUM

MICHAEL KIRCHSCHLAGER/LOTHAR BECHLER

DAS THÜRINGISCHE OBSCURUM

Erschreckliche, scheuderliche & greuliche Geschichten sowie allerlei andere Merkwürdigkeiten aus alten Chroniken

KIRCHSCHLAGER

Das Zitat von Edgar Allan Poe auf der Buchrückseite wurde der Ausgabe »Erzählungen«, Bibliothek der Weltliteratur, Berlin 1985, S. 337 entnommen. Das Zitat von William Shakespeare auf S. 13 entstammt William Shakespeare, Sämtliche Werke in vier Bänden, hg. v. Anselm Schlösser, Aufbau-Verlag Berlin und Weimar 1989, Bd. 4, S. 278.

IMPRESSUM

2., verb. und erw. Auflage Arnstadt 2007
ISBN 978-3-934277-12-0
Lektorat: Andrea Kirchschlager, Arnstadt

Gesamtherstellung: PBtisk s.r.o., Pribram

INHALTSVERZEICHNIS

DER SÜSSEN WOLLUST BITTERE FRÜCHTE

DIEBEREIEN UND WIE SIE GESTRAFT WURDEN

MEISTER HANS DER HENKER

VOM HEXENWAHN

WÖLFE UND VAMPIRE

TEUFELS- UND GEISTERERSCHEINUNGEN

ALLERLEI ANDERE MERKWÜRDIGKEITEN

Schnöde Taten,
Birgt sie die Erd' auch,
Müssen sich verraten.
(Shakespeare, »Hamlet«)

VORWORT ZUR 2. AUFLAGE

Nachdem die 1. Auflage dieser Edition seit zwei Jahren vergriffen ist, entschloß sich der Verlag, eine 2., leicht bearbeitete und mit einigen weiteren Geschichten ausgestattete Neuauflage, herauszugeben. Wenige Geschichten und nur solche, die Thüringen nicht direkt berühren, wurden dafür herausgenommen. Außerdem wurden weitere Abbildungen eingefügt.

Wie der Titel des Bandes bereits verrät, suchten die Herausgeber Geschichten, Nachrichten und Merkwürdigkeiten, die ihren Ursprung im »Reich der Finsternis« haben. Sie stammen aus dem Zeitraum vom späten Mittelalter bis zum 19. Jahrhundert, der Zeit des größten Teufels- und Aberglaubens sowie der Blutgerichtsbarkeit. Das christliche Alte Europa trennte eindeutig zwischen Himmel und Hölle. Besonders nach Luther und der Reformation blühte der Teufelsglaube erneut auf, der vorher schon über Jahrhunderte stark von der römischen Kirche gepredigt worden war. So glaubte man, daß ein Oberteufel über zahllose Unterteufel gebot. Jedes Laster, wie z. B. das Vollsaufen, das Tanzen oder das Huren und Buhlen brachte einen dafür zuständigen Teufel hervor. Der Teufel und alle seine Helfershelfer trieben ein makaberes Spiel mit der Menschheit. Die Missetaten, die ans Licht kamen, wurden hart gestraft. Gerichtet wurde alttestamentarisch. »Wer eines Menschen Blut vergießt, dessen Blut soll ebenfalls vergossen werden.« So steht es im Buch Mose. Den Hauptpart unserer Sammlung bildet daher auch das Kapitel MORD-, SCHAND- UND ÜBELTATEN.

»Das Thüringische Obscurum« will keinen Anspruch auf Vollständigkeit erheben. Oft stammen die Geschichten aus Büchern von Geistlichen, die dadurch belehren und abschrecken wollten (z. B. Buetner).

Das Finstere, das Andere hat die Menschen immer wieder interessiert und fasziniert. Darum sind wir zuversichtlich, daß dieses Buch seine Leser finden wird. Wer sich in die Geschichten »hineinliest«, dem rückt nach und nach ein Stück Lebensumwelt unserer Vorfahren ins Bewußtsein. Wir haben Teil an ihren Sorgen und Ängsten, wir begreifen, wie gefährdet, unwägbar, unsicher das Leben der Menschen damals war. Der Leser erhält zudem einen plastischen Eindruck vom Aberglauben und der Gerichtsbarkeit vergangener Jahrhunderte. Man erkennt, und das mag erschrecken oder beruhigen, wie ähnlich uns unsere Altvorderen im Grunde waren, jedoch auch wie fremd uns Heutigen manche ihrer Denk- und Verhaltensweisen geworden sind.

Im Verlauf der Arbeit an diesem Buch kamen wir zu der Einsicht, daß es abträglich wäre, die Geschichten völlig unserem modernen Sprachgebrauch (Rechtschreibung und Zeichensetzung) anzupassen. Andererseits zeigte sich, daß wir ohne eine Textbearbeitung nicht auskommen würden. Wir haben daher versucht, dem Leser einen möglichst großen Anteil vom Originaltext zu erhalten. Worte wurden nur dort ausgewechselt, Textstellen nur dort gestrafft bzw. umgestellt, wo uns das für das Verständnis notwendig erschien. Auf einen umfangreichen Erläuterungsapparat wurde bewußt verzichtet. Bei Ortsbezeichnungen haben wir die aktuelle Schreibweise übernommen. Erläuterungen und Erklärungen stehen allgemein *kursiv* wie z. B. Auflösungen christlicher Feiertage und deren moderne Datierung. Bei Herrscherpersönlichkeiten stehen die Regierungsdaten in Klammern dahinter. Sprachliche Besonderheiten wurden belassen und ebenfalls in Klammern erläutert, wie z. B. Fahmberg *(Gerichtsstätte).*

Die Quellen- und Literaturnachweise finden sich am Ende der jeweiligen Geschichte bzw. für die Abbildungen in den Abbildungsunterschriften.

Michael Kirchschlager Lothar Bechler

KAPITEL

VON MÄUSEN, RATTEN UND ANDEREM GETIER

Was prahlst du, Schnarcher, doch mit deiner Macht und Stärke,
Da dich doch eine Maus wohl niederlegen kann.
Bedenke doch bei dir die großen Gotteswerke,
Die er so wunderlich durch dieses Tier getan.
Wer heute wie ein Gott in Purpur hat gesessen,
Wird morgen von der Maus mit Haut und Haar gefressen.
(Ernst VII, S. 82)

Angst und eine abergläubische Scheu vor Mäusen und Ratten ist uns nicht fremd. Unseren Vorfahren ging das ebenso. Daß sich über diese Tiere in alten Schriften immer wieder Erstaunliches lesen läßt, hatte mehrere Gründe: Ratten, Mäuse und anderes Ungeziefer waren früher ernsthafte Feinde für die Menschen. Das massenhafte Vorkommen dieser Tiere hatte stets nachteilige Folgen für die Ernte und konnte eine Ursache für Hungersnöte und Preissteigerungen bei landwirtschaftlichen Produkten sein. Solche Ungezieferplagen wurden als von Gott gesandte Strafen für begangene Sünden angesehen.

Das rote Mäuslein

Auf einem Edelhof zu Wirbach bei Saalfeld mußte das Gesinde einstmals Obst schälen. Dabei kam einer Magd der Schlaf an, so daß sie sich von ihnen absonderte und auf die Bank zum Ruhen niederlegte. Was geschieht?

Wie sie ein wenig still lag, siehe, da kroch ihr zum offenen Maul ein rotes Mäuslein heraus, was die meisten Leute sahen und einer es dem anderen zeigte. Das Mäuschen eilte zum Fenster, welches offen stand und blieb ein Weilchen draußen. Nun stand eine vorwitzige Zofe auf, ungeachtet, daß ihr die übrigen dies stark verboten hatten und rüttelte nicht nur die entseelte Magd, sondern bewegte sie auf eine andere Stelle und ging davon. Danach kam das Mäuslein wieder und lief auf der vorigen Stelle hin und her. Wie es aber nicht recht ankam und sich zurechtfand, so verschwand es und die Magd wachte nie wieder auf, sondern blieb tot. Welches, wiewohl zu spät, die vorwitzige Dirne sehr bedauerte. Auf diesem Hof soll ein Knecht gelebt haben, der vorher viele Male von einem Alp gedrückt wurde und keinen Frieden fand, bis nach Absterben jener Magd. *(Stieffler, S. 286)*

Mäuseplagen

Im Jahre 1434 waren Korn und Heu gar wohl geraten. Aber kurz vor der Ernte fanden sich so viele Mäuse und Hamster, daß sie fast alles auffraßen. Nach ihnen kamen so viele und große Regen, daß sie alle miteinander ersaufen mußten. *(Binhard, 2. Buch, S. 306f.)*

Im Jahre 1570 gab es so viele Feldmäuse, daß dergleichen kein Mensch gedachte. Sie richteten grausamen Schaden im Felde an, fraßen den Samen unter der Erde hinweg, daß man große Plätze auf den Äckern bloß sah, und wenn Gott der Herr nicht aus besonderer Gnade durch viel und stetiges Regnen diesem Ungeziefer entgegen gesteuert hätte, so wäre Besorgnis gewesen, daß von den Winterfrüchten nicht viel übrig geblieben wäre. *(Binhard, 3. Buch, S. 178)*

Erst die Mäuse, dann die Läuse

Im Jahr 1638 herrschte eine große Mäuseplage, sowohl in Häusern als auch in Scheunen, Ställen, Wiesen, Gärten und auf dem ganzen Feld. Wo man ging, saß, stand oder lag, begegneten einem solche Tiere. Dergleichen Menge konnte sich kein Mensch gedenken. Die Bauern trieben einst einen Fuchs in ein Loch, gruben ihn aber wieder aus und fanden zehn Metzen Mäuse bei ihm *(1 Hainaer Metze = 13,25 Liter, hier also etwa dreizehn Eimer).* Als diese Plage aufhörte, begann die Läusemarter. 1639 gab es eine solche Menge dieses Ungeziefers, daß alte und junge Leute sich nicht der Läuse in den Betten, Kleidern, am Leibe, Menschen und Vieh, an Schweinen, Gänsen, Pferden erwehren konnten. Man mußte sie mit Spänen abkratzen und mit Asche vertilgen. So waren auch das Vieh und Obst überall voller Würmer und das ganze Feld voll anderem Ungeziefer. So eine harte Landplage war vornehmlich in Thüringen, um Creuzburg an der Werra. *(Ernst VII, S. 70f.)*

Unglück durch eine Rattenmaus

In Eisenach fing ein Bürger eine große Ratte, hing ihr eine Schelle an und ließ sie laufen, die anderen Ratten damit zu vertreiben. Als aber die Ratte einem schwangeren Weib begegnete und entgegen lief, war dieses so hart darüber erschrocken, daß sie danach eine Leibesfrucht gebar, die einer Ratte ähnlich sah. *(Junckers, Teil 1, S. 39f.)*

Die Maus im Ohr

Im Frühling 1672 zog Gotfried Gmälin, Barbier und Wundarzt in Meiningen, einer Magd, die viel Anfechtung von den Zauberern hatte und große Schmerzen im Haupt spürte, eine richtige Maus stückweise aus dem rechten Ohr heraus. *(Güthe, S. 419)*

Der Rattenkönig

Im Haus eines vornehmen Mannes trug es sich zu, daß unter dem Anrichttisch in der Küche lange Zeit ein Zischen der Ratten gehört wurde. Man beobachtete, daß zuweilen die eine oder die andere hin und her lief, und zwar nicht ohne Erschrecken derjenigen, welche die Speise anzurichten hatten und wo solche »Gäste« am verhassesten sind. Welche nicht allein die Speise verschleppen und wegmausen, sondern, wie einige sich einbilden, gar vergiften können. Man faßte deswegen den Beschluß, daß man siedheißes Wasser in den Ort, wo sie wären, gießen wollte, um sie daraus zu vertreiben. Wie solches geschah, kamen vier Ratten mit großem Greinen *(Weinen)* und Ungestüm herausgesprungen. Das inwendige, erbärmliche Geheul ließ mutmaßen, es könnten noch mehr unter dem Boden stecken.

Eine beherzte Magd schob einen Backstein weg und faßte mit einer großen Zange eine Ratte, die heraus wollte, brachte aber nichts als den abgerissenen Schwanz heraus. Sie griff noch einmal zu und zog eine abscheuliche Mißgeburt hervor, die aus vierzehn Ratten bestand, die alle ihre rechte Größe hatten und alle hinten aneinander hingen, auch noch lebten und Atem holten, woran die Schwänze, wie der Megäre *(griechische Rachegöttin)* Haarlocken oder das Haupt der Medusa *(schlangenhaariges, griechisches Ungeheuer)* ineinander geflochten und verwirrt waren. Dieses Monstrum konnte gar nicht fortgehen, weil die Köpfe mit der Brust gleichsam in einem Zirkel rangiert *(zu einem Kreis angeordnet)* waren. Man hat es getötet und in einen Ort, wo es nicht wieder heraus zu bekommen war, geworfen ...

Über die Ratten wurde noch folgendes judiziert *(geurteilt)*: Es gab unlängst ein gewisser gelehrter Mann nicht ohne Grund an, daß er verschiedene solcher mit Schwänzen zusammen verflochtenen Rattenkompanien gesehen und dabei unauffällig beobachtet hat, daß solches Ungeziefer aus lauter Hengsten *(männlichen Tieren)* bestanden habe.

Diese würden von andern Ratten wegen Bedienung ihres Königs, mitsamt demselben, reichlich versorgt. Diese Wache haltenden Ratten waren meistenteils fetter und stärker als die anderen. Aus Dankbarkeit besprängen nun die Rattenhengste nach Belieben die ihnen Speise bringenden Ratten und pflanzten so dieses saubere Geschlecht fort.

Abschließend wollen wir noch einen Bericht vom 20. Juli 1725 anfügen: In der Hälfte des März 1725 traf Gottfried Wilhelm Berger, Schneidemüller zu Dorndorf, auf dem obersten Boden der herrschaftlichen Mühle unvermutet einen sogenannten Rattenkönig, und zwar die eine Hälfte zwischen den Scheinböden hängend, die andere Hälfte aber im Taubenschlag steckend. Er bestand aus elf Ratten, deren Schwänze in der Mitte alle zusammengewickelt, wie geflochten waren. Der eine Rattenkopf war größer als der der anderen. Der Schneidemüller hat dieses Ungeheuer totgeschlagen, worauf viele andere ordentliche Ratten mit der größten Furie *(Raserei)* nach ihm gesprungen sind. Das Ungeheuer wurde auf ein Brett gelegt und dem jetzigen Müller, Richtern, samt unterschiedlichen andern Leuten gezeigt, und hierauf aus Unverstand unter die Mühlräder ins Wasser geworfen. Dessen ungeachtet wurde die Mühle mit Ratten noch im Nachhinein sehr geplagt. *(Heller, S. 183f.)*

Die erste Erwähnung eines Rattenkönigs geht auf das Jahr 1610 zurück. In der Regel löste ein Rattenkönig Angst und Schrecken aus. Die Naturwissenschaft definiert einen Rattenkönig als eine Gruppe von Ratten,

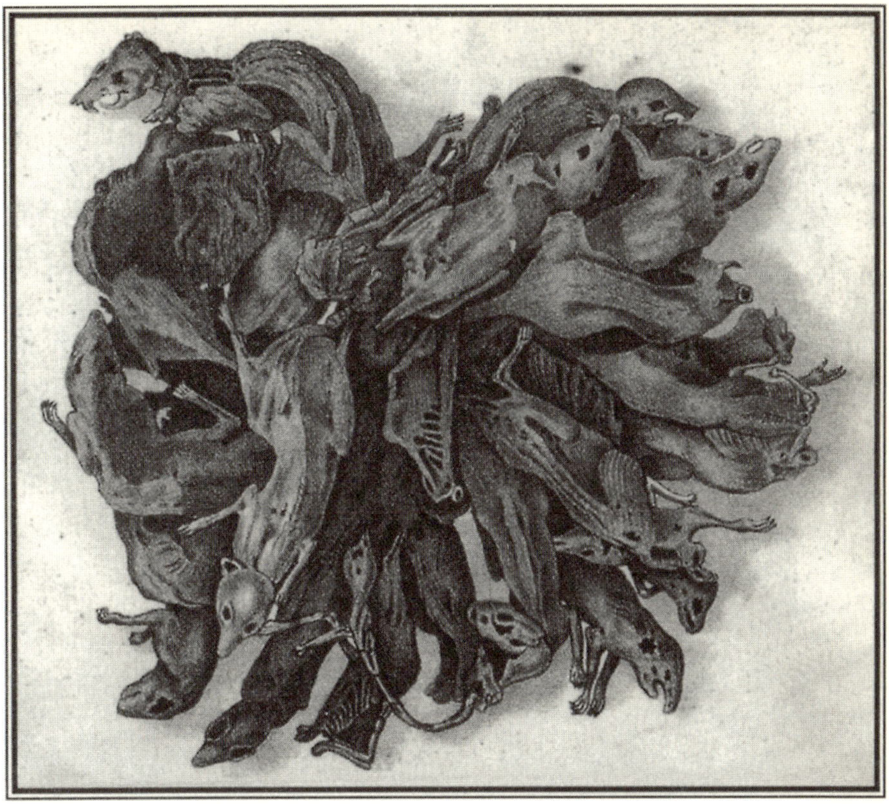

Der Rattenkönig von Altenburg. Museumsfaltblatt, Naturkundliches Museum Mauritianum Altenburg.

deren Schwänze so miteinander verwickelt oder verknotet sind, daß sich die Tiere nicht mehr selbständig aus ihrem Verband lösen können.

Ausführlich wird das Phänomen des Rattenkönigs in Brehms Tierleben behandelt: »Im Freileben kommt unter den Ratten zuweilen eine eigentümliche Krankheit vor. Mehrere von ihnen verwachsen untereinander mit den Schwänzen und bilden dann den sogenannten Rattenkönig, den man sich in früheren Zeiten freilich ganz anders vorstellte als gegenwärtig, wo man ihn in diesem oder jenem Museum sehen kann. Früher glaubte man, daß der Rattenkönig, geschmückt mit goldener Krone, auf einer Gruppe innig verwachsener Ratten throne und von hier aus den ganzen Rattenstaat regiere. So viel ist sicher, daß man zuweilen eine ganze Anzahl fest mit den Schwänzen verwickelter Ratten findet, die, weil sie sich nicht bewegen können, von Mitleidigen ihrer Art ernährt werden müssen. Man glaubt, daß eine eigentümliche Ausschwitzung der Rattenschwänze ein Aufeinanderkleben derselben zur Folge habe, ist aber nicht imstande, etwas Sicheres darüber zu sagen. In Altenburg bewahrt man einen Rattenkönig auf, der von siebenundzwanzig Ratten gebildet wird; in Bonn, bei Schnepfenthal, in Frankfurt, in Erfurt und in Lindenau bei Leipzig hat man andere aufgefunden. Es ist möglich, daß derartige Verbindungen öfter vorkommen, als man annimmt; die wenigsten aber werden gefunden, und an den meisten Orten ist der Aberglaube noch so groß, daß man einen etwa entdeckten Rattenkönig gewöhnlich sobald als möglich vernichtet.« Tatsächlich wird als Hauptursache für das Zustandekommen der Schwanzverknotung das instinktive Verhalten der Hausratten angenommen, bei Berührung ihrer Schwänze den Fremdkörper zu umklammern. Nach neueren Erkenntnissen wird der Rattenkönig von Altenburg aus 32 Ratten gebildet. Er wurde im thüringischen Buchheim bei Eisenberg gefunden. Hier ließ im Mai 1828 der Müller Steinbrück die Mauern seines häuslichen Kamins abreißen. Dabei fand er unter dem Schutt einen mumifizierten Rattenkönig. Heute wird die Mumie des weltgrößten Rattenkönigs im sogenannten »Mauritianum«, im Naturkundlichen Museum der Stadt Altenburg aufbewahrt.

In Arnstadt existiert im Schloßmuseum ein Ölbild auf Holz, welches einen Rattenkönig, bestehend aus sechs Ratten darstellt. Die Inschrift lautet: »Diese Sechs aneinander hangende Ratten Mäuße sind den 21. November 1759 allhier zu Arnstadt, bey den Zinn Gießer, Georg Heinrich Schenherr unden am Marckte zum Hügel genand gefunden worden.«

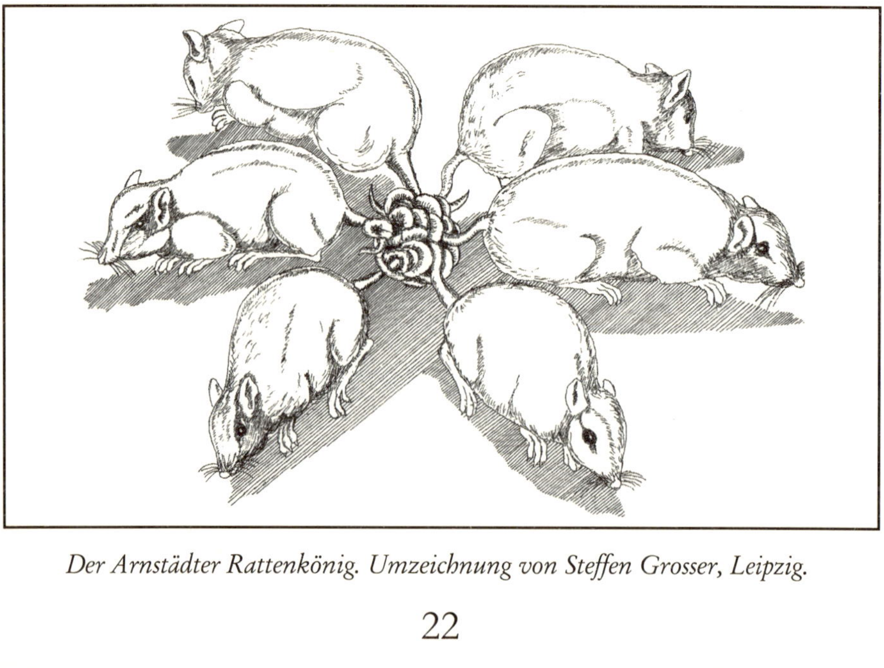

Der Arnstädter Rattenkönig. Umzeichnung von Steffen Grosser, Leipzig.

In des Bürgermeisters Keller
Sitzt der Satan in Gestalt
Eines ries´gen Rattenknäuels
Mit unendlich vielen Beinen,
Hundert Köpfen, tausend Schwänzen ...
(Der Rattenfänger von Hameln)

Die Rattenmaus in der Linsensuppe

Im Jahre 1485 wurde Erhard Weiß, späterer Obermüller zu Meiningen mit Elisabeth, seiner Hausfrau, in die Stadt gebeten, darin sie sich auch einstellten. Sie befahlen ihren vier Kindern, die in der Mühle zurückblieben, Mahlzeit zu halten, einen Topf voll Linsen miteinander zu essen, sich fein still zu verhalten und gütlich zu vertragen.

Es hatte sich aber zugetragen, daß zuvor, den Eltern unwissend, eine große Rattenmaus in den Topf unter die Linsen gesprungen war, welche sich verbrühte und verkochte. Als nun das größte Mägdlein den anderen Kindern das Essen ausschüttete und sie, ihrem Verstand nach, meinte, es hätte ihnen die Mutter etwa einen Vogel (wie denn auch kurz zuvor mit einem jungen Entenvogel geschehen war) darin gekocht, haben sie sich darüber heftig erfreut, und ein jedes wollte sich zuerst an den Vogel machen. Sie hielten sich aber doch nach der Eltern Befehl friedlich, bis die älteste und größte Schwester ihnen den vermeintlichen Vogel zerlegte und unter sie teilte, den sie auch zugleich mit den Linsen bis auf den Schwanz und Kopf verzehrten. Am anderen Tag lobten die Kinder den Vogel heftig und baten die Mutter, nur noch dergleichen zu kochen. Diese wollte von keinem Vogel, den sie in die Linsen getan, wissen, bis sie endlich denselben an seinen Federn – dem übergebliebenen Schwanz und Kopf – erkannte.

Obwohl nun der Müller und sein Weib mit großer Kümmernis und Schrecken in Sorgen standen, daß die Kinder alle des Todes darüber sein müßten, ist doch bei denselben durch Gottes Schutz alles ohne Schaden abgegangen und alle viere blieben bei guter Gesundheit und wurden starke Leute. *(Ernst VI, Teil 2, S. 360f.)*

Rabenkrieg

Im Jahre 1484 erschienen eine große Menge Krähen und andere Vögel, die in der Luft miteinander kämpften und von denen etliche ermüdet auf die Erde fielen, etliche aber tot blieben. *(Geisthirt, 5. Buch, S. 5)*

Das Gericht der Störche

Es geschah eine wunderliche Geschichte, als man schrieb nach Christus Geburt 1355 Jahre. Am Sonnabend zur Vesperzeit, vier Wochen nach Ostern, kamen gegen Creuzburg in die Stadt und auf die Stadtmauern, auf die Kirchen und Türme viele Störche einzeln geflogen, daß man meinte, daß es in zwei oder drei Ländern nicht so viele Störche gab. Sie setzten sich in der Nacht auf den Häusern und Kirchen ab, daß man mehr Störche als Ziegel zu sehen glaubte. Am Sonntag zum mittleren Morgen hin – die ganze Nacht waren weitere Störche geflogen gekommen – erhoben sie sich gemeinschaftlich, und als man die Hohe Messe anhob, flogen sie über Creuzburg auf eine weite Wiese. Sie sammelten sich zu einem Haufen und trennten sich wieder, gleich Leuten, die Gespräche halten. Danach fielen sie zusammen und stachen drei von ihnen tot. Nachdem dies geschehen war, standen sie wieder auf und flogen dorthin zurück, woher sie gekommen waren. Die jungen Leute liefen aus der Stadt auf die Wiese, sahen ihnen zu und brachten die drei Störche, die erbissen wurden, mit in die Stadt. *(Rothe, S. 696)*

Krieg der Störche

Im Jahre 1523 kamen viele Störche an einem Ort in Thüringen auf einer Ebene zusammen. Sie teilten sich in zwei Haufen und fielen grimmig ineinander, als kämpften sie. Dadurch sind ohne Zweifel die Empörung und jämmerlichen Kriege, die Anno 1525 in diesem Land erfolgten *(Bauernkrieg)*, angezeigt worden. *(Binhard, 3. Buch, S. 83)*

Schwäne als Kriegsboten

Gegen den Ausgang des Jahres 1634 kamen Schwäne in der Luft dahergeflogen, ließen sich bei Gebesee, Vehra und Henschleben nieder, wurden zu sechst und siebend beieinander gesehen. Solcher Schwanenzug und Flug war ein böses Zeichen, Vorbedeutung und Vorbote des Krieges. *(Olearius, Rerum Thuringicarum Syntagma, 1. Teil, S. 126)*

Fliegende Würmer

Im Sommer 873, da die Früchte im besten Wachstum waren, kamen aus dem Orient Würmer, wie Heuschrecken, die vier Flügel und sechs Beine hatten, welche den Erdboden wie ein gefallener Schnee bedeckten und alle Frucht mit Stumpf und Stiel abfraßen. Sie waren eines Mannes Daumen lang und dick, hatten ein großes, weites Maul, großen Bauch und zwei große Zähne, die härter als Stein waren, mit welchen sie die härtesten und zähesten Schalen von den Bäumen abnagen und fressen konnten. Sie kamen in einer so großen Menge, daß sie bei Mainz in einer Stunde hundert Äcker abfraßen, und zogen so dicke, daß man in einem Bezirk einer Meile breit den Sonnenschein kaum sehen konnte. Wenn schon einige Schwärme westwärts zogen, so kamen doch bald darauf andere an die Stelle, was zwei Monate andauerte.

Sie zogen wie eine Armee in geordneten Gliedern, und hätten sich auch so gelagert. Am Tage vorher kamen ihre Quartiermeister an, welche einen bequemen Ort aussuchen mußten, wo noch nicht gefressen und verheert war. Am folgenden Tag, abends neun Uhr, kam der ganze Haufen nach, und lagerte sich dort, wo die Quartiermeister das Lager bestimmt hatten. Sie brachen nicht eher auf, bis am anderen Tag die Sonne völlig aufgegangen war. Haufenweise setzten sie ihren Marsch fort. Wo sie nachts lagen, waren die Früchte so aufgezehrt, als wenn sie von einem starken Hagelwetter in den Erdboden geschlagen wären. Am Tage zogen sie etwa fünf Meilen *(ca. 38 Km)*, bis sie endlich an das Britannische Meer kamen, worein sie durch den Wind gestürzt wurden und alle ersoffen. Jedoch das Meer trieb sie an das Land. Da wurden sie berghoch zusammengetrieben, gerieten in Fäulnis, gaben einen häßlichen Gestank von sich und vergifteten die Luft. Dadurch entstand im Jahr 874 nicht nur eine grausame Hungersnot, weil es an den Früchten mangelte, sondern auch ein grausames Sterben, so daß der dritte Teil der Menschen tot hinfiel. *(Koch, S. 93)*

Das Thüringer Heuschreckenjahr 1693

Die schlimmste Heimsuchung durch Heuschrecken erfuhr Thüringen im Jahre 1693. Aus Ungarn kommend drangen sie über Sachsen und das Vogtland in die Altenburger Gegend vor.

Nun flogen sie über die Saale und langten zwischen dem 18. und 20. August in Thüringen an. Es waren ihrer so viele Millionen, daß sie wie schwarze Wolken daherzogen. Bei Tage, wenn es anfing heiß zu werden, erhoben sie sich vom Erdboden und suchten neue Weide. Bei Nacht aber saßen sie auf der Erde und fraßen alles weg, was grün war. Ein Teil von ihnen machte sich an die Bäume und zwar in solcher Menge, daß sich die Zweige zur Erde beugten. Der am 20. August an Jena vorbeiziehende Hauptschwarm bestand aus drei Haufen, die deutlich voneinander getrennt flogen und zwar mit einem Geräusch, das dem Brausen eines Wasserfalles gleichkam. Ein Südwind hob sie auf und trieb sie nach Norden auf die nächstgelegenen Berge, wo sie alles Gras verzehrten, die Weinstöcke und die meisten Bäume aber verschonten.

In Neustadt an der Orla, wo sie wie in Plauen in die Gassen der Stadt eingefallen waren, hängten sich viele den Marktleuten an die Kleider und zwickten den barfüßig Gehenden in die Beine. Der Flug ins Rodaische war so stark, daß es über dem Holze bei Tröbnitz und Geisenhain wie eine schwarze Wolke schwebte und einem großen Rauch nicht ungleich erschien. Daher wurde das Volk aufgerufen und in den Wald kommandiert, um dort zu löschen. Um die Stadt Weimar traf man sie zwei Hand hoch an. Schwäne, Enten und Hühner, auch Schweine, mästeten sich an ihnen. Da Regen und Kälte eintraten, konnten die Insekten nicht weiterkommen. Sie starben um Naumburg und in anderen Saalegegenden ab, nachdem sie sich vier Wochen lang bis September dort aufgehalten hatten.
(Hoffmann, S.182)

Gefräßige Raupen

Um den Anfang des Mai 1502 traten grausam viele Raupen auf, die nicht allein in den Gärten, sondern auch in den Wäldern das junge Laub hinwegfraßen, so daß die Bäume wie Besen standen und es ist des Geschmeißes so viel gewesen, daß es alle Straßen voll kroch und man nicht vorüberkam, es sei, man hat es zertreten. *(Binhard, 3. Buch, S. 34)*

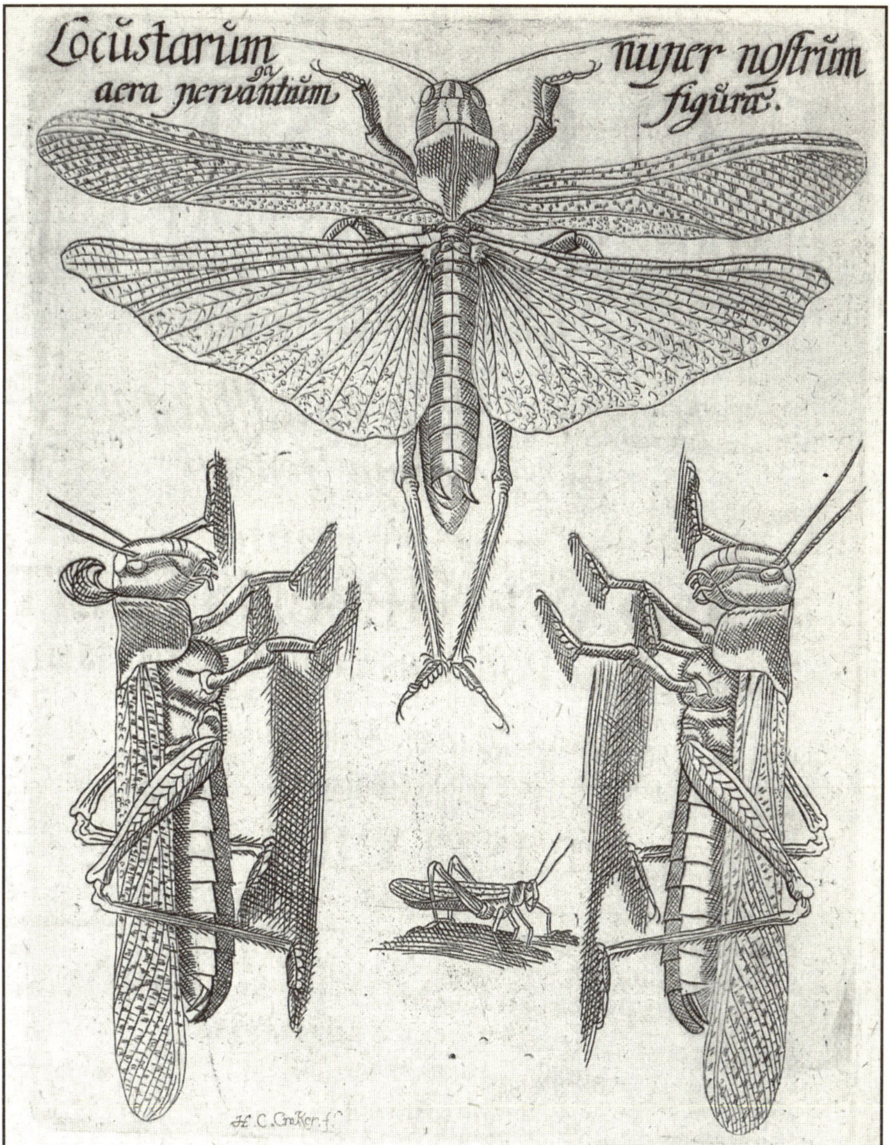

Heuschrecken. Hebenstreit, Johann Paul, De Locustis immenso agmine aerem nostrum implentibus, et quid portendere putentur, Jena 1693.
Foto: Sigrid Geske, Stiftung Weimarer Klassik, Herzogin Anna Amalia Bibliothek.

Hamsterplage

Es gab im Jahre 1597 dermaßen viele Hamster in allen Fluren und Feldern. Sie bewohnten auch die Scheunen und die Häuser, stiegen den Leuten auf die Böden, krochen ihnen in die Betten und gruben ihnen in die Keller. Wie denn bei uns ein Bauer des Abends zu Bett gehen wollte, saßen zwei Hamster auf der Treppe und wollten ihn nicht hinauflassen. Er mußte sie mit aller Gewalt erschlagen. *(Binhard, 3. Buch, S. 209)*

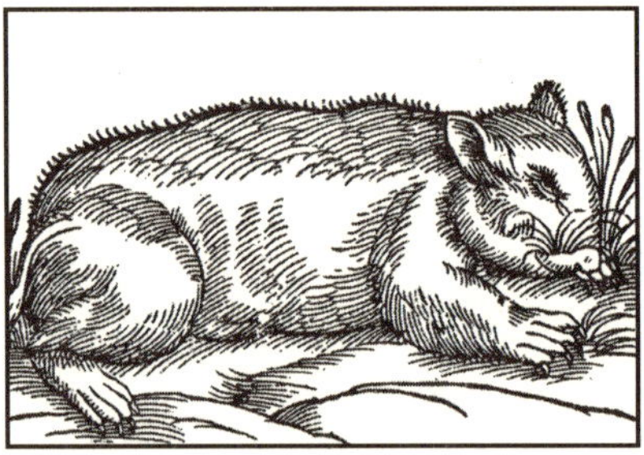

Der Hamster oder Zieselmaus. Kupferstich aus dem Kreuterbuch des Adam Lonitzer, 1679. Nach Lonitzer sind die Hamster besonders in Thüringen anzutreffen. »Sind gar zornige Thier/daß sie auch dem Menschen unter das Angesicht springen/ und mit den Zähnen darein beißen.«

Zauberformel wider die Mäuse in den Scheunen

Nimm ein wenig Wermut in ein altes Gefäß und ein wenig Wasser und geh in die Scheune, wenn das erste Fuder Korn eingefahren wird. Sprenge damit drei Mal in die Scheune und mache jedes Mal ein Kreuz dabei.

Frag den Fuhrmann was er fährt und dieser spreche:
Stahl und Eisen,
So können mir die Mäuse
Mein Getreide nicht zerbeißen.
Zähl es den Mäusen zur Buße im Namen des Vaters
Und des Sohnes und des Heiligen Geistes. Amen.

Die erste Garbe Korn muß man in der Ernte zuvor sammeln und binden und auf das Gefäß legen. *(ZVthGA, S. 193)*

Wetter=Strahl/Sturm=Wind und Heuschrecken. Höppfner, Nicolaus, Die Drey Göttlichen Currierer, Jena 1694. Foto: Sigrid Geske, Stiftung Weimarer Klassik, Herzogin Anna Amalia Bibliothek.

KAPITEL

VON HIMMELSZEICHEN, FEUERSBRÜNSTEN, BÖSEN WETTERN UND NATURWUNDERN

Ein Komet

Acht Hauptstück sind ein Komet
Bedeutet, wenn er am Himmel steht:
Wind, Teurung, Pest, Krieg, Wassersnot,
Erdbeben, Änderung, Herrentod.
(Stieffler, S. 1969)

Über Kometen in Thüringen und speziell ihr Erscheinen im 16. Jahrhundert könnte man ein eigenes Buch schreiben. Valentin Rudolph, seines Zeichens Kirch- und Schuldiener zu Buttelstedt, verfaßte ein »Zeitbüchlein« und beschrieb dabei die Jahre zwischen 1501 und 1580. Er weiß für diesen relativ kurzen Zeitraum von einer ganzen Reihe solcher »Wunderzeichen am Himmel« zu berichten. Auch andere Chronisten registrierten sehr aufmerksam solche außergewöhnlichen Naturerscheinungen.

Am 17. November 1572 erschien ein neuer heller Stern, gegen Mitternacht *(Norden)*, gab von sich einen Schein, wie der Mond und hatte einen kleinen Hof (doch nicht die ganze Zeit) um sich. Die Gelehrten sagten, es sei ein Komet, sein Aufgang des Abends um acht Uhr. Ging von Mittag *(Süden)* gegen Mitternacht und früh gegen Morgen *(Osten)*. Ließ sich auch sehen am hellen lichten Tage, bis um acht Schläge. Seine Größe (wie George Busch von Nürnberg, Bürger und Maler in Erfurt, ein

Astronomus davon schreibt) ist 664 deutsche Meilen, minus ein Viertel einer Meile groß *(4.978 Km). (Rudolph, ohne Seite)*

Kometeneinschlag bei Niederreißen

Am 26. Juli 1587 zwischen ein und zwei Uhr nach Mittag geschah zu Niederreißen ein großer heller Donnerschlag, wovon die Erde bebte, mit langem Sausen. Dort hat man in solchem Donnerschlag etwas schwarzes, wie einen Raben, von oben herab in die Erde fallen sehen. Es war ein Stein, der, als man ihn wog, ein Gewicht von 39 Pfund hatte. Wenn man dran schlug, gab er Feuer wie Stahl von sich. Er war von blauer und etwas bräunlicher Farbe, maß in der Länge fünfeinhalb Viertel einer Elle, in der Dicke drittehalb Viertel *(etwa 60 x 50 cm).* Die Personen, die den Stein haben fallen sehen, berichten, er habe sich im Fallen und Sausen immerdar überschlagen, und als er in Caspar Wettichs Gerstenstück fiel, sei die Erde zwei Mann hoch in die Höhe gefahren, über sich steigend, wie ein großer Rauchdampf. Ist fünf viertel Ellen *(ca. 70 cm)* tief in die Erde gefallen, hat quer gelegen und war so heiß, daß ihn lange Zeit niemand anfassen konnte. *(Bange, S. 189)*

Ach, weh dem Land darinnen man
Oft Kometsterne schauen kann.
(Stieffler, S. 1971)

Sonnenfinsternis

Am Mittwoch, den 16. März 1485, als es drei schlug nach Mittag, da verlor die Sonne ihren Schein und stand noch kurz so, als es vier geschlagen hatte. Ich, Konrad Stolle, der dies geschrieben hat, habe das gesehen. Der Schein der Sonne, der war ganz grell und halb Nacht, in der Art, wie der Mond in der Nacht scheint, und die Sonne hatte die Form wie der Mond mit zwei Spitzen. Also war der Mond vor die Sonne getreten. Das war ein großes Wunder unter den Leuten und da es vier geschlagen hatte, da war es wieder Tag. *(Stolle, S. 435)*

Eine weitere spektakuläre Sonnenfinsternis trat 1590 ein, an die sich folgende denkwürdige Begebenheit knüpft.

In der Stunde, da die schreckliche Finsternis der Sonne zu Vacha eintrat, ist die Herzogin Sophia, Herzog Christophs des Frommen zu Würzburg jüngste Prinzessin, in Christo selig entschlafen.

Kurz vor ihrem Tod hat sie das Kind im Mutterleib weinen hören, weil sie schwangeren Leibes war, dazu sie denn zu den Ihrigen sagte: »Nun ist es aus mit mir.« Sie starb den 21. Juli Anno 1590 zu Vacha in Hessen, früh acht Uhr, gleich bei Eintretung einer großen Sonnenfinsternis. Nach ihrem Absterben wurde der schwangere Leib geöffnet, und ein Prinz tot gefunden, welcher nach Bericht der Mediziner nicht über sechs Wochen mehr bei ihr sein konnte *(d. h. sechs Wochen vor der Geburt).* Ihr Alter war 26 Jahre, sieben Monate, 27 Tage. Der fürstliche Leichnam wurde zu Weimar, den 27. Juli Anno 1590 beerdigt. Man hatte vorher keine Unpäßlichkeit gespürt, außer daß sie sich etwas an einem Backengeschwür incommodiert *(lästig)* befunden hatte, indem sich ein hitziges Blätterlein an der linken Backe aufgefahren kam *(sich bildete)*, etwas größer als ein Stecknadelkopf, daran sie so hinfällig wurde und darüber das Leben einbüßte. *(Melissantes, S. 372ff)*

Der Riß im Kulmer Berg

Anfang November 1588 wurde zu Saalfeld ein Erdbeben verspürt, durch welches sich der Kulmer Berg mit entsetzlichem Krachen zerspaltete, auch über 27 Löcher und Risse, von welchen etliche hundert Schuh *(1 Schuh = 0,3 m)* tief waren, bekam. *(Melissantes, S.373)*

Feuersbrünste

Im März 1562 steckte Bastian Nerrens Magd die Stadt Eckartsberga an. Die Urheberin dieses Feuers wurde über der Stadt an eine Säule angeknüpft und wieder zu Asche gemacht.

Anno 1568 ist in einem Gasthof zu Kindelbrück Feuer ausgebrochen, welches die Häuser am Markt und also das beste Stück von diesem Städtchen verbrannt hat. Dergleichen Unheil ist Anno 1582, wie auch 1684 diesem Ort widerfahren ...

Im April 1576 zündete das Wetter zu Buttstädt viele Häuser, Ställe und Scheunen an und verursachte darin eine große Calamität *(arge Notlage).* Dergleichen Brandschaden ihr im 1684sten Jahr auch widerfuhr.

Anno 1579 brannte es wieder auf der Krämerbrücke zu Erfurt und es flogen in solcher Brunst viel Samt und seidene Waren mit auf. Eine Schneiders Frau wollte ihr Kind dem Vater auf die Arme werfen, der Wurf war aber so unglücklich, daß das Kind auf einmal tot blieb. *Ab hier beschreibt Pfefferkorn den Brand der Stadt Arnstadt, vgl. »Wie ein Bürgermeister seine Stadt abbrannte«.*

Anno 1612 brannten zu Nordhausen auf einmal 317 Häuser nebst 200 Scheunen und Ställen weg, und es soll damals der Schaden auf dreizehn Tonnen Gold geschätzt worden sein.

Anno 1618 verbrannte das Weimarische Schloß im August, und es wurde der Verlust fürstlicher Mobilien auf etliche Tonnen Gold geschätzt. Ein Welscher *(italienischer)* Destillierer in der Apotheke verursachte dieses Feuer und weil er geschwind entlaufen war, hat man präsumiert *(vermutet)*, er müßte es mit Fleiß angelegt haben.

Anno 1625 ist dergleichen Unglück der Hennebergischen Stadt Ilmenau vor dem Thüringer Wald widerfahren, sogar so schlimm, daß nur ein kleiner Rest von etlichen Häusern in der Vorstadt übrig blieb, auch etliche Sechswöchnerinnen *(Frauen in den ersten sechs Wochen nach der Geburt)* mit ihren kleinen Caritatibus *(Säuglingen)* jämmerlich umgekommen sind.

Am 12. November 1636 schmauchte zu Eisenach einer Tabak und ließ über dem Einschlafen das Licht brennen. Es erhascht aber alsobald Materien und es entstand eine solche Feuersbrunst, daß die schönsten Häuser, der Marstall, die Kanzlei des Kanzlers und das Rentmeisterhaus, vier Gasthöfe, das Rathaus, nebst der Jäger-, Juden- und zwei Untergassen sowie viele Menschen und Vieh zu Asche wurden.

Zehn Jahre später brach in Gotha in Hauptmann Vogels Wohnung in der Mandelsgasse ein Feuer aus, da des Tages zuvor Hochzeit gewesen war und zweifelsohne die ärgerlichen Üppigkeiten im Reden und Saufen, die vorigen Tages vorgingen, damit merklich gestraft worden sind. Diesen Brand hat ein Junge, der eine Schlüsselbüchse in Vogels Haus losschoß, verursacht. *(Pfefferkorn, S. 375ff.)*

Schadenfrohe Eisenacher

Im Jahre 1343 brannte Eisenach bis auf wenige Häuser ab, und das ging so zu: Einem Priester ging das Haus an. Hinter dem Haus floß Wasser vorbei und der Brand wäre leicht zu löschen gewesen; aber das Volk sah dem Brand zu und rührte keine Hand zum Löschen, wie sehr der Priester auch bat und jammerte. Kopf an Kopf standen die Eisenacher dabei und waren voller Schadenfreude.

Als nun das Haus fast niedergebrannt war und in voller Glut stand, erhob sich mit einem Mal der Wind und wirbelte die Funken hoch in die Luft und weit umher, so daß die Gaffer es nicht aushalten konnten und zurückgehen mußten. Von dieser Glut gingen aber die Nachbarhäuser an. Nun liefen die Zuschauer nach Eimern und Löschzeug, aber es war zu spät. Der furchtbare Brand griff nach allen Seiten um sich. Der Wind trieb die Flammen in alle Gassen, und in wenigen Stunden war der größte Teil der Stadt ein Aschenhaufen. Auf diesen Hergang machte ein alter Erzähler folgenden Vers:

Freu dich eins' Andern Unglück nicht,
Wer weiß, was dir noch heut geschieht,
Hilf löschen deines Nachbarn Brand,
Sein Haus steht nächst an deiner Wand.
(Koch, S. 287f.)

Wie ein Bürgermeister seine Stadt abbrannte

An einem Montag, den 7. August 1581, nachmittags zwischen zwei und drei Uhr, kam auf dem Markt in Arnstadt neben dem »Grünen Löwen« ein erschreckliches Feuer auf, davon innerhalb drei Stunden 387 Häuser, 94 Scheunen, die Kirche Sankt Bonifacius, mit derem schönen Turm, daselbst befindlichen fünf Glocken und zwei Zeigern *(Uhren),* Rathaus, Pfarr- und Schulhäusern, die wohlbestellte Apotheke, das herrschaftliche Vorwerk und noch mehr in der Lohe *(in Flammen)* aufging. Solches hat Johannes Nebel (andere nennen ihn Hans Bohnen) in seinem Haus mutwillig verursacht. Er wollte aus Geiz keine neue Dachrinne legen, sondern die Alte nur auspichen lassen, welches ihm, bei so heißer Zeit abgeraten, in Teufels Namen angetrieben wurde. Darauf griff sofort das brennende Pech um sich, zündete ein großes Feuer an, welches an viele Örter der Stadt zugleich herumfuhr, über die Gassen hüpfte, sprang, wie die Katzen lief, so, als würden große Fässer gewälzt. Es hat sich fast niemand retten können, sondern man mußte alles nur brennen lassen. Auch ist in den Kellern und Gewölben nichts wegen so großer Hitze und Glut sicher geblieben. Kaum konnte das gräfliche Schloß durch fleißiges Arbeiten der Bauern gerettet werden. Bei diesem Feuer sind zwei alte Leute, ein Mann und ein Weib, erstickt, die am 8. August begraben wurden.

Ein Narr schaut selbstzufrieden aus dem Fenster; doch sein Haus brennt schon. Holzschnitt aus dem Narrenschiff des Sebastian Brant von 1494.

Hans Nebel, ein Schuster, war keinem Gelehrten günstig, wurde andern per favorem *(mit Begünstigung)* vorgezogen und zum Bürgermeister gemacht. Er mußte aber während des Brandes fliehen und entlaufen. Damit aber dieser erbärmliche Brand, bei welchem das Herz und der Kern der Stadt ausgebrannt wurden, im steten Bußandenken sein möchte, so hat ein damaliger Rat und Rentmeister ein rühmliches Legatum *(Schenkung)* von seinen Gütern gestiftet. Solches wird jährlich um diese Zeit Kirch- und Schulbedienten und armen Leuten ausgeteilt. Auch verfügte er, daß alle Jahre auf dem Montag nach dem 7. August eine Brandpredigt gehalten werde. *(Olearius, Arnstadt, S. 289ff.)*

Das Wasserwunder von Burgtonna

Am 17. Mai 1558 riß ein Unwetter mit wolkenbruchartigen Regenfällen im Dorf Burgtonna 40 Häuser und Scheunen nieder. In den Wasserfluten fanden 46 Menschen den Tod.

Denn wie das Wasser also wütet, tobt und Schaden tut, ergreift es auch eines armen Mannes Haus, darin eine Sechswöchnerin liegt. Das Wasser wirft das Haus ein und führt das Kindlein, nicht mehr als eine Nacht alt, davon. Es ersäuft die Mutter und bringt das Kindlein einen Büchsenschuß lang *(so weit wie ein Gewehrschuß)* davon auf einen Apfelbaum und setzt es auf einen kleinen Zelcken *(Ast)*. Dort ist das Kindlein in einer Mulde unversehrt in dem großen Wüten des Wassers geblieben und nachdem das Wasser verlaufen war, gefunden worden. Dem Kindlein war kein Leid widerfahren, weder durch das Wasser, noch durch das Einfallen der Häuser. *(Olearius, Rerum Thuringicarum Syntagma, 1. Teil, S. 349f.)*

Der Wirbelsturm von Rockhausen

Wahrhaftiger Bericht und kurze Beschreibung des großen Schadens vom 5. Juli 1582, welchen das Dorf Rockhausen, eine Meile Weges von Erfurt durch schreckliches Gewitter und Sturmwind, einem Erdbeben gleich, empfand, beschrieben durch Johann Rhodium von Rockhausen, Pfarrherrn zu Bischleben. Dieses Dorf liegt zwischen Erfurt und Arnstadt in einem Grund, eine viertel Meile von der Straße ab, jenseits der Wagt *(ein Flüßchen)*. Nachdem es viele Tage davor sehr warm war, stiegen die

Wolken am Himmel auf und es ließ sich nach einem Gewitter ansehen ... Denn es waren vieler Leute Herzen sorgenvoll und furchtsam wegen des Hagels, der vor acht Tagen in so vielen Fluren merklichen großen Schaden getan hatte. Nach zwölf Uhr zeigten sich am Himmel weiße, leuchtende und strahlende Wolken, die gewöhnlich Hagel führen. Um zwei Uhr fing es schwer an zu donnern und die Wolken brausten. Ich stand von meinem Studieren auf und sah gegen Mittag *(Süden)* zum Stubenfenster hinaus. Dabei wurde mir mein Herz, weiß Gott, ganz schwer, denn das Gewölk hatte ein schreckliches Aussehen. Ein schreckliches Gewitter zog erst nach Norden, aber es erhob sich ein plötzlicher Sturmwind, der trieb es wieder gegen Mittag.

Das ließ ich meinem Schulmeister anzeigen, weil er die Knaben noch beieinander hatte, er solle in der Kirche mit ihnen beten und die Litanei singen, ob Gott seinen Zorn von uns gnädig wollte abwenden oder ja väterlich strafen. Indem er anfängt zu singen, fallen die Schlossen *(große Hagelkörner)*. Es fängt an zu hageln. Die Schlossen waren auch viel größer als Taler und waren schrecklichen Aussehens. Etwa eine Stunde nach dieser Strafe kommt ein Bote von Rockhausen und bringt uns schreckliche böse neue Nachricht ...

Den 6. Juli ließ ich mich mit meinem Weib und zwei Söhnen nach Rockhausen führen, um das, was ich hörte, selbst zu besichtigen. Ich bekenne dabei, daß ich den großen Schaden nicht ohne Tränen anschauen konnte ... Meines Vaters Hof, in dem meine Schwester wohnte, war ganz in Grund und so jämmerlich zerrissen, alles Gehölz zerschmettert, zerbrochen und über die Gasse ins Pfarrhaus gestürzt, daß es ein steinernes Herz erbarmen könnte. Von der Scheune stand auch kein Stecken. Das Brunnengestell war umgestürzt, das steinerne Tor eingefallen, allein an einem Schötehaus *(Pflanzenhaus)* stand noch ein Stück von Säulenwerk. Obwohl die Stube noch stand *(wahrscheinlich die massive Bohlenstube)*, waren doch die Fenster ausgeschlagen und von der Decke so zerflossen, Ofen und Fenster ganz besudelt, all ihr Hausrat, Kisten, Kasten, Spanbetten, Zinngefäße war alles zerschlagen, ihre Betten, Tücher, Kleider vom Gewitter und Regen unrein. Sie berichtete, daß sie Gott im Keller erhalten hat, samt ihren Töchterlein und der Magd ... Etliche berichten, es hätte in der Windesbraut geläutet, als gingen Pfeifen, Pauken und allerlei Instrumente durcheinander und man hörte es sehr tanzen. Es ist ein solches Krachen, Platzen und Pochen gewesen, als wollten Himmel und Erde zu Trümmern gehen und über einen Haufen fallen.

Es sind nun in einer Viertelstunde fast alle Gebäude über einen Haufen gefallen und zerrissen, nämlich: 119 Wohnhäuser, Schütte- und Kornhäuser und Scheunen. Es sind die Stuben stehen geblieben und es haben sich die Leute in Kellern und Stuben erhalten. Es sind auch vier Waidmühlenhäuser samt dem Brauhause abgedeckt und umgeworfen worden. Außerdem etliche Mauern, Wände, steinerne und hölzerne Tore und Türen.

Alle Obstgärten sind fast öde und wüst, besonders die allerschönsten, stärksten und größten Bäume mit Wurzel ausgerissen, weit von ihrer Stätte verrückt, zerbrochen, zerspalten, voneinandergerissen, Äste abgeschlagen, daß man hieraus spüren kann, der Satan gönne den Menschen Obst und Garten nicht. Über und unter dem Dorf hat er die Weidenbäume verschont. Es hat auch etliche große Linden und Espen umgestürzt. Dem Kirchengebäude war der Teufel mit seiner Gesellschaft besonders feindlich, hat die Turmspitze abgedeckt, die Fenster ausgeschlagen und einen Fittich *(Flügel)* am Altar von der Tafel abgebrochen. Das Eisen mußte fliegen lernen. Auf der Turmspitze war ein eiserner Hahn, der wurde weit davon gefunden. Speck, Fleisch, Butter, Salz, Schmalz, Wolle, Kisten, Schränke, Laden, Gefäße, Betten, Tücher, Kleider, Spanbetten sind zerbrochen und wurden im Kot gefunden. Es gab einen großen Schrecken, als es in Peter Schottwürffels Scheune einschlug und anfing zu brennen, so daß auch etliche Balken entzwei brannten. Dieses Feuer hat sich mit Wasser nicht löschen lassen. Darauf hat man Milch reingegossen und es zugedämpft.

Daß unser Herr Gott in seinem Zorn an seine Barmherzigkeit dachte und dem Satan ein Ziel setzte, beweisen viele wunderliche Errettungen an Menschen und Vieh: Eine Witwe, Anna Kegeld genannt, will aus ihrem Haus in den Kühestall gehen. Da führt sie der Wind über den großen Graben, durch die Hecke vom Oberende bis ans Unterende des Dorfes, in den Garten des Herrn von der Sachsen. Der Flurschütze, Hanß Lietsche, ist erst in des Schultheißen Haus dem Unwetter verfallen, und da er auch nach Hause läuft, sieht er Flutwasser kommen und es hilft ihm Gott auf einen gebrochenen Baum und er weiß nicht, wie er hinauf oder herunter kommt ...

Zwei Kühe hat es nur erschlagen, davon die eine noch zu Nutz gekommen und geschlachtet wurde. Desweiteren wurden ein Schwein und fünfzehn Schafe erschlagen. Hühner, Gänse und Tauben sind viele umgekommen. Es kann dieser Jammer nicht genug beschrieben werden. Wer es nicht mit den Augen gesehen hat, da es alles in- und durcheinander lag, kann es nicht glauben. Doch sind aus benachbarten Städten, ja auch weit her, besonders von Erfurt, Arnstadt und umliegenden Dörfern viele hundert Menschen an dem Ort gewesen.

Obwohl ich diese schreckliche Strafe nicht ein Erdbeben nennen darf, so muß es ein greulicher Sturmwind, Gewitter, Windes- und Teufelsbraut oder Wirbel genannt werden, darin sich die bösen Geister bekleiden und unter diesen Larven, nach Gottes Verhängnis, Leuten, Vieh und Gebäuden schaden ... Und obwohl etliche Bürger sich vernehmen lassen, sie hätten in den Schlossen Haare gefunden, so wäre es eine Anzeigung *(Hinweis)*, daß es ein gemachtes Gewitter von Hexen- oder Teufelshaaren ist *(Schadenzauber)*. Ich sage, es kommt solcher Schaden vom Teufel oder seiner Mutter oder Kindern her, so muß doch Gottes Wille und Verhängnis dazu kommen. Es kommt auch keine solche Strafe Plumps halber und von ungefähr, sondern es müssen die Strafen mit Sünden verursacht worden sein. Oder aber es stellt Gott andern Orten und Landschaften solche Zornspiegel vor, daß er sie mit anderer Leute Strafe warne und zur Buße ermahne. Es möchte aber jemand sagen: Ei, was haben die Leute von Rockhausen besonderes getan, womit sie Gott im Himmel so erzürnten? Aber weil es mein Vaterland ist und mir alle Einwohner wohl bekannt sind, so gebe ich hierauf Antwort: Sie sind so fromm als anderswo, beide, Bürger und Bauern. Es sind ihre Feldnachbarn nichts besseres wie sie, und wer will Gottes Rat erforschen, warum sie die ersten sind. *(Olearius, Rerum Thuringicarum Syntagma, 2. Teil, S. 212ff.)*

Von der Thüringischen Sündflut 1613

Besonders ausführlich registrierten alle Chronisten die sogenannte »Thüringische Sündflut« des Jahres 1613. Schon aus der Bezeichnung »Sündflut« wird deutlich, daß man dieses schreckliche Unwetter als Strafe Gottes für begangene Sünden ansah. Unsere Vorfahren glaubten übrigens, daß auf die sogenannten zehn Hauptsünden stets zehn schwere Plagen folgen würden. Die zehn Hauptsünden: 1. schnöde Verachtung des teuren Gnadenwortes und des Evangeliums, 2. Lieblosigkeit und Unbarmherzigkeit gegen den Nächsten, 3. Schändung des heiligen Sabbats, 4. Heuchelei, Scheinheiligkeit und Falschheit, 5. Fluchen und Gotteslästerung, 6. Hoffart, Stolz, Hochmut und Ehrgeiz, 7. Haß, Feindschaft, Hader, Zank und Uneinigkeit, 8. Geiz, Geld und Habsucht, 9. Fressen und Saufen, Schwelgerei und Trunkenheit, 10. Ehebruch, Hurerei und Unzucht. Die zehn schweren Zornplagen: 1. Krieg und Blutvergießen, 2. Pestilenz und andere Seuchen, 3. Teuerung und Hungersnot, 4. Dürre und Nässe, 5. Raupen, Heuschrecken, Mäuse, Käfer, Schnecken und anderes Ungeziefer,

6. Donner, Blitz und Hagel, 7. Sturmwinde, 8. Wasserfluten, 9. Erdbeben, 10. die landverderbliche Münzkonfusion (das Gelddurcheinander).

Hagel, Blitz und Donnerschläge
Sind zu strafen ausgesandt.
Machen harte Herzen rege
Und erschrecken alles Land.
Wenn sich Gottes Zorn erhitzt,
Daß es donnert, schlägt und blitzt,
Zittert, was auf Erden sitzt.
(Dexelius, S. 186)

Gelind war der Winter von 1612/13. Nur wenig Schnee bedeckte die Erde, warm wehte die Luft, und im Januar 1613 standen Obstbäume und der Raps an vielen Orten in Blüte. Auch der Frühling, der folgte, verhieß ein fruchtbringendes Jahr.

Da zog sich plötzlich den Sonnabend vor dem Trinitatisfeste, den 29. Mai, ein fürchterliches Gewitter zusammen. Schwarze Wolken türmten sich verhängnisschwer am Himmel auf, und ängstlichen Gemütern schien das Ende der Welt gekommen. Da entlud sich abends neun Uhr das Gewitter. Schrecklich leuchteten die Blitze, fürchterlich rollte der Donner, in gewaltigen Strömen ergoß sich der Regen und entsetzliches Hagelwetter entsandte Tod und Verderben. Zwölf Stunden lang ergoß sich der Regen, als ob alle Schleusen des Himmels geöffnet wären, und Schlossen von der Größe von Hühnereiern fielen fünf Stunden lang zur Erde, zerschlugen alle Früchte des Feldes, töteten viel Vieh und richteten an Fenstern und Dächern großen Schaden an. Von dem vielen Regen schwollen die Flüsse. Die Saale richtete große Verheerungen an. Die Ilm trat über ihre Ufer, setzte die ganze Gegend unter Wasser und drang in Dörfer und Städte ein. Das entfesselte Element strömte über die Tore in die Stadt Weimar, füllte die Keller, trat in die unteren Stockwerke der Häuser und führte viele Menschen mit sich fort. Viele Häuser stürzten ein, und in den Gewölben des Schlosses und im Archiv stand das Wasser. Allmählich sank dasselbe wieder, das in Weimar eine Höhe von 14 Ellen *(sechs bis acht Meter)* erreicht hatte. Jetzt erst erkannte man die Größe der überstandenen Gefahr und den Umfang des erlittenen Schadens.

In Weimar waren 44 Häuser eingestürzt, 65 Menschen und zahlloses Vieh umgekommen. Auf den weimarischen Ortschaften fanden 192 Menschen und 2.050 Stück Vieh ihren Untergang. 408 Wohnhäuser waren von den

Fluten zerstört worden. Aber nicht bloß auf das weimarische Land erstreckte sich das Unwetter. Auch Gotha, Langensalza und viele andere Orte wurden schwer heimgesucht. Von der Saale bis zum Harz zog das verhängnisvolle Gewitter. *(Helmrich, S. 85)*

Inschrift an einer Brücke in Oberweimar

Die schrecklich große Wasserflut
Welches war ein Straf und Gottesrut
Hat in tausendsechshundert und dreizehn Jahr,
Als es der neun und zwanzigste Mai war,
Hinweggeführt an diesem Ort,
Eine steinerne Brück, und dann so fort
Der Menschen viel, und Vieh ersäuft;
So all der Ilmstrom mitgeschleift;
Dieses ganz neu ist wieder gebaut
Von Holz zu Stell, wie man hier schaut
Im Jahr tausendsechshundert und funfzehn aufgeführt,
Als Johann Ernst, der Jüngere hat regiert.

An eben dieser Brücke ereignete sich Jahre später folgender Unglücksfall.

Am 24. August 1639 fiel Herzog Wilhelms Glaswagen, mit sechs Schimmeln bespannt, von dieser jetzt aufgeführten hölzernen Brücke, nebst 29 Stück darüber gelegten Bohlen, hinunter in die Ilm, und es konnte kaum der Herzog mit seinen beiden Prinzen, Johann Ernst und Johann Georg, wie auch der oberste Wärter, aus dem Wagen entspringen, daß sie nicht Schaden nahmen. *(Wette, S. 303f.)*

Pfefferkorn beschreibt in seinem Kapitel »Von allerhand Land=Plagen in Thüringen« ähnliche Überschwemmungen.

Es haben sich viele Partikularfluten und Wolkenbrüche in diesem Land oft ereignet, die manchmal Häuser und andere Sachen wegführten, wie die thüringischen Chroniken-Bücher davon Nachricht geben, allein die Denkwürdigsten sind diese: Anno 1551 war eine solche Flut zwischen Gotha und Eisenach, daß auch zu Teutleben bei Mechterstedt ein Vater mit fünf Kindern im Wasser ihren Geist aufgeben mußten ...

Im Jahre 1565 tobte um Tonndorf, Meckfeld und Klettbach ein großes und schädliches Gewässer, so daß es auch zu Neundorf den Predigtstuhl aus der Kirche führte, 20 Gräber auswusch und die vor zwei oder drei Jahren eingesenkten Körper ausschliff *(an die Erdoberfläche brachte).* Die allermerkwürdigste Wasserrute, mit der der gerechte Gott das Land Thüringen heimsuchte, ist die unbeschreibliche Flut, welche sich 1613 aus den eröffneten Himmelsfenstern über die Ilmgegend ausgoß. Sie ging hoch an die Häuser zu Weimar. Man hörte damals am Ilmstrom, von den vom Wasser ergriffenen und Todeskandidaten nichts als diese Valetworte *(Abschiedsworte):* »Gute Nacht, lieber Eheschatz!«, »Gute Nacht liebes Kind, lieber Vater, Mutter! Im ewigen Leben sehen wir uns wieder.«

Einem Viehhirten von Mellingen, der sich noch gerettet hatte, ertranken vier Kinder nebst seinem Weibe. Als der jüngste Sohn merkte, daß das Gewässer immer weiter zunahm und ihn samt der Mutter aufhob, fragte er seine Mutter, ob sie dann, wenn sie ersoffen sind, auch in den Himmel kämen, und als diese ja sagte, fand sich der christliche Knabe damit ab und sagte: »Ei, so will ich gerne ersaufen. Gute Nacht lieber Vater und Mutter!« Diese Worte soll der Vater, der davonkam, gehört haben. *(Pfefferkorn, S. 366ff.)*

Kornregen

Im Jahre 1550 hat es zu Weimar und an einigen benachbarten Orten Korn geregnet, welches an etlichen Orten ungefähr einen Querfinger dick lag, an etlichen Orten aber nur dergestalt dünn, wie man Korn zu säen pflegt. Es konnte daraus wohlschmeckendes Brot gebacken werden. *(Wette, 1. Teil, S. 66f.)*

Blutquellen

Im Juni 1636 entsprang bei Nohra, einem Dorf zwischen Weimar und Erfurt, in einer alten Kapelle eine Blutquelle. Der Herzog von Weimar fuhr selbst dahin und besah dieses Portentum *(Wunderzeichen).* Der Rat zu Erfurt ließ etliche Gläser voll davon holen, und man konnte damit wie mit der rötesten Tinte schreiben.

Im Juni 1641 quoll bei der Cyriaxburg über Erfurt ein Blutstrom hervor, dergleichen auch 1635 daselbst geschehen sein soll, als Bannier, General des Königs von Schweden, die Stadt einnahm.

Im Mai 1651 soll sich bei Laucha an der Unstrut herum ein Pulsus terrae *(Erdbeben)* ereignet haben, welches die Bäume von einem Ort zum andern versetzte. In eben diesem Jahr sollen zu Roßla unter der Predigt vom Greuel der Verwüstung und während der Pfarrer zwei Textstellen aus der Lutherbibel abgelesen hatte, Blutstropfen von dem über der Kanzel stehenden Bildnis Luthers auf den Pfarrer und dessen Buch getröpfelt sein. *(Pfefferkorn, S. 376f.)*

Blutige Teiche

Am 25. Oktober 1644 sah der Johannisteich in Kölleda, hinter Meister G. Kaufmanns Garten, wie Blut aus. Einige abergläubische Menschen wollten daraus mancherlei von Krieg und Blutvergießen prophezeien. Es erfolgte aber nichts und das von Rechts wegen. Denn entweder waren Wolken am Himmel, in welche die Sonne ihre Strahlen tiefer spiegelte, so daß die Wolken rot aussahen, und daher das Bild der roten Farbe in den Teich warfen, oder es waren, wie dies oft zu geschehen pflegt, viele kleine rote Würmer auf das Wasser gefallen, welche demselben eine blutrote Gestalt geben konnten. Wo natürliche Ursachen vorhanden sein können, da muß man seine Zuflucht nicht zu übernatürlichen nehmen, dies wäre Aberglaube. Eben dies gilt auch von den im Jahre 1645 vor dem Krauttor entsprungenen drei Quellen mit blutrotem Wasser. Es ist vor dem Krauttor tiefer und sumpfiger Boden, wo das Wasser, welches sich da sammelt, sich leicht stemmen und aus dem Erdboden solche rote Teilchen hervorstoßen konnte, daß das hervorströmende wie eine blutige Quelle aussah. *(Grüning, S. 90)*

Die »Blutfärbung« von Gewässern, wie beim Schloßgraben von Weimar 1555 geschehen, wurde auch von sogenannten »Blutalgen« bewirkt. Die blutenden Hostien, von denen man ebenso oft hörte, produzierte der Pilz Micrococcus (Bacillus) prodigiosus.

Grundlose Löcher

Es gibt im Thüringer Land hin und wieder viele große, sehr tiefe und meistenteils grundlose Löcher voll Wasser. Etliche können bei den Städten Tennstedt, Kindelbrück, Ellrich gefunden werden, etliche sind bei den

Dörfern Großvargula, Nägelstedt, Kleinballhausen, Questenberg am Harz, Bischofferode, Kloster Walkenried und zu Tonndorf anzutreffen. Zu Großvargula hat 1595, am Tage des Augustmonats, der Schäfer die Schafe an der Unstrut geweidet, gegenüber dem Pfarrgarten. Als er sie aber hinwegtrieb, ist plötzlich hinter ihm her das Erdreich eingesunken und durch solchen Erdfall ein Abgrund oder grundloses Loch entstanden, an Breite und Größe dem Bruchborn zu Tennstedt gleich. Es ergießt sich aus diesem Loch ein starker Strom in die Unstrut. *(Olearius, Rerum Thuringicarum Syntagma, 1. Teil, S. 381f.)*

Es existieren vor der Stadt Kindelbrück gegen Westen schon seit langer Zeit zwei kleine grundlose Löcher. Zwischen den beiden entstand Anno 1611 noch eins und zwar ein großes *(das heutige »Gründelsloch«)*. Als am 5. März zu Mittag um zehn Uhr zwei Kärrner *(Fuhrleute)*, die Räderholz *(Holz zum Bau für Wagenräder)* nach Kindelbrück brachten und wieder heimfahren wollten, und gegen die alten grundlosen Löcher kamen, entstand stracks im Fahrweg hinter ihnen ein Erdfall und ein neues großes grundloses Loch, daß sie knapp mit Pferden und Geschirr davonkamen. Das Wasser schoß nach dem Erdfall mit Gewalt in die Höhe und lief sehr stark in die Stadt, weshalb sich die Leute nicht wenig wunderten, weil es keinen Regen gab und niemand wußte, woher das Wasser kam. Der Flurschütze, der das Wasser entspringen sah und B. Martin Spangenbergen aus den Weiden hinzurief, gingen in die Stadt und taten Bericht. Da half man dem Wasser. Nun läuft es durch zwei Gräben ab. Der Ausfluß ist so stark, daß er ein Mühlrad treibt. Am 6. Juni 1612 ist ein Bauer von Westerengel, Valten Seiler, trunkener Weise in das grundlose Loch gefallen und ersoffen. *(Olearius, Rerum Thuringicarum Syntagma, 2. Teil, S. 97f.)*

KAPITEL

HUNGERSNOT UND TEUERUNG

Wozu Hunger Menschen treibt

Im Jahre 820 geschah es, daß ein Mann mit seiner Frau und seinem Söhnlein aus dem Gaue Grabfeld, der alles Land zwischen dem Thüringerwald und dem Rhöngebirge umfaßte, über den ersteren wanderte, um in Thüringen dem Hungertod zu entgehen. Aber unterwegs im waldigen Gebirge überfiel sie die Not des menschlichen Bedürfnisses dergestalt, daß der Mann in wildester Verzweiflung dem Weibe den Vorschlag machte, das Knäblein zu schlachten, um sich am Fleische desselben zu sättigen. Das weichere Muttergefühl wehrte schaudernd ab, aber der Mann entriß ihr das Kind und eilte damit in das Dickicht, um ihr den blutigen Anblick des Mordes zu entziehen. Schon hatte er das Messer gezückt, als sein scheuer, abgewandter Blick in kleiner Entfernung zwei Wölfe gewahrte, die von einer gefällten Hirschkuh Stücken Fleisch rissen. Todesmutig stürzte er auf die Wölfe, verscheuchte sie, ergriff ihre Beute und kehrte damit zu der unglücklichen Mutter zurück. Der unversehrte Knabe folgte. Aber die Frau sah das blutige Fleisch und nicht das Kind und stürzte vor Entsetzen halb entseelt zu Boden. Als sie wieder zu sich kam und das gerettete Söhnlein in den Armen hielt, dankte sie mit ihrem Mann Gott für das Wunder. Sie sättigten sich und erzählten in Thüringen die rührende Begebenheit. *(Storch, S. 74)*

Gräßlicher Hunger

Im Jahre 1272 begann eine Teuerung, die drei Jahre lang währte und das kam von vielen nassen Wettern her. Brot war nicht genug da, den Hunger auf einmal damit zu stillen. Das Brot wurde aus Haselzapfen und Knoten *(Holzstücke)* gebacken und es lagen die Leute in den Mühlen und leckten das Staubmehl von der Erde auf. Es kam ein Sterben unter das Vieh, daß Kühe und Kälber häufig dahinfielen. Da kamen dann die armen Leute, schlachteten das gestorbene Vieh *(die Kadaver)* und aßen es roh, gesotten und gebraten, ohne Brot und es war ein elender erbärmlicher Jammer. Viele tausend Menschen sind damals verschmachtet. *(Binhard, 1. Buch, S. 198f.)*

Kannibalismus

Im Jahre 1312 entstanden eine schreckliche Teuerung und Hunger, welche drei aufeinanderfolgende Jahre währte und in der die Eltern die Kinder und wiederum die Kinder die Eltern geschlachtet und gegessen, ja, auch die toten Körper von den Gerichten hinweg genommen haben. *(Binhard, 1. Buch, S. 232)*

Die Hungersnot traf vornehmlich Erfurt, das seit 1314 von Landgraf Friedrich dem Freidigen von Thüringen belagert wurde.

Erfurt wird ausgehungert

Im Jahre 1314 ließ Landgraf Friedrich von Thüringen die Stadt Erfurt umzingeln und schnitt ihr alle Zufuhr ab, wodurch endlich eine so große Teuerung in der Stadt entstand, daß im Jahre 1315 achttausend Menschen Hungers starben. Überall auf den Wegen und in den Straßen lagen Verhungerte, so daß der Rat Karren bestellen mußte, auf welchen diese zusammengefahren und in fünf großen Gruben vor dem Augusttor begraben wurden. *(Koch, S. 270)*

Hunde zerfleischen und fressen einen Mann. Aus dem Reisebuch des Johann de Montevilla, Holzschnitt, um 1481.

Der Mehlberg bei Frankenhausen

Nachdem das Volk an großem mächtigen Hunger litt, brach im Juni 1597 ein gemeines Geschrei aus. Es würde sich in einem Berg bei Frankenhausen schönes, helles Mehl befinden, worauf aus allen Straßen ein großes Zulaufen stattfand. Ein jeder wollte Mehl holen, sich und die Seinen damit zu sättigen. Mancher dachte auch, wenn man das Mehl ohne Mühe und umsonst holen kann, warum denn dann noch viel arbeiten? Als es aber die Leute zum Backen nahmen und wegen des großen Hungers aßen, verhärtete es sich bei ihnen und machte sie krank, worauf der größte Teil von ihnen starb. Andere, als sie sahen, daß es sich nicht backen ließ, schütteten es wieder hin und um die Wahrheit zu sagen, so viel wie mir zu handen *(zu Ohren)* gekommen ist, habe ich dasselbe probiert und nichts anderes befunden, daß es sich dabei um lauter Mergel *(zum Düngen dienende Erdart)* handelt, mit dem die Bauern im Land zu Hessen ihre Ländereien düngen. *(Binhard, 3. Buch, S. 210f.)*

Hungersnot in Meiningen

Und weil wegen des leidigen Kriegswesens *(1637)* kein Geld mehr unter den Leuten war, mußten die meisten sich mit Kleie, Wicken *(Unkraut)*, gemahlenen Eicheln, aus welchen sie Kuchen und Brei machten, gesottenem Gras, das weder gesalzen noch geschmelzt *(in Fett gebraten)* war, sowie mit verstorbenen Pferden und Ochsen behelfen. Die armen Leute aber, die dieses nicht in die Stadt Meiningen tragen durften, machten draußen auf dem Oberrasen große Feuer, wo sie das Fleisch siedeten und brateten. Und man hat damals oft die Leute hinter den Zäunen, noch Schindfleisch oder gekochtes Gras im Maul, tot aufgefunden, welches jämmerlich und elendig anzusehen war. Ja, man hat erfahren, daß auf der einen Seite eines toten Aases die Menschen, an der anderen Seite aber die Hunde nagten. *(Güthe, S. 347)*

KAPITEL

VON DER PESTILENZ UND ANDEREN ÜBELN

Wenn du Gesundheit hast und lebest frei von Plagen,
So ist das mehr als Kron und blanken Zepter tragen.
(Ernst VIII, S. 1291f.)

Den tiefen Sinn des Spruches, nach der die Gesundheit das höchste Gut sei, empfanden unsere Vorfahren noch weitaus stärker als wir. Krankheiten waren angesichts schlechter hygienischer Verhältnisse, einseitiger, oft unzureichender Ernährung und einer medizinischen Versorgung, die mehr auf Erfahrungswissen und Aberglauben beruhte, oft genug gleichbedeutend mit unausweichlichem Tod.

Seuchen dezimierten ganze Landstriche. Im Jahre 1347 wurde nach der Belagerung Caffas durch die Mongolen über Messina (Sizilien) eine Krankheit aus Asien eingeschleppt, die alle bisher dagewesenen Epidemien als vergleichsweise harmlos erscheinen ließ: die Pest! Rasend schnell verbreitete sich der »Schwarze Tod« über große Teile Europas, raffte Millionen Menschen dahin und blieb fast 400 Jahre lang mehr noch als Kriege eine »Geißel Gottes für die Sünden der Menschen«. Der Pestbazillus, Pasteurella pestis, hielt und hält sich in bestimmten Gebieten Zentralasiens ständig unter Ratten und ihren Flöhen. Griff die Krankheit nach dem Menschen, wirkte sie in wenigen Tagen tödlich. Die einzige Sicherheit bot eine körpereigene Abwehrkraft, die wir medizinisch nicht genauer erklären können. Übrig blieben die Immunstarken.

Ein Seelenbad gegen die Pest

Am 25. Juni 1348 geschah ein großes Erdbeben, welches in ganz Deutschland verspürt wurde, und darauf folgte die Pest, an welcher der dritte Teil aller Bewohner Deutschlands zu Grunde ging und woran allein in Erfurt 12.000 Menschen starben. Dieselbe wurde auch der Schwarze Tod genannt, weil die Leichen eine schwärzliche Farbe bekamen und hielt vier Jahre an. Gegen dieses Sterben wurde in Erfurt ein Seelenbad als Vorbeugungsmittel gehalten. Es standen drei Würztröge *(große Kübel)* vor der Badestube hinter dem Berge, die wurden voll Wein gegossen und Semmeln darein gepflückt. Wenn nun das Seelenbad angehen sollte, kam der Bierrufer *(meist städtischer Angestellter, der Bierpreise, Weinpreise etc. laut verkündete)* hinter dem Berge vor und rief durch alle Gassen: »Ein Seelenbad, ein gutes Bad, haben unsere Domherren allererst aufgetan, hinter Unser Lieben Frauen Berge. Wer baden will, soll gar nichts geben!« Da kam dann das Volk zu Hunderten und Tausenden mit ihren Gefäßen und die Geistlichen hatten Kellen, worein fast ein Nössel *(etwa ein halber Liter)* ging und gaben jeder Person eine Kelle voll in ihr Gefäß. Die Pest wütete aber gleichwohl fort. *(Koch, S. 292f.)*

Die Geißler kommen

Infolge der Pest kam es zu den bekannten Geißlerzügen, die von mehreren Chronisten erwähnt werden.

Im Jahre 1350 haben sich die Geißler in starker Anzahl gegen Weißensee verfügt. Es waren aber die Geißler Teufelsmärtyrer, die aus eigener Andacht sich selbst auf die bloße Haut mit knötichten Peitschen schlugen und hieben, so daß das Blut von ihnen floß. Sie wollten damit Gottes Zorn stillen, Vergebung der Sünden und den Himmel erwerben. Derer kamen nun 3.000 in gedachtem Jahre um Trinitatis *(der Sonntag nach Pfingsten)* zu Ilversgehofen bei Erfurt zusammen. In der Stadt Weißensee und dem dabei gelegenen Dorfe Günstedt versammelten sich 6.000 von ihnen. *(Olearius, Rerum Thuringicarum Syntagma, 2. Teil, S. 260)*

Die Geißler. Schedelsche Weltchronik, Holzschnitt von 1493.

Geißlergebet

Nun tretet her, wer büßen will.
Luzifer ist ein böser Gesell.
Hin, haltet auf eure Hände,
Daß Gott dies Sterben wende.
Haltet auf eure Arme,
Daß Gott sich unser erbarme.
(Bange, S. 138)

Das allgemeine Sterben wurde für eine Strafe Gottes gehalten. Es bildete sich daher in Thüringen eine Gesellschaft Überspannter, welche behaupteten, die begangenen Sünden könnten nur durch Geißelung des eigenen Körpers gesühnt werden. Sie nannten sich Geißler, auch Kreuzbrüder und Flagellanten. Wenn sie sich geißelten, sangen sie dazu. Wer in ihre Gesellschaft aufgenommen werden wollte, mußte geloben, alle ihre Gebräuche wenigstens 34 Tage mitzumachen, auch mußte die Person,

Mann oder Weib, so viel Geld haben, daß sie in diesen 34 Tagen wenigstens täglich acht Pfennige zur Zehrung hatte, denn betteln durfte kein Glied. Sie zogen paarweise von Ort zu Ort. Der Vorderste trug eine Fahne. Alle waren bis auf die Lenden nackend, hatten leinene Schürzen vor, welche bis auf die Knie reichten und weiße Hüte, an welchen hinten und vorn weiße Kreuze angebracht waren. An einem Stiel hatten sie drei Riemen, in welche Knoten mit eisernen Nägeln geknüpft waren. Damit peitschten sie sich kniend zweimal des Tages und einmal des Nachts.

Die ganze Gesellschaft, Männer, Weiber und Kinder, war äußerst dummes Volk. Sie nahmen von anderen nur Eßwaren an, aber kein Geld. Wenn sie in eine Kirche kamen, schrieen sie so heftig, daß Priester und andere stillschweigen mußten. In die Stadt Erfurt wurden sie nicht eingelassen, daher zogen sie, etwa 3.000 Köpfe stark, nach Ilversgehofen. Die Gesellschaft hatte jedoch nicht lange Bestand, die geistliche und weltliche Macht erhoben sich gegen sie, beschuldigten die Mitglieder der Unzucht und Irrlehren und verurteilten sie zu harten Strafen. Im Jahre 1446 tauchten sie wieder auf, und zwölf von ihnen wurden sogar in Nordhausen auf dem Marktplatz verbrannt. Seitdem kommen die Flagellanten nicht wieder vor. *(Koch, S. 294f.)*

Lächerliche Historia

Es erhob sich im Jahre 1517 ein überaus großes pestilenzisch Sterben. Da hatte man zu Erfurt bei den Regulern *(Mönchsgemeinschaft)* ein viereckiges Loch gemacht, worein man schichtig die toten Körper legte. Es begab sich aber, daß ein Bettler, ein Grundschalk *(Spaßvogel)* des Nachts sich vollgesoffen hatte. Dieser geht über den Kirchhof und tritt dem Loch zu nahe, fällt also unversehens hinein zu den toten Körpern, weiß aber nicht wo er ist. Als er nun des Morgens erwacht, denkt er, er sei an einem andern Ort, greift um sich und wird gewahr, daß er in dem Totenloch steckt und fängt deswegen an sich zu wundern und zu fluchen. Die Leute aber, die solches hören, denken nichts anderes, als sei ein Toter wiederum lebendig geworden. Niemand wollte hingehen, bis es des Morgens neun schlug. Nun wollten die Totengräber neue Tote begraben und als sie an das Totenloch kamen, wurden sie gewahr, daß es der Grundschalk Schuch, denn so hieß er, der Bettler war. Also zogen sie ihn heraus und ließen ihn laufen. *(Binhard, 3. Buch, S. 77)*

Instruktion für die Gothaer Stadtprediger

Natürlich erkannte man sehr schnell, daß Personen, die in Kontakt mit Pestkranken kamen, in großer Gefahr waren, sich selbst zu infizieren. Neben den Familienangehörigen der Kranken betraf das vor allem Ärzte und Leichenträger, aber auch Geistliche.

Zu Gotha war Anno 1564 eine solch hinreißende Pest, daß, weil die Stadtprediger einen schweren Dienst in Besuchung der Kranken hatten, Herr Pontanus, des weimarischen Kanzlers Bruder, diese äußerliche Methode, der sie sich in solchem Fall bedienen sollten, auf Befehl der hohen Obrigkeit, vorschrieb: Nämlich, im Fall sie würden gerufen, einer geängstigten Seele in ihrer letzten Not beizustehen, sollten sie neben eifrigem Gebet und Empfehlung in Gottes gnädigen Schutz, in dem Ort, wo die infizierten Leute wären, einen Rauch machen, Tür und Fenster aufsperren lassen, ihren Mund vor der Visite mit einem Rosenessig ausspülen, an einem, mit Essig, Theriak und Rautensaft angefüllten Schwamm oder Baumwolle riechen, vor des Kranken Bett ein dreifaches Licht von gutem Wachs anzünden, auch nicht vor des Patienten Gesicht, sondern an dessen Seite treten, damit der giftige Odem nicht auf sie fallen möge. Fast dergleichen Instruktion kam jüngst 1682 für die Geistlichen zu Gotha und auf dem Lande heraus. *(Pfefferkorn, S. 368f.)*

Unter Theriak versteht man ein altes pflanzliches Gegengift und Arzneimittel. Er enthielt ursprünglich 50 bis 60 Bestandteile (u. a. Opium, Schlangen- und Baldrianwurzel, Ceylonzimt, Kardamomen, Myrrhe, Eisensulfat, Honig etc.) und wurde gegen giftige Bisse und Stiche von Tieren empfohlen. Im Mittelalter diente er gegen Vergiftungen aller Art und gewann als Universalheilmittel und Wundermittel auch wirtschaftliche Bedeutung.

Die Pest in Schmalkalden

Nach einer großen Wasserflut im Jahre 1566 überzog die Pest Schmalkalden, welche in diesem Jahr in der ganzen Herrschaft nach Ostern sich äußerte. Der erste, der an dieser Seuche starb und auf Domin. Exaudi *(6. Sonntag nach Ostern)* begraben wurde, war Hanssen Burcards Sohn vorm Weidenbrunner Tor. Von da an bis Weihnachten nahm die Pest in der Stadt 1.700 Menschen und auf den Dörfern 600 hinweg, wie denn zu Fambach allein 150 Personen draufgingen. Dadurch wurde Schmalkalden so verachtet, daß niemand hierher ziehen durfte. Alle Märkte wurden aufgehoben, die Stadt Meiningen wollte länger als ein Jahr die Schmalkalder nicht einlassen. Obwohl anfänglich eine ziemliche Anzahl Bürger nebst den Beamten aus der Stadt sich woanders hinbegaben, so wurde doch gute Anstalt in dieser Trübsal gemacht und unter die Armen und Kranken 400 Gulden distribuiert *(verteilt)*. Besondere Krankenwärter wurden bestellt, besondere Leichenträger konstituiert *(eingesetzt)* und selbige gelöhnt. Diejenigen, welche die Bahre brachten und die Verstorbenen darein legten, bekamen wöchentlich 1/2 Taler. Zwar begrub man täglich 34 bis 35, jedoch wurde allezeit gepredigt und gesungen und das geschah um acht, zwölf und drei Uhr.

Der damalige Totengräber Pöpel Hanss bereicherte sich trefflich, denn weil er niemand ohne Geld begraben wollte, scharrte er so viel Geld zusammen, daß er abdankte und sich eine Mühle kaufte. Jedoch verarmte er so sehr, daß er froh war, diesen Dienst nach etlichen Jahren wiederzubekommen. Gleich wie aber die Anstalt, was die leibliche Versorgung betraf, zu rühmen war, so ließ es sich Herr Magister Christoph Vischer, damaliger Superintendent in Schmalkalden höchst angelegen sein, mit vielen Predigten die Seelenkur zu befördern, denn in 21 Predigten erklärte er den 91. Psalm, welcher 1571 gedruckt wurde. In der Vorrede dieser gedruckten Predigten meldet er unter anderm, daß die Schmalkalder so freudig, so männlich, so getrost, gleichsam mit lachendem fröhlichen Munde wie zu Tanz und Wohlleben in den Tod gingen, sie hätten Gott angerufen, er wolle ja mit ihnen nicht umwenden, sondern sie gnädiglich von diesem betrübten Zährental *(Tränental)* entbinden und sie in den Freudensaal geleiten. Sie hätten auch mit Freuden den Umstehenden erzählt, wie sie allbereit die unaussprechliche Freude und Wonne im Geist gesehen und gefühlt. *(Geisthirt, 5. Buch, S. 17f.)*

Der Totentanz. Schedelsche Weltchronik, Holzschnitt von 1493.

Pestnachrichten

Zu Jena wütete im Jahre 1578 eine solche Pest, daß auch die Universität nach Saalfeld verlegt wurde ... Was Anno 1636 und 1637 wie neulich Anno 1682 und 1683 für eine lang anhaltende Contagion *(Seuche)* in Thüringen, sonderlich zu Nordhausen, Mühlhausen und Erfurt (die anderen Städte dieses Landes wurden durch Gottes Gnadenschirm und nicht bloß durch die fleißigen Wachanstalten verschont) gewesen war und zu Erfurt 9.114 Personen, zu Mühlhausen an die 7.000, zu Nordhausen an die 6.000, wie man damals sagte, wegriß, auch Handel und Wandel so versperrte, daß niemand ohne sichere Pässe, die etliche Beamte damals reich, die Untertanen aber vollends arm machten, an gesunden Orten eingelassen wurde, das ist bei uns noch in frischem Gedächtnis. *(Pfefferkorn, S. 368ff.)*

Eine fragwürdige Heilmethode

Menschen, die Anzeichen der Pest an sich entdeckten, versuchten auch selbst etwas gegen die tödliche Seuche zu tun.

Georg Gewinn, Pfarrer zu Kölleda, berichtet, daß ihm seine verstorbene Frau folgendes erzählt hatte: Als ihre selige Mutter 1633 an der Pest tödlich krank lag, habe man sie, als dreivierteljähriges Kind mit Fleiß an der Mutter Brust trinken lassen, in der Meinung, die Mutter damit zu retten, und lieber das Kind als die Mutter einzubüßen. Aber die Mutter ist verstorben, das Kind am Leben geblieben. *(Oberländer, S. 16)*

Beim »Schwarzen Tod« bedeckte sich die Haut der Kranken mit schwärzlichen Flecken, wobei es sich um Gangrän-Zonen handelte, die sich um die Flohbisse herum bildeten. In der Leistenbeuge und in den Achselhöhlen wuchsen schmerzende Ganglien, die Pestbeulen. Wurden diese schwarz und öffneten sich spontan, bestand die Chance einer Heilung.

Die Pestzwiebel

Es hat sich in Nordhausen um 1500 etwas Sonderliches zugetragen. Denn nachdem sein Vater, Johannes Jonas, der Bürgermeister allhier, an der Pest gefährlich niederlag, und eine Zwiebel, die auf der Drüse lag und das Gift an sich zog, neben sich auf die Bank gelegt hatte, kam von ungefähr sein Sohn Justus, der damals noch von zartem Alter war, nahm die Zwiebel und aß sie begierig und mit großem Appetit in sich hinein. Obwohl nun jedermann meinte, es werde ihn das Gift stracks infizieren und ohne Verzug töten, so wandte doch der Herr alles Unheil gnädig ab. *(Kindervater, S. 21f.)*

Scheintod

Im Jahre 1583 wütete in Schmalkalden wieder einmal die Pest: Als man das Eheweib des Spitalmeisters Alexander Seyfried, die im Reichenhospital wohnte, zur Erde bestatten wollte, weil jedermann meinte, sie wäre wahrhaftig gestorben, und da sie schon angekleidet war *(in Totengewänder gehüllt)*, richtete sie sich nach etlichen Stunden aus der Ohnmacht wieder zu jedermanns Verwunderung auf, und lebte danach noch eine geraume Zeit. *(Geisthirt, 5. Buch, S. 22)*

Heiratswut

In Eisenach hatte 1578 diese giftige Krankheit so hausiert, daß, nachdem die Luft wieder gesund wurde und das Sterben aufhörte, die Jungen, noch übergebliebenen Leute in großer Anzahl sich kopulieren *(verheiraten)* ließen. Und als einstmals sechzehn Paare vor dem Angesicht Gottes in der Kirche standen und sich eine Braut verirrte und zu einem fremden Bräutigam trat, wies sie der Diakon zurecht mit diesen Worten: »Ei, Gesellchen, hierher gehörst du.« *(Pfefferkorn, S. 370)*

Anno 1626 verehelichte sich H. Biel, Hufschmied, in währender Pest binnen halben Jahres viermal, überlebte sie alle viere, wie denn auch zu Erfurt in der letzten Pest ein Bürger sieben Weiber nacheinander gehabt, binnen Jahr und Tag, und sie auch alle überlebte. *(Oberländer, S. 24)*

Ein Pestverdacht mit bösen Folgen

Städte oder Dörfer, in denen Pestfälle bekannt wurden, isolierte man durch Absperrung. Umgekehrt wurden auch Menschen, die im Verdacht standen, an der Pest erkrankt zu sein, nicht in Städte und Dörfer hineingelassen.

Anno 1641 wurde zu Altenburg Catharina Geilerin, eine Dienstmagd von 30 Jahren, gebürtig von Langenchursdorf unfern von Waldenburg, unpäßlich und weil der Hausherr sich einbildete, sie könnte von der Pest angesteckt sein, hat er sie entlassen, um sich nach Hause zu ihrer Mutter zu begeben. Als sie aber dahin kam, wollten die Bauern diesen Menschen nicht einlassen, weil sie befürchteten, sie könnte eine ansteckende Seuche mit sich bringen. Sie mußte deswegen auf einer Wiese hausen, unter einem schlechten Heuhüttlein bleiben, und weil niemand zu ihr kam, der sie pflegte, hat sie halb verschmachtet auf allen Vieren zu den Pfützen und Sümpfen kriechen müssen und das stinkende Wasser mit der Hand geschöpft, ihren Durst zu löschen.

Nachdem sie aber, von selbiger Zeit an, sich etwas erholte, hat sie gemerkt, wie ihr der Leib aufschwoll und dicker wurde, hat auch danach alle Frühlinge ein heftiges Erbrechen gehabt, in welchem eine dicke, korpulente Materie von ihr ging, welche, weil sie solche meistenteils an finstere Orte warf, von ihr nicht sonderlich betrachtet wurde. Hierauf hat sie den 26. Juni 1647 zwei große Kröten, zwei kleinere, in der Größe einer Hummel und zwei Eidechsen, so lang wie der Ohrenfinger und in der Dicke eines Schreibekiels, alle lebendig, von sich gegeben.

Darauf ist, nach gebrauchter dienlicher Arznei, den 12. Juli eine lebendige, mittelmäßige Kröte und zwei Stunden danach eine große und gar kleine, aber tot, unten von ihr gegangen. Den 28. Juli hat sie, nachdem sie auf die 30 Maß unflätiges und überaus stinkendes Wasser von sich gegeben, auch eine bleichgelbe, zähe und aneinanderhängende, stinkende Materie mit lichten Fünklein, wie mit Augen besetzt, herausgebrochen und den 9. August eben dergleichen, worauf sie sich etwas besser als zuvor befunden. Den 29. März 1648 ist es aber wieder auf das Neue angegangen, da sie nach ausgestandenen heftigen Schmerzen einen Frosch, in vielem Unflat verwickelt, mit drei und einer halben Eidechse, ausspieh. Der Frosch, der auf der Erde herumhüpfte und lustig quakte, hat bis auf den 6. Tag gelebt. Den 4. sind zwei lebendige große Frösche grüner Farbe von ihr ausgeworfen und den 11. besagten Monats eine große dicke und abscheuliche Kröte, mit spitzen Klauen versehen, tot von unten von ihr gezogen worden.

Von selbiger Zeit an ist sie durch Gottes Hilfe und verständigen Rat des damals weitberühmten Medici, Herrn Thomae Reinesii, wiederum zur Gesundheit gelangt und hat Anno 1661 noch gelebt. *(Maturo, S. 66f.)*

Die Franzosenkrankheit

Im Jahre 1497 wanderte eine Krankheit durch das Land Thüringen und die Stadt Erfurt und durch viele andere Länder, die man die Franzosenkrankheit nannte, und man sprach, sie wäre seit hundert Jahren nicht mehr gewesen, und war eine flechtenartige Seuche. Zuerst wurden es breite Blattern, danach wurden sie breite Grinder *(Schorf)* und rochen sehr übel, und sie brannte und erhitzte sich, als wenn die Haut verbrannt wäre, und währte bei manchen ein halbes Jahr oder ein ganzes Jahr. Etliche kamen wieder auf und etliche starben, und etliche fielen wieder nieder in Krankheit. Etliche lagen wohl ein Jahr. Auch starben viele Leute daran. Der Kirchhof an der Predigerkirche lag voll von ihnen. Man baute bei dem großen Hospital beim Graben ein eigenes Haus. Da lagen sie drin. Es kamen auch viele fremde und arme Leute nach Erfurt, die die Krankheit hatten. Viele, die von Santiago de Compostella kamen, hatten dieselbe Krankheit. Etliche hatten die Krankheit zwei, drei Jahre und lagen, etliche gingen, und brach es in den Beinen und Armen, und wer das vertreiben wollte durch mancherlei Arznei, dem schlug die Krankheit nach innen; der mußte sie lange tragen. *(Stolle, S. 464f.)*

Bei denen, die aus Santiago (Sankt Jakob) de Compostella kamen, handelte es sich um Pilger, welche von einer Wallfahrt aus dem berühmten spanischen Wallfahrtsort, also über Frankreich zurückkehrten. Bei der Franzosenkrankheit handelt es sich um Syphilis, eine Geschlechtskrankheit, die wahrscheinlich bereits durch die Matrosen des Kolumbus aus Amerika eingeschleppt wurde. Sie trat erstmalig bei der Belagerung Neapels (1494/95) durch den französischen König Karl VIII. auf und erhielt daher den Namen neapolitanische Krankheit. Die Weiterverbreitung durch die Franzosen brachte ihr den Namen Franzosenkrankheit ein. Neuerdings bezweifelt man das und glaubt eher, die Europäer haben diese Lustkrankheit nach Amerika eingeschleppt.

Der Englische Schweiß

Im 15. und 16. Jahrhundert traten in England Epidemien einer häufig tödlichen Infektionskrankheit mit einem frieselartigen Hautausschlag auf, die man den Englischen Schweiß (sudor anglicus) nannte und die 1529 auch auf Nordeuropa übergriff, seitdem aber nicht mehr beobachtet wurde.

Im Jahre 1529 grassierte der sogenannte Englische Schweiß in Thüringen, und es starben auch hier in Kölleda viele Leute daran. Ein katholischer Geistlicher legte die Schuld davon auf die Lutheraner und stellte öffentliche Prozessionen deshalb an, starb aber selbst den andern Morgen darauf an dieser Krankheit. Über diese damalige Epidemie ist folgende Notiz bemerkenswert: Diese unerhört schreckliche Krankheit überfiel die Leute mit Schweiß und Schlaf und brachte viele um den Hals in 24 Stunden. Die Kranken mußte man warm halten, daß ihnen der Schweiß nicht einschlug, und es mußten immer Leute um sie sein, daß sie nicht einschliefen. Wenn ihnen dürstete, mußte man sie mit lauwarmem Biere laben und gegen die Ohnmacht einen Schwamm mit Essig genetzt und ausgedrückt vor die Nasen halten. Nach den 24 Stunden sollte man ihnen ein warmes Hemd oder eine Badekappe und trockene, reine Kleider anlegen, sie vor ein Feuer setzen und ihnen Essen und Trinken geben, wie z. B. Eier und andere gute Kost. Etliche nahmen rote Rosen, in Essig gelegt, und erquickten damit die Kranken.

Diese Krankheit hielt zu Hildesheim drei Monate an, und es starben viele Menschen, ehe man von der Kur rechtzeitig erfuhr. Der Mönch Bodo im Kloster Clus bei Gandersheim sagt: 1526, zur Zeit des deutschen Religionszwistes, wütete in Deutschland der Englische Schweiß. Er kam von Hamburg, wo 8.000 Menschen daran starben, nach Celle, Braunschweig, Göttingen und von da nach Thüringen. Die meisten, welche von dieser Seuche ergriffen wurden, starben am zweiten Tag. Die Hamburger erfanden gegen das Übel ein Mittel, welches sie in gedruckten Zetteln an die anderen Städte sandten. Einigen wandelte diese Krankheit mit Frost, Schauder und Angst an, andern im Schlafe. Man mußte ihnen aber den Schlaf 24 Stunden lang vertreiben. *(Grüning, S. 72f.)*

Spanischer Pfips oder Schafhusten

Am 10. September 1580 wurde ein erschreckliches Chasma oder Feuerzeichen allhier und an andern Orten gesehen. Darauf stellte sich geschwind eine allgemeine Krankheit ein, welche die Medici Febrin malignam cum catharro *(bösartiges, hitziges Fieber mit Schleimhautentzündung)*, die Historia aber den Spanischen Pfips oder Schafhusten nannten. Diese Seuche ist fast durch ganz Europa gestrichen. Es kam die Leute mit Frost und Heiserkeit an. Sie konnten nicht reden und wurden um die Brust und das Herz hart bedrängt. Wenige Leute aber starben davon. *(Geisthirt, 5. Buch, S. 21)*

Ärzte leben gefährlich

Die in einigen thüringischen Gegenden seit einiger Zeit *(um 1760)* gleichsam Mode gewesene Krankheit, die rote Ruhr, hat nun völlig nachgelassen. Indessen sind viele Leute daran umgekommen. In einem benachbarten Dorfe einer gewissen Stadt sind allein 140 Personen dadurch hingerissen worden, doch ist kein Haus gänzlich ausgestorben. Folgendes ist bei diesen betrübten Umständen etwas Lustiges: Die Regierung verteilte die dortigen Ärzte auf die Dörfer und wies jedem seinen Distrikt an. Die Ärzte fügten sich hinaus, und die Bauern mußten sich ihrer Methode unterwerfen. Allein, das Zeug, welches jene anwiesen, schmeckte diesen nicht, und es starben auch etliche von denen, die es genommen hatten. Hierüber jagten sie die Doctores mit Stecken und Steinen zu den Dörfern hinaus.

Wider diesen Frevel wurde ein scharfes Mandat von den Kanzeln abgelesen, wodurch den Bauern ernstlich und bei scharfer Strafe angekündigt wurde, sich dergleichen hinfort, wenn die Medici wieder zu ihnen kämen, nicht zu unterstehen. Jedoch die Herren Medici wollen sich keiner Gefahr aussetzen, noch mit dem Fuße wieder aus der Stadt gehen, so daß die Bauern sehen mögen, wie sie sich selbst kurieren. *(Merckwürdige Geschichten, S. 552)*

Beim Koch und Arzt sei weise,
Wenn du willst werden alt.
Wer Arznei frißt wie Speise,
Wird vor den Jahren kalt.
Iß dein Brot wie Arzeneien,
So wird es dir wohl gedeihen.
(Schiebel, S. 276)

KAPITEL

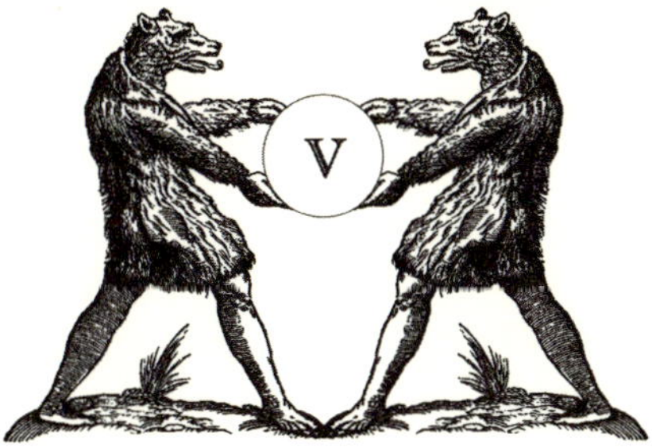

UNGLÜCKSFÄLLE UND ENTLEIBUNGEN

Der Kloakensturz zu Erfurt

Zur Beilegung von Streitigkeiten zwischen dem Landgrafen Ludwig III. von Thüringen *(1172–1190)* und dem Erzbischof Konrad von Mainz *(1183–1200)* ließ König Heinrich VI. *(1190–1200)* im Jahre 1184 Vertreter der betroffenen Parteien nach Erfurt kommen. Die Versammlung, zu der sich auch viele Grafen und Ritter eingefunden hatten, wurde im dritten Stock der Probstei des Marienstifts abgehalten. Der Saal war dicht angefüllt von Zuschauern. Das alte, morsche Gebäude konnte aber die Last nicht tragen, und plötzlich brachen die Balken, die ganze Last stürzte auf den zweiten Boden, nahm diesen auch mit auf den untersten, durchbrach auch diesen und Menschen, Balken, Estrich stürzten in die unter dem Gebäude befindliche Kloake. Mehrere mußten in dem Unflat jämmerlich ersticken, so Graf Friedrich von Abenberg, Graf Heinrich von Schwarzburg, Graf Gosmar von Ziegenhain, Graf Ludwig von der Wartburg, Graf Friedrich von Kirchberg und Beringer von Beldingen. König Heinrich und Erzbischof Konrad saßen in einer Fensternische und hielten sich am Fenster, bis sie durch die angelegte Leiter von außen gerettet wurden. Der Landgraf war auch mit hinabgefallen, hatte aber keinen Schaden erlitten. Das war der Schlußakt der Versammlung, die weiter kein Resultat hatte. *(Koch, S. 175)*

Es verwundert nicht, wenn als Ursache für solch ein Unglück das Fehlverhalten von beteiligten Personen angenommen wurde, und so das

Unglück selbst letztlich als eine Strafe oder Sühne galt. Deutlich wird das in diesem Fall an einem Bericht über den Grafen Heinrich von Schwarzburg (1160–1184).

Graf Heinrich von Schwarzburg, wenn er über einen erzürnt war, pflegte er ihm aus seiner bösen Gewohnheit zu wünschen, daß er im heimlichen Gemach *(Toilette, Kloake)* verderben müsse. Der Graf schwor oft: »Tue ich das, so muß ich in einem Sch...hause bleiben und sterben.« Es wurde ihm wahr: 1184 fiel er zu Erfurt in ein heimliches Gemach, und mußte darinnen elendiglich sterben. *(Hilscher, S. 162)*

Mißgeschick einer Leichenschänderin

Im Jahre 1516 trug sich an einem benachbarten Orte *(bei Schleiz?)* eine seltsame Geschichte zu. Ein abergläubisches, unbedächtiges Weib ging an einem Tag frühmorgens hinaus zu dem Gericht, stieg inwendig am Galgen hinauf, um einen Dieb, welcher kurz zuvor gehenkt worden war, abzuschneiden und dieselbe Materie *(nach altem Aberglauben meist nur ein Finger)* ins Bier zu hängen, damit die Leute sehr zulaufen und das Bier desto mehr holen sollten. Es hat Gott der Allmächtige ihr Vorhaben sichtlich gestraft. Der tote Körper fiel ihr mit den Füßen um den Hals und hielt sie so fest, daß, wenn nicht Leute, die in der Nähe ihr Winseln gehört, ihr geholfen hätten, sie ums Leben darüber gekommen wäre. Die Leute aber, die zugelaufen kamen, brachten die Füße des Toten mit großer Mühe und Arbeit auseinander und machten die Frau ledig. Welches solchen vorwitzigen Leuten billig zur Warnung dienen sollte. *(Zopff, 2. Teil, S. 23f.)*

Grausam gestrafter Geiz

Im Jahre 1533 ritt ein Canonicus *(Dom- oder Stiftsherr)* über ein Feld bei Erfurt. Da begegneten ihm Landsknechte, die erbaten einen Zehrpfennig von ihm. Weil er ihnen aber nichts geben wollte, nahmen sie das Pferd, schnitten es auf und steckten ihn hinein. Und wie sie ihm zuvor alles genommen hatten, was er bei sich geführt, nähten sie ihn mit Senkeln in des Pferdes Bauch zusammen, ließen ihn so liegen und gingen davon. In diesem Arrest mußte er so lange liegen bleiben, bis andere Leute dazukamen und ihn losmachten. *(Falckenstein, S. 599)*

Tödliche Unstrut

Viele Menschen sind in der Unstrut zu Großvargula ertrunken. Anno 1587 hat Hans Gerlach, welcher in seiner Krankheit mit Schwermut angefochten, sich den 24. Oktober in der Unstrut ertränkt.

Anno 1588, den 21. September, hat sich der Kranke Melchior Ludloff verloren *(ist verschwunden, verlorengegangen)*. Er wurde den 9. Oktober in der Unstrut bei der Niederbrücke tot gefunden.

Anno 1590, den 19. Juni, ist Henßlein Heintze in der Unstrut im kalten Bad ertrunken, im Wehr bei der Obermühle. Im selben Jahr ertrank im kalten Bad beim Rieth Valten, ein Knabe ungefähr von 12 Jahren, seine Mutter, eine Witwe, hieß Osanna Volckmar.

Anno 1592, den 4. Juli, ist ein Knabe, welcher bei dem Niederhirten Hans Rotharten diente, im kalten Bad in der Unstrut beim Rieth ertrunken.

Anno 1593, den 22. Juli, hat Catharina Osterhildin, ein betagtes Weib, Gras in einem Weidkorbe waschen wollen, ist darüber in die Unstrut gefallen und ertrunken.

Anno 1594, den 8. Juli, hat Jacob Marckart, ein Hirtenknecht, ungefähr 20 Jahre alt, in der Unstrut Krebse suchen wollen und ist ertrunken.

Anno 1595, kurz nach Pfingsten, hat eine Magd, die bei Hans Osterhilden diente, Teller aufwaschen wollen an der Unstrut, und als ihr ein Teller entfiel und sie danach griff, ist sie hinein gefallen und ertrunken.

Anno 1601, den 9. März, hat Barthel Richard, gemeiniglich Zapff genannt, der nämlich von Nägelstedt nach Vargula gezogen war, von Heinrich Flockens Kindstaufe in gutem Eislebischen Bier bezecht, heimgehen wollen, ist aber bei der Oberbrücke in die Unstrut gefallen und allererst am 26. März über dem Wehr gefunden worden.

Anno 1602, den 26. März, ist ein Knabe, Paul Brüchheim, dessen Eltern tot waren, vom Bornsteg hinterm Schloß in die Unstrut gefallen, den 30. März gefunden und begraben worden.

Anno 1605, den 29. September, am Tage Michaelis, des Abends gegen vier Uhr, ist Christina, Christoffel Schmids Töchterlein, in der Ölmühle vom Schutzsteg in die Unstrut gefallen, unter das Rad gekommen und zerstoßen worden. Und ob es wohl noch lebendig herausgezogen wurde, ist es doch des Morgens, den 30. September um drei Uhr verschieden.

Anno 1606, vierzehn Tage vor Ostern, ist Barthel Stetzel, zu Dachwig wohnhaftig, in seiner Hauptkrankheit *(Krankheit des Kopfes, Gehirnentzündung)* nach Vargula gegangen, hat sich in der Unstrut ersäuft, danach am Ostertag unter dem grundlosen Loch tot gefunden worden.

Anno 1612, den 16. Juli, wurde Albrecht, Christoffel Schmids des Älteren, Ölmüllers Söhnlein, der in der Unstrut ertrunken war, begraben. Desselbigen Jahres, den 19. Juli, ist Hans, Hansen Beinheims Sohn, ein Knabe von acht Jahren, der in der Unstrut ertrunken war, begraben worden.

Anno 1613, den 23. Juli, wurde Valten, Hansen Müllers des Oberbäckers Sohn, sechs Jahre alt, in der Unstrut ertrunken, begraben.

Begraben wurde auch Anno 1614, den 30. Juni, Heinrich, Valten Dürrens Sohn, im kalten Bad unter der Niederbrücke ertrunken.

Anno 1616, den 15. Mai, hat ein Mann von Dachwig, Steffen Ramlde, sich zu Vargula im grundlosen Loch an der Unstrut ersäuft.

Anno 1620, den 3. Oktober, fiel Heinrich Stubenrauchs Sohn, Hans, in die Unstrut, wurde aber erst den 4. November gefunden, aufgehoben und begraben.

Anno 1622, den 4. Juli, abends zwischen sechs und sieben fiel Elisabeth, des Müllers Michael Kuwtens Töchterlein, ein Kind von fünf Jahren, durchs Wasserrad in die Unstrut und ertrank. Wurde noch desselbigen abends am Schwaderich gefunden.

Anno 1623, den 22. Juli, ist Gerdrut begraben worden, Wendel Strubens Töchterlein, welche in der Unstrut ertrank.

Anno 1625, den 6. Juli, wollte Otilia, Ludwig Winters Töchterlein, auf der Stiefmutter Geheiß ein Becken *(flaches Gefäß, um darauf Wasser zu gießen, z. B. Handwaschbecken)* an der Unstrut abwaschen, fiel hinein und ertrank. Desselbigen Tages wollte ein Mann, Adam Weibel, in der großen Hitze sich im kalten Bad beim Rieth erfrischen, meinte nicht, daß die Unstrut des Ortes, da er hinein trat, so tief wäre und ertrank. In derselbigen Woche ist auch ein Schäfersknecht ertrunken. Anno 1626, den 1. Juli, wurde Catharina, Cyriacs Metzen Tochter, von Hans Schmiden gejagt, kam in die Unstrut und ertrank.

Anno 1631 ertrank aus des Grafen Tilly Kriegsvolk ein Soldat, wurde beim Rieth eingescharrt. Desselbigen Jahres ist noch ein Tillyscher Soldat, als er in der Unstrut baden wollte, ertrunken, gegen Jörgen Syffings Haus.

Anno 1633, den 12. Juni, ist des Unterhirten Junge *(Dienst bzw. Hirtenjunge)* aus dem Henneberger Land gebürtig, auf dem Rieth in die Unstrut gegangen zu baden und ertrunken.

Anno 1636 wurden Claus Braunen, der zu Döllstedt wohnte, Witwe und Tochter von Soldaten in die Unstrut gejagt. Die Mutter kam davon, das Mägdlein, Anna genannt, ertrank und wurde den 4. November begraben.

Anno 1637 ist Martha, Hansen Schucharts Töchterlein, vier Jahre alt, in der Unstrut ertrunken und nach etlichen Tagen am Ufer gefunden worden, da ihr die Hunde den Kopf abgefressen hatten. Anna, jenes Leinewebers Hartung Hessens hinterlassene Witwe, hat sich bei des Pfarrherrns Herrn Magister Urbani Musaei Zeiten ersäuft. Ebenso Anna, die alte Vitin, hat sich bei desselben Zeiten ersäuft. Ist auf dem Schindeleich begraben bei einem Holunderbaum. Ebenso bei desselben Pfarrers Zeiten ist Christoffel Schmids des Jüngern Kindermägdlein mit dem Kinde in der Unstrut ertrunken und keines wurde wieder gefunden. Bei des Pfarrers Christoff Fleckens Zeiten hat sich Anna, Eobani Schlemmers Weib, unterm Pfarrgarten ersäuft. Ist daselbst begraben worden.

Anno 1639, den 12. Juni, wollte des Schulmeisters Adam Briglebs fünfjähriges Töchterlein, Maria Elisabeth, über die Brücke gehen bei der Obermühle, und indem es den Kopf wegen des Windes verhüllte, wurde es durch den Wind von der Brücke herabgeworfen in die Unstrut und ertrank.

Anno 1653, den 16. April, war der Sonnabend nach Ostern, ist Michel Knote, der Niedermüller zu Großvargula (der dieselbige im Krieg verwüstete Mühle des vorigen Jahres wieder erneuerte, ausbesserte und anrichtete) vom Schutzsteg ins Wasser hinabgefallen und ertrunken, seines Alters 72 Jahre. (Sein Töchterlein ertrank Anno 1622, wie oben gedacht.) Die Summe derer Personen, die von 1587 bis zum 1653 zu Großvargula in der Unstrut ertranken, ist an der Zahl XXXV. *(Olearius, Rerum Thuringicarum Syntagma, 1. Teil, S. 382ff.)*

Ein älterer »Vargeler« wußte zu berichten, daß die Unstrut vor ihrer Regulierung voller »Drehlöcher« (gefährliche Wasserwirbel in Flüssen) war.

Das Katzengericht

Auf dem Schlosse zu Gebesee lebte einmal eine Gutsherrschaft, jung, reich und glücklich. Nur eins fehlte ihrem Glücke, ein Kummer drückte die ebenso schöne wie tugendhafte Herrin: der Schloßerbe blieb aus, trotz aller Gebete und frommen Spenden.

Einst fand die Schloßherrin ein verwahrlostes Kätzchen. Sie nahm es zu sich, hätschelte es und spielte mit ihm manchen lieben Tag, so daß es immer anhänglicher und schöner wurde.

Endlich, nach langen Jahren hatte der Himmel ein Einsehen und schenkte dem Paare den ersehnten Sohn. Während sich nun die Mutterliebe dem

Kinde zuwandte, wurde das verwöhnte Kätzchen arg vernachlässigt. Die Katze merkte wohl, wer schuld daran war und sann auf Rache.

Als die glückliche Mutter eines schönen Tages den nackten Buben auf dem Arm trug und mit ihm spielte, sprang die boshafte Katze an ihr empor, durchbiß dem Kleinen die Kehle, setzte flugs durchs Fenster und verkroch sich. Unter allgemeiner Teilnahme und unsäglichem Jammer wurde das Kindlein in gottgeweihter Erde beigesetzt. Nach langem Suchen fing man schließlich die Katze. Man hielt Gericht über das greuliche Tier, welches der Teufel zu solch schändlicher Tat getrieben hatte. Das einstimmige Urteil lautete: Tod durch Erhängen, und zwar, damit der Teufel aus ihr entfliehen könne, mit dem Kopfe nach unten. Zu dem Zwecke wurde der Galgen auf dem Katzengericht, einem wüsten Stück Land, errichtet und im Namen des dreieinigen Gottes das Teufelstier am Schwanze aufgehängt. Damit wurde die Freveltat eines vom Teufel besessenen Tieres gesühnt. *(Gründler, S. 58)*

Das Katzengericht zu Gebesee auf einem Notgeldschein von 1921.

Gepfeffertes Hochzeitsmahl

Im Jahre 1571 trug sich zu Rockensußra bei Ebeleben auf einer Wirtschaft ein Unfall zu. Der Koch wollte einem Gericht schwarzen Pfeffer beigeben, stattdessen reichte man ihm durch ein Versehen Mäusepulver. Die nun von diesem Gericht aßen, befanden sich bald gar übel und starben fast alle nach wenigen Tagen. Ein paar, die nicht viel Pfeffer aßen und guten Theriak gebrauchten, kamen wieder auf. Der Bräutigam hieß Ludwig Mackerodt. *(Binhard, 3. Buch, S. 181)*

Tragische Hochzeitsfeier

Am 6. Februar 1609 begab sich zu Erfurt nach Mittag, zwischen drei und vier Uhr, ein erbärmlicher und schrecklicher Fall. Denn als der Bürger Johannes Drescher mit Fridrich Nickels Tochter seinen hochzeitlichen Ehrentag halten und man nach vollzogener Mahlzeit der Braut einschenken will, auch das Becken *(Handwaschbecken)* an den Tischen umträgt, fällt das Gemach oder die Stube, worin die Gäste sitzen, ein. 23 Menschen, Männer, Weiber und Kinder, wurden jämmerlich zu Tode geschlagen. Neben denselbigen wurden weitere 25 tödlich beschädigt, von denen danach noch etliche starben. Auch die Braut selbst mußte erbärmlich mit auf dem Platz bleiben. *(Binhard, 3. Buch, S. 233f.)*

Tod im Heuschober

Am 10. Juli 1651 ging zu Schleusingen im Hennebergischen der Candidatus Juris *(ein vor dem Magisterabschluß stehender Jurist)* Johann Vollhard mit seiner Ehefrau Dorothea und einer Magd auf das Feld, weil sich der Tag so schön anließ. Als sich aber plötzlich ein furchtbares Wetter erhob, krochen sie alle drei in einen Schober Heu, riefen Gott um Hilfe an und befahlen sich demselben. Da sie aber nun zwischen Furcht, Schrecken und Hoffnung so beisammen steckten, kam ein Donnerschlag und schlug in den Schober. Herr und Frau blieben augenblicklich tot liegen. Die Magd, die vom Feuer am Rücken hart verbrannt war, wurde auch für tot gehalten und ihr das Grab bestellt. Dieser aber hat Gott geholfen, daß sie nicht allein gesund wurde und genas, sondern sich später auch verheiratete und Kinder bekam. *(Ernst III, S. 827f.)*

Folgenschwerer Leichtsinn

In Nordhausen setzte sich eine Buchdruckerin, die hoch schwanger war, auf einen Stuhl beim Fenster nieder und stärkte mit der Magd kleine Geräte. Da kam der Geselle, nahm von der Wand den Spänner und dann die Büchse, knausterte *(hantierte)* lange an derselben und feixte: »Junge Frau, soll ich die Magd erschießen?« Da ihm nun nichts geantwortet wurde, die Dirne aber anfing: »Wenn ihr mich totschießt, so müßt ihr auch sterben«, ging das Rohr los und traf leider die gute Frau in die rechte Brust hinein, und da sie sich gerade niederbückte, fuhr ihr die Kugel unterwegs ins Herz und versehrte es dabei. Die junge Frau sprach noch: »Ach, Herr Gott!« und starb im selben Augenblick. *(Stieffler, S. 2104)*

Leibesschmerzen

Im Jahre 1698 trug sich diese merkwürdige Begebenheit zu: Das achtjährige Mägdelein Anna Elisabetha, die Tochter eines Stahlschmieds zu Seligenthal, wurde 1692 mit großen Leibesschmerzen befallen, so daß sie genötigt wurde, den Stadtphysikus Waldmann zu konsultieren. Der konnte ihr jedoch mit vieler Arznei nicht helfen und urteilte daher, es wäre dem Mägdlein dieses Malum *(Übel)* durch Hexerei im Leib beigebracht. Andere hielten dagegen, das Kind habe aus einem Brunnen getrunken und zugleich vom Ungeziefer die Brut hinuntergeschlungen. Sie mußte sich also nach vergeblich gebrauchten Medikamenten sechs Jahre mit diesen Schmerzen tragen. Sie sagte auch aus, daß sie, wenn sie sich recht satt gegessen, im Leibe Ruhe hätte, wenn sie aber hungrig war, hätte es sich im Leib geregt und ihr ungemeine Schmerzen verursacht. Es fügte sich aber zu ihrem Trost, daß sich in Seligenthal der Chirurgus Andreas Erne bei den Bergleuten niedergelassen hatte. Nachdem er von diesem miserablen Menschen hörte, versuchte er sein Heil und gab ihr 1698 von dem antimonio viperino *(Heilmittel aus Schlangengift)* eine Dosis ein. Darauf erfolgte, daß fünf Eidechsen per alvum *(aus dem Unterleib)* von ihr getrieben und sie glücklich hierdurch kuriert wurde. Sie hat sich anschließend verheiratet und am 12. März 1714 in Seligenthal ein Kind geboren. *(Geisthirt, 5. Buch, S. 75f.)*

Erstickt im Mostdunst

Am 15. Oktober 1727 hat sich der Mälzer Adam Tribner zu Jena, vorm Johannistor wohnend, in der Weinlesearbeit bei der Frau Bäyerin, einer Fleischhauers Witwe, in ihrem Haus in der Johannisgasse befunden.

Als man am Nachmittag diesen Tages ein leeres Faß benötigte und er sich erinnerte, daß dergleichen noch im Keller vorhanden sind, nahm sich Tribner vor, (wie das Gerücht ging, entgegen jeder Warnung, sich vor dem Dunst des schon im Keller liegenden brausenden Mostes zu hüten) eines herauszuholen. Obwohl er hinunter, ist er doch nicht lebendig heraus gegangen, weil die Dünste ihn sogleich erstickten, daß er auf der Stelle liegen blieb.

Man hat ihn zwar vermißt und jeden Versuch getan, ihm zu helfen, weil aber das Brausen weder Rauch noch Gegendampf weichen wollte und die Dünste sogar die brennenden Fackeln auslöschten, so mußte jedermann diesen armen Tribner, wiewohl sich etliche 100 Menschen zu Hilfe in und vor dem Haus befanden, ohne Hilfe lassen. Inzwischen war man doch auf allerhand Rettungsmittel bedacht, denn als endlich ein Studiosus in aller Geschwindigkeit sich in den Keller wagte, hat er sich zwar ohne Verzug zurückziehen müssen, der Blick hat aber soviel geholfen, daß man sah, wo Tribner lag. Sogleich brach man von der Gasse gegen diesen Ort ein Loch in den Keller und versuchte ihn dadurch herauszuziehen. Als solches anfänglich nicht angehen wollte, wagte es ein Mann zu dem Loch hineinzusteigen, um jenen herauszuziehen, hätte aber, wenn er nicht gleich beim Loch gefallen wäre, mit Tribnern das gleiche Fata *(Schicksal)* geteilt. Es brachten die hilfsbegierigen Leute auf der Gasse fast eine halbe Stunde zu, ehe sie diesen Letzten herausziehen konnten. Endlich wurde Tribner auch herausgebracht. Gegen sechs Uhr abends trug man ihn tot in sein Haus. Sein Weib hätte bald das Unglück noch vergrößert, indem sie, als sie von dem Unfall ihres Mannes hörte, mit Gewalt zu ihm in den Keller laufen wollte. *(Heller, S. 477f.)*

Stehend ertrunken

Auch gehört folgende unglückliche Begebenheit unter diese Abteilung. Die beiden Gemeinden Kleinheringen und Rödigen, welche nicht allzuweit von Eckartsberga liegen, hatten es viele Jahre im Gebrauch, dem Herrn von Creutz ein gewisses Stück Wiese, zwischen den sogenannten Weidenbüschen, abzumieten, daneben aber einen gewissen Tag, mit gesamter Hand *(gemeinsam)* sowohl das Gras abzumähen, als auch danach das Gras zu Heu zu machen und zu bestimmen, daß derjenige Hauswirt, welcher nicht eine Person zu dieser Arbeit abschickt, einen Groschen zur Buße erlegen müsse. Dieses Geld pflegten die Einwohner beider Orte danach wiederum an einem gewissen Tag zu vertrinken.

Als nun am 12. Mai 1727 die Gemeinden dergleichen zu verzehren gedachten und sich dabei Christian Rosenhahn von Kleinheringen befand, sich aber, wider seine Gewohnheit, zu Rödigen beim Trunke bis zur Mitternachtszeit aufhielt, begab es sich, als er mit zwei Nachbarn nach Hause gehen wollte, daß er in der Nacht diese beiden aus den Augen verlor. Obwohl sie ihn gleich suchten und dabei in Dorn und Büsche fielen, fanden sie ihn nicht. Als man aber an den folgenden Tagen mit mehr Ernst zu suchen anfing, traf man ihn am dritten Tag in der Saale, in den sogenannten Gemeinden, zwischen Kleinheringen und Steindorf, im Wasser gerade und aufrecht stehend ertrunken an. Das Wasser ging ihm etwa eine halbe Elle *(30 cm)* über den Kopf. Er wurde zu Kleinheringen ehrlich begraben. *(Heller, S. 478f.)*

Tödliche Bootsfahrt

Zu Jena hat man oft gehört, wie vor etlichen Jahren *(vor 1590)* über 24 Personen (unter denen meistenteils erwachsene Mägde waren) zum Stadttor am frühen Morgen hinauseilten und in den Weinbergen arbeiten sollten. Weil sie aber nicht über die Brücke gehen, sondern im Schifflein überfahren wollten, lagen sie dem Schiffer lange in den Ohren, sie hinüberzubringen. Indem sie aber fuhren und die jungen Leute der Vorwitz stach, daß sie wider Gottes Gebot und Ehre mit Leichtfertigkeit etwas begannen, was sich nicht geziemte und Gott gefallen hätte, schwenkte der Satan das Schifflein und ertränkte sie alle in der Saale, daß nicht eine davon überblieb. *(Buetner, S. 19 Rückseite)*

Brautwagen des Verderbens

Leichtfertige und schamlose Gesänge haben die Weiber und Mägde, die auf einem Brautwagen von Sachsenhausen bei dem Komturhof Liebstedt einem jungen Bauern seine Jungfrau zur Braut heimführten, gesungen. Sie sind gar unzüchtig gewesen. Also stürzte der Satan den Wagen. Es wurden fünf Personen erdrückt, etliche zerbrachen sich Arme und Schenkel. Weil aber der Fuhrknecht entkommen und davongelaufen war, hat man ihm diese Beschädigung und diesen Unfall alleine zuschreiben und seiner Nachlässigkeit Schuld geben wollen. *(Buetner, S. 19 Rückseite)*

Bilzingslebener Rettungsmethode

Im Jahre 1773 fiel in Bilzingsleben ein Schulknabe von siebeneinhalb Jahren, Wilhelm Unreins Stiefsohn, Johann Christian Gry, unter Dietmanns Garten in die Wipper. Nach Verlauf etlicher Minuten zog ich selbst, Meister Samuel Gräser, der im Wasser bis unter die Arme stand, selbigen wieder heraus, und weil ich noch einige Atemzeichen des Lebens bei ihm verspürte, schnitt ich ihm das Hemd vom Leib und rieb ihn mit einer Schürze so lange, bis ich das noch verspürte Leben durch die Bewegung des Herzes wahrnahm.

Hierauf ließ ich ihn in seines Vaters Haus tragen. Ich folgte ihnen nach. Einer Anleitung für das Landvolk zufolge, ließ ich ihn in ein warmes Bett legen, und von einem starken Mann Tabakshauch mit aller Forsche durch den Mund in die Lunge blasen. Dann mußte der hiesige Voigt nach Anweisung die Blutader öffnen. Wie ich aber hier nicht genügsam Blut fand, ließ ich die Ader am Arm öffnen, die noch Blut von sich gab, aber bald wieder stehenblieb. Ich ließ mit starkem Reiben unermüdet fortfahren und Tabaksrauch reinblasen, sowohl durch den Mund als auch durch den Mastdarm, bis sich die Kennzeichen des Lebens gänzlich verloren.
(Aus einem alten Kirchenbuch der Gemeinde Bilzingsleben, S. 29)

Die Irrwische von Stotternheim

Zu Stotternheim bei Erfurt spielten am Kirmesfest des Jahres 1790 mehrere Kinder hinter dem Dorfe, bis es finster zu werden anfing. Einige von ihnen wollten, des Spielens für diesmal satt, nach Hause gehen, während die anderen noch Lust bezeugten, ein wenig weiter zu spielen. Um alle zur Rückkehr nach Hause zu bewegen, kam Einer von ihnen auf den Einfall, den letzten Kindern zuzurufen: »Hier gibt's Irrwische und nun kommen sie bald!«

Gesagt und eilig davongesprungen war eins und die anderen hinterdrein.

Aber das eine von den Kindern konnte nicht so geschwind nachkommen und ängstigte sich über sein Zurückbleiben dermaßen, daß es atemlos hinstürzte, und tot davon getragen werden mußte. *(Wagener, S. 209f.)*

Eine amtliche Bekanntmachung

Schon in früherer Zeit haben wir Veranlassung, vor der in manchen Gegenden gebräuchlichen Schweißkur im Backofen gegen die Krätze zu warnen. Im vergangenen Jahr hat dieser Mißbrauch in einer Familie den Tod von drei Kindern, zehn, sechs und vier Jahre alt, zur Folge gehabt. Die Schuldigen sind zur Untersuchung gezogen und jeder derselben mit einer halbjährigen Gefängnisstrafe belegt worden.

Man wird im Allgemeinen geneigt sein, diesen Vorgang nicht sowohl seiner Fahrlässigkeit, als einer fast unmenschlichen Gefühllosigkeit und Grausamkeit der dabei tätigen Personen zuzuschreiben. Jedoch mit Unrecht, da nach Ausweis der Ergebnisse der Untersuchung die Lebensgefahr leise und fast unbemerkt sich genaht hatte.

In einem Privatbackofen von achteinhalb Fuß Länge *(ca. 2,60 m)*, sechseinhalb Fuß Breite *(ca. 2 m)*, anderthalb Fuß Höhe *(ca. 45 cm)*, mit einer Tür von zwei Fuß Breite *(ca. 60 cm)* und ein Fuß Höhe *(ca. 30 cm)*, welcher abends vorher zum Backen geheizt war, wurden sämtliche sechs Kinder einer Familie (von vier bis zwölf Jahren), welche an der Krätze litten, am andern Morgen zwischen sieben und acht Uhr getan und darin bis gegen elf Uhr erhalten, meistens bei offener Ofentür, ohne Anwendung von Zwang bei fortdauernder Anwesenheit der Mutter, welche mehreren Kindern selbst gestattete, zur Verrichtung eines nötigen Geschäfts den Ofen einstweilen zu verlassen.

Die nahende Gefahr machte sich allein durch starke Neigung zum Schlafen der in der Mitte des Ofens liegenden Kinder bemerklich, offenbar in Folge einer bedeutenden Affection *(Reizung)* des Gehirns.

Die älteren, mit dem Leben davon gekommenen Kinder, bekunden diesen Vorgang auf unverdächtige Weise, namentlich aber auch den Umstand, daß sie beim Atmen während ihres Aufenthalts im Ofen keine erhebliche Beschwerde, ebensowenig in Folge zu großer Hitze Schmerzen gefühlt hätten. Die in Schlaf verfallenen Kinder wurden entweder schon tot aus dem Ofen gezogen oder starben kurze Zeit darauf. *(Eckartsbergaer Kreisblatt Nr. 9, Kölleda, den 28. 2. 1851)*

Monströse Gestalten. Holzschnitt.
Aus: Konrad Megenburg »Buch der Natur«, 1475.

KAPITEL

VON WUNDERLICHEN GEBURTEN

Kinderreichtum galt lange Zeit als Segen, stellte er doch eine Art der Alterssicherung für die Eltern dar, die sonst kaum auf eine Versorgung im Alter, geschweige denn eine Rentenversicherung hoffen durften. Kindersterblichkeit war an der Tagesordnung, angesichts häufiger Schwangerschaft vieler Frauen, auch aufgrund völlig unzureichender Hygiene und fehlender Gesundheitsvorsorge. Davon findet sich in den thüringischen Chroniken jedoch kaum eine Notiz.

Ganz anders verhält es sich, wenn sogenannte »Wundergeburten« oder »wunderbahre Mißgeburten« auftraten, wobei »wunderbar« mit »seltsam« gleichzusetzen ist. Ob beim Menschen oder bei Tieren, Fehlbildungen und Mißgeburten erregten großes Aufsehen, beschäftigten Behörden, Mediziner und fanden auch zahlreich Eingang in alten Schriften. Die Chronisten und Geschichtenschreiber sahen Fehlbildungen meistens als Strafe Gottes an und erwarteten infolge dieser Geburten die schlimmsten Hungersnöte, Krankheiten oder Kriegsgreuel. Zumeist starben diese »Wundergeburten«. In Ausnahmefällen wurden sie sogar von Amtspersonen getötet.

Wundergeburten

Im Jahre 1012 wurden zwei Kinder zu Rockstedt zugleich geboren, die Gänseschnäbel und anstatt des rechten Armes Gänseflügel hatten, und als sie drei Tage alt waren, haben sie einander angelacht. Sie sind sonst gar abscheulich anzusehen gewesen, so daß der Richter des Ortes, da sie jung worden, sie hat töten und beiseite tun lassen. *(Binhard, 1. Buch, S. 78f.)*

Als man zählte 1275 Jahre, da wurde zu Erfurt ein Kind geboren, das hatte keine Hände und keine Arme und nähte mit seinen Füßen. Item in demselben Jahr wurde zu Reinhardsbrunn ein Kind geboren, das hatte zwei Häupter. *(Stolle, S. 172)*

Zu Widersbach, eine Meile von Schleusingen entfernt, wurde von einer Weibsperson eine Wundergeburt ohne Füße geboren. Stattdessen hatte es eine lange Spitze hinabhängen sowie jeweils zwei Spitzen an den Seiten. *(Grafenberg, S. 66.)*

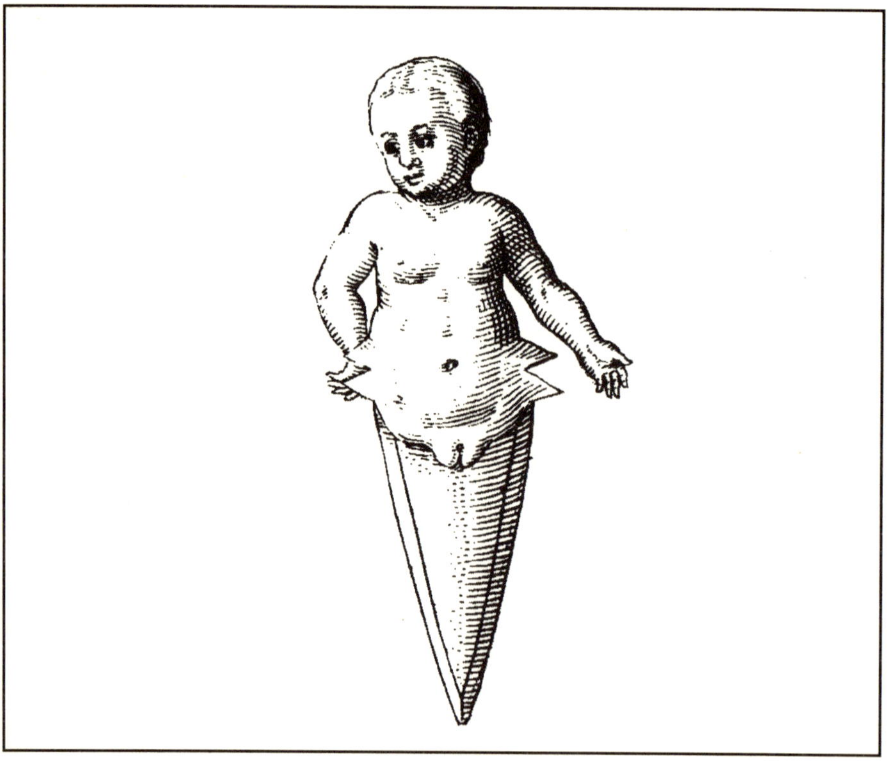

Kupferstich der Widersbacher Wundergeburt nach dem Wunder-Buch des Johann Georg Schenk von Grafenberg, 1610, S. 66.

Hans Kaltenbrunn, der Mann mit kopflosem Parasit im unteren Brustbereich. Flugblatt von 1566.

Im Jahre 1529 wurde in einem Dorf am Harz ein Kind geboren, das, als es erwachsen und zu seinen Jahren kam, einem Mann gleich gewesen ist, nur daß es Frauenbrüste hatte. Aus seinem Bauch hing ein anderer Leib mit dem Rücken hervor, ohne Haupt und Schultern, mit ungestalten, zusammengewachsenen Armen. Die Hände glichen den Füßen. *(Binhard, 3. Buch, S. 105)*

Hierbei handelt es sich um eine asymmetrische Doppelbildung, die zu den extrem seltenen Fehlbildungen gehört insbesondere wenn diese Menschen, wie in diesem Fall, ein bestimmtes Alter erreicht hatten. Der größere Individualteil wird in der Wissenschaft als Autosit und der kleinere als Parasit bezeichnet. Oft traten Menschen mit solchen Fehlbildungen in Theatern auf oder stellten sich an Fürstenhöfen gegen gutes Geld der Öffentlichkeit zur Schau.

Am 10. August 1551, am Laurentiustag, hat Henrich Fischers Weib zu Erfurt bei dem Augustinerkloster zwei Kindlein, ein Knäblein und ein Mägdlein, welche zusammengewachsen waren, geboren. Sind aber alsbald nach der Geburt gestorben. *(Binhard, 3. Buch, S. 132)*

Am 20. März 1553 begab es sich im Dorf Herbsleben, daß ein Weiblein, welches zuvor in der Geburt eines Kindes dermaßen Schaden empfangen hatte, daß nicht zu vermuten gewesen wäre, daß sie nochmals ein Kind zur Welt bringen könne, zwei Mägdlein gebar. Sie kamen mit vier Füßen, zwei ganzen Leibern sowie zwei Köpfen auf die Welt und waren mit den Bäuchen zusammengewachsen. Eins wollte dem andern nicht weichen. Sie waren nämlich mit den Bäuchen zusammengewachsen und mit einer Nabelschnur umwunden. Ein jedes schlug dem andern beide Hände mit ganzem Fleiß um den Hals. Sie sind getauft worden und nach zwei Stunden verschieden. *(Binhard, 3. Buch, S. 136f.; Grafenberg, S. 66.)*

Kupferstich des 1553 geborenen Zwillings nach dem Wunder-Buch des Johann Georg Schenk von Grafenberg, 1610, S. 85.

Hierbei handelt es sich um siamesische Zwillinge. Unter siamesischen Zwillingen versteht man ein eineiiges Zwillingspaar, das über Gewebebrücken meist an Rumpf, Brust, Bauch oder Steiß miteinander verwachsen ist. Durch unvollständige Teilung der Zellen entsteht diese Mißbildung bereits während der embryonalen Entwicklung. Heute werden Doppelföten bereits bei Ultraschall-Untersuchungen entdeckt. Statistisch gesehen kommt auf 100.000 Geburten ein siamesisches Zwillingspärchen. Die langfristigen Überlebenschancen sind sehr gering. Die meisten sterben noch während der Geburt oder wenige Wochen danach.

Im Jahre 1553 hat ein Weib in einer Stadt in Thüringen eine Kröte mit einem langen Schwanz geboren.
(Binhard, 3. Buch, S. 137; Grafenberg, S. 158)

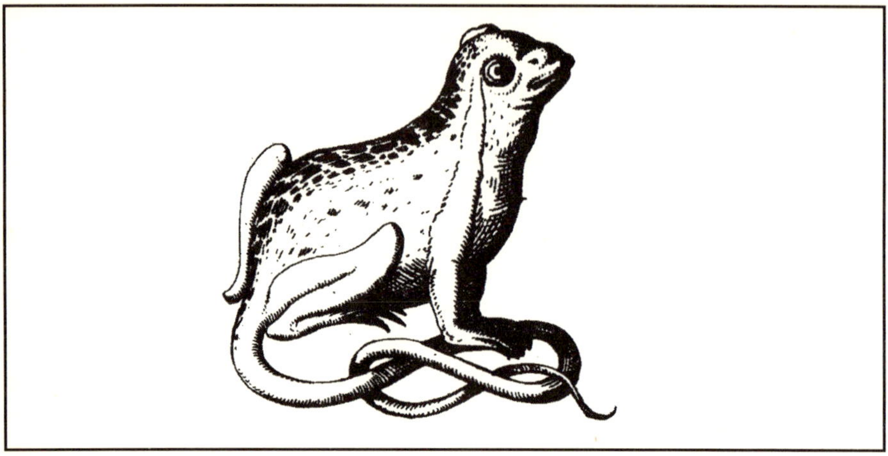

Kupferstich der 1553 geborenen Kröte nach dem Wunder-Buch des Johann Georg Schenk von Grafenberg, 1610, S. 157.

Am 12. Juli 1555 geschah zu Nebra in Thüringen diese grausame und erschreckliche Geburt: Andreas Beyers Tochter, welche einen jungen Schumacher zur Ehe hat, lag drei Tage ganz schwer und gefährlich in der Geburt eines Kindes. Man mußte drei Wehemütter oder Kindfrauen zu ihr holen. Endlich brachte sie ein totes Kind zur Welt. Gleich im Gebären und in den großen Schmerzen, als das Kindlein über die Hälfte geboren war, gab es einen großen, schrecklichen Knall im Leib der Frau, so, als würde man eine große Hakenbüchse *(Gewehr)* abschießen. Das Feuer fuhr zusammen mit den Beinen des Kindes gewaltig aus ihrem Leib und verbrannte den Hintern des toten Kindes derart, daß Blasen, groß wie Hühnereier, zu sehen waren. Der Kindfrau Catharina Hegenwalt wurden die Backen heftig versehrt. Das Feuer fuhr in der Stube herum und verbreitete einen großen Gestank, wie von Pulver und Schwefel. Dabei waren viele ehrliche Matronen *(ältere, ehrwürdige Frauen)*, auch etliche vom Adel, die solches gesehen und bezeugen können. *(Binhard, 3. Buch, S. 144)*

Am 4. September 1557, des Morgens um die neunte Stunde wurden zu Neustadt an der Orla von einer frommen Frau, Barbara, Caspar Goldeners, eines Schusters Eheweib, zwei Kinder geboren. Ein jedes besaß ein Haupt, jedes zwei Händlein, jedes zwei Beine und Füße und alle Gliedmaßen. Mit den Bäuchen und Leibern war es aber zusammengewachsen, wie ein Leib. Oben vom Halsbein an, bis hinunter zum Nabel, hatten beide eine Nabelschnur. Sonst besaß ein jedes seine eigene Scham. Es waren zwei Maidlein. Und als diese Kinder auf die Welt kamen, umfingen sie einander mit den Ärmlein, gleich als wenn die zwei miteinander herzten, kehrten die Angesichter fein zusammen etc. Die Mutter schwoll etwa vierzehn Tage vor der Geburt heftig an. Es war sehr erschrecklich anzusehen. Nachdem sie aber diese Kinder geboren hatte, starb sie am 6. September, zwischen neun und zehn Uhr abends, und schied von dieser Welt ab. *(Rivander, S. 100f.)*

Am 18. November 1581 wurde zu Erfurt von einem Bauernweib aus Walschleben, als sie nach Erfurt zum Markt ging, und sie als ein schwangeres Weib die natürlichen, weiblichen Schmerzen überfielen, solche Wunder- und Mißgeburt auf die Welt gebracht: Es hatte nur ein Haupt und zwei Angesichter. Das eine Gesicht war vorn, das andere hinten. Es besaß vier Hände und vier Füße. Das Angesicht am vorderen Teil war gleich einem alten, verrunzelten Weib und schaute aufwärts über sich in die Höhe, gleich als wenn es gaffen täte mit weit aufgesperrtem Maul. Es hatte keine Ohren. Vorn am Bauch stand ein großes Gewächs, gleich einem Kropf, welchen es mit der rechten Hand hielt. Die linke Hand und den rechten Fuß streckte es von sich, der linke Fuß aber stand gerade. Das Hinterteil aber ist eines Mannes Gestalt gewesen. Anstatt der Augen standen große, runde, tiefe Gruben, voller Fleisch. Es hatte auch ein großes Maul und von rohem Fleisch einen spitzen, langen Bart. In der Mitte zwischen den zwei Rücken ist auch ein Kittel oder Sack, wie ein Vorderteil dieser Wundergeburt gesehen worden, mit zwei niedergelassenen Händen und umschränkten und standhaften Beinen. Jedoch hat man kein natürliches Zeichen, welches männlichen oder weiblichen Geschlechts wäre, erkennen können. *(Binhard, 3. Buch, S. 194f.)*

Diese Mißbildung stellt zum Teil eine unvollkommene symmetrische Verdoppelung im Kopfbereich dar. Sie kann in verschiedenen Graden auftreten und findet in der Gestalt des Januskopfes ihren besonderen Ausdruck.

Im Jahre 1601 ist vor dem Auertor in Schmalkalden ein Hermaphrodit *(Zwitter)* geboren worden. *(Geisthirt, 5. Buch, S. 27)*

Im Jahre 1618 wurde zu Kleinkamsdorf von des Hirten Weib ein Kind geboren, welches keine Augen hatte. Denn wie man die Augenschädel aufzerrte, waren die Gruben leer. Aber über den Augen hatte es Knötlein, als wenn es Hörnlein werden wollten. Die Mutter soll sich an einem toten Schaf versehen haben, welches ihr vor die Tür gelegt worden war. Das Kind war ansonsten frisch. *(Sagittarius, S. 315)*

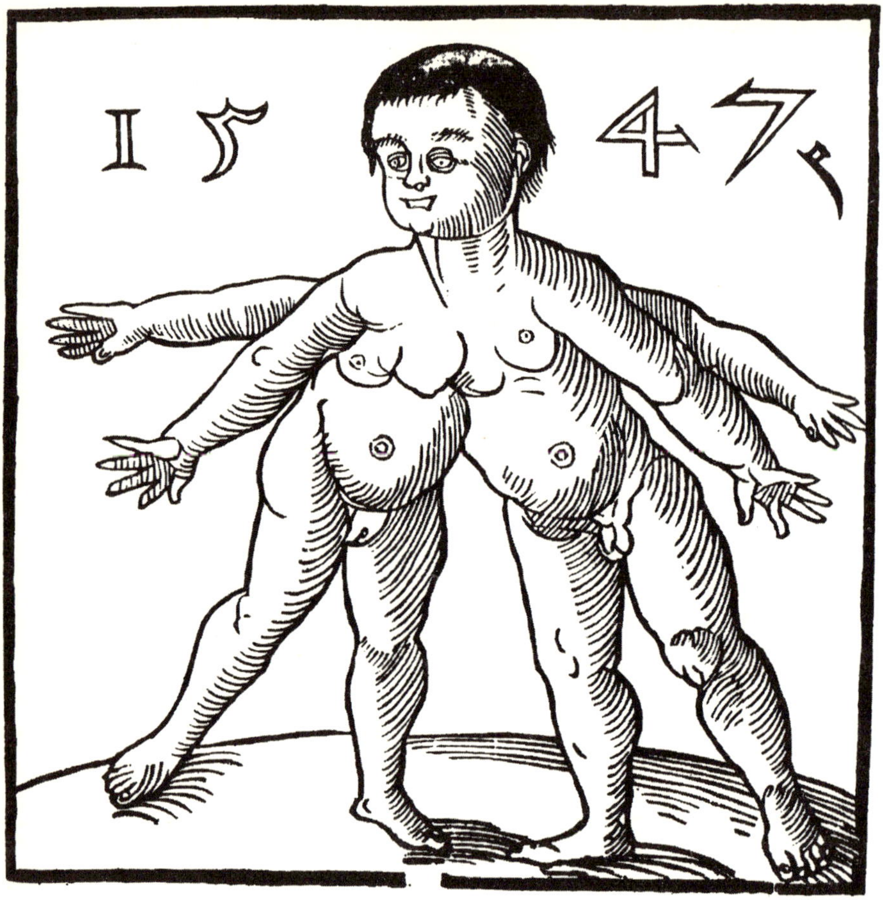

Die sogenannten Löwener Zwillinge. Kupferstich von 1547.

Beispiele, wonach äußere Einflüsse, wie z. B. das »Versehen«, zu Fehlbildungen führen können, finden sich sehr oft. Bereits 1718 erließ der russische Zar Peter der Große folgenden Artikel: »Durch eine innere Verletzung, auch durch Furcht und Schimpfreden während der Schwangerschaft, so daß die Mutter erschrickt, können solche Zeichen bei Kindern vorkommen, wofür es viele Beispiele gibt; auch wenn sie sich stößt oder krank wird oder anderes.«

Im Jahre 1664 wurde zu Brotterode Hanss Rüdiger ein Knäblein mit einer wunderlichen Hasenscharte geboren. Das Obermaul und das Zahnfleisch waren ganz weg, und man sah auf der Nase ein Gewächs. Die Ursache für das Entstehen dieser Hasenscharte soll eine derbe Maulschelle gewesen sein, die der Mann seiner Frau in der Schwangerschaft gegeben hatte, worauf deren Maul so blutete, daß sie dasselbe mit der Hand zusammendrücken mußte. *(Geisthirt, 5. Buch, S. 68)*

Am 12. November 1724 wurde auf einem Dorf drei Stunden von Langensalza von eines Feldscherers Weibe eine Mißgeburt zur Welt gebracht, die ordentliche Bärenklauen hatte, auch vom Hinterteil bis an den Hals wie ein Bär gestaltet war, nur daß die Hand glatt und ohne Haare sich befand. Die Wöchnerin war in ihrer Schwangerschaft in den Wald gegangen, um dürres Holz zu sammeln. Während sie nun im Walde ist, kommt ein Jäger auf allen Vieren aus einer Hütte gekrochen, der auf Wild lauerte. Darüber entsetzt sich die Frau und hat dieses Unglück. Weil die Geburt tot zur Welt kam, hat man sie ordentlich eingewickelt, und da man solche, wegen des ordentlichen Gesichts, für keine Mißgeburt halten wollte, gewöhnlich begraben. *(Heller, S. 131f.)*

Zu Anfang des Jahres 1725 wurde in Seebach, drei Stunden von Langensalza, ein Kind zur Welt geboren, welches anfangs einen sehr großen Kopf hatte, an welchem die Augen ganz drin lagen. Der Kopf hat oben ganz von einander gestanden. Die Haut ist wie durchsichtig gewesen, fast wie bei der Kinderkrankheit, Hydrocephalus, Kopfwassersucht genannt. Diese Gestalt aber hat sich nach und nach in eine mehr natürliche verwandelt. Dabei ist noch zu bemerken, daß die monströsen Hände und Füße wie Saupfoten gestaltet waren. Alle vier Finger und vier Zehen waren zusammengewachsen und nur der Daumen war bis auf das erste Gelenk oder Glied von den zusammengewachsenen vier Fingern abgesondert. Die Gelegenheit zu dieser monströsen Geburt soll, nach dem Geständnis der Frau, das oftmalige Ansehen und die eingehende Betrachtung der Hände des Engels, der in der Kirche hängt und als Taufstein gebraucht wird, gegeben haben, vor welchem die Frau öfters saß. Diesem Engel sind die Hände und Füße so geschnitzt, daß die vier Finger noch mit kleinen Abteilungen beisammen hängen, aber der Daumen ist etwas abgesondert. *(Heller, S. 178f.)*

Wunderliche Tiergeburten

Im Jahre 1551 ist in einem Dorf in Thüringen bei Rastenberg ein Kalb geboren worden mit sechs Füßen. Das hatte auf der einen Seite ein großes Stück rohes Fleisch herunterhängen, welches ganz greulich und scheußlich anzusehen war. *(Binhard, 3. Buch, S. 133f.; Grafenberg, S. 135)*

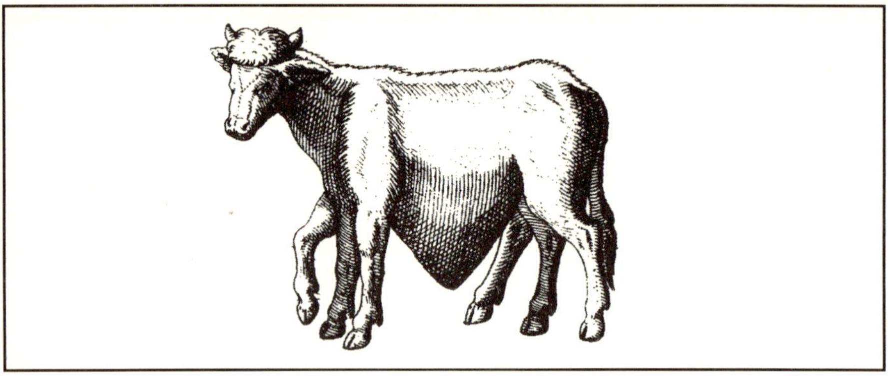

Kupferstich der 1551 geborenen Kuh nach dem Wunder-Buch des Johann Georg Schenk von Grafenberg, 1610, S. 134.

Im Jahre 1587 wurde in Balzer Merckels Haus in Schmalkalden ein Kalb geboren, welches drei Köpfe hatte. *(Geisthirt, 5. Buch, S. 23)*

Am 15. März 1600 wurde zu Wangenheim ein Fohlen geworfen, das hatte nicht mehr als ein Auge vorn auf der Stirn, gleich einem runden Teller. Es hatte keine Nase und das Untermaul stand weit vor dem Obermaul. Der Schwanz stand ihm auf dem Rücken. *(Binhard, 3. Buch, S. 216)*

Am 6. Februar 1617 wurde bei denen von Sinderstedt ein Kalb geboren mit zwei Köpfen, und wie man es aufhaute, fand man zwei Rückgrade, zwei Herzen, Lunge und Leber, zwei Gekröse *(Eingeweide)*, aber nur einen Magen. Es hatte zwei Hälse bis an die Brust, vier starke Beine und einen unten gespaltenen Schwanz. Der eine Kopf lebte eine kurze Zeit. *(Sagittarius, S. 313)*

Etwas Kurioses ist in Ohrdruf im Juli 1726 bei dem Braumeister Conrad Seyffarthen zu sehen gewesen. Nämlich ein schwarzes Entchen mit vier Beinen, welches aber, weil es von gar vielen Leuten fast unaufhörlich angegriffen und besehen wurde, nicht lange gelebt hat. *(Heller, S. 332)*

Was das Bier in einer Stadt
Für verbotne Wirkung hat,
Kann man aus den Fällen sehen,
Die da pflegen vorzugehen.

Dieser wird zu Schlägereien
Duch das starke Bier forciert,
Jener lässet auf sich schneien,
Daß er wohlbezecht erfriert.

Wer es nicht vertragen kann,
Stiftet Mord und Totschlag an.
Feuersbrunst samt Ketten und Banden
Sind durch starkes Bier entstanden.

Starkes Bier macht unkeusch Leben,
Zehrt gesunde Leiber aus,
Wer sich in Gefahr will geben,
Bringe nur stark Bier ins Haus.
(Aus der Arnstädter Bieroper)

KAPITEL

VON TANZWUT UND TRUNKENHEIT

St. Veitstanz

Am 15. Juli 1237 tanzten von Erfurt bis nach Arnstadt mehr als tausend Kinder und blieben daselbst eine Nacht. Des andern Tages, als die Eltern solches erfuhren, kamen sie nach Arnstadt und holten ihre Kinder wieder. Daher soll auch die Armenspende im Dom zu Erfurt kommen, welche vielleicht Eltern dieser Kinder zum Gedächtnis an dieses Ereignis gestiftet haben. Dergleichen Tänzerhistorie erzählt Spangenberg *(ein Chronist)*. Er meint, daß es gar ein Orden wäre, wo jung und alt miteinander von einer Stadt, Dorf oder Flecken zum andern tanzen würden, führt dabei etliche Beispiele an und setzt hinzu: Man nannte es Sankt Veitstanz. *(Olearius, Arnstadt, S. 245)*

Der St. Veitstanz war eine Nervenkrankheit und stellte sich in Zuckungen der Extremitäten dar.

Tragischer Hochzeitstanz

Am 17. Mai 1767 ereignete sich in einem Haus in Erfurt auf dem sogenannten Riesenanger ein sonderbarer Vorfall. Ein Zeitungsträger namens Kühne hielt Hochzeit. Man tanzte und ein schon bejahrter Mann nahm daran teil und tanzte erst ein Menuett. Plötzlich rief er den Musikanten zu: »Macht mir doch einmal etwas recht Lustiges!« Diese spielten sogleich einen Schwäbischen, aber bei dem ersten Sprunge, den der jovialische Tänzer zu machen im Begriff war, stürzte er vom Schlag getroffen nieder und blieb tot. Die Braut, die mit ihm tanzte, erschrak so sehr über diesen ganz unerwarteten Zufall, daß sie epileptische Zuckungen bekam und länger als acht Stunden in diesem traurigen Zustand blieb. Auch noch drei der geladenen Gäste wurden krank. *(Beyer, S. 148)*

Beinbruch mit Todesfolge

Samuel Protagius, Doktor der Rechte und Assessor *(Beisitzer)* des Kammergerichts zu Speyer wurde im Jahre 1572 zur Profession nach Jena berufen. Als er sich nun daselbst annähernd fünfzehn Jahre aufhielt, fand er sich bei einer hochzeitlichen Versammlung auf dem Tanzplatz ein, willens sich etlicher Maßen zu erlustigen. Er tat aber einen so gefährlichen Fall, daß er sich das rechte Bein entzweibrach. Hierzu schlug der kalte Brand, so daß er sich den Schenkel ablösen lassen mußte, an welchem Schaden er den vierten Tag danach starb. *(Ernst II, S. 53)*

Trunkenheit verdirbt die Zeit,
Trunkenheit macht arme Leut
Und ist aller Laster Brunnen.
Den verfluchten Kindermord
Und viel schwere Lästerwort
Hat der Saufgott ausgesonnen.
Drum flieh diese Sündenquelle,
Sie stürzt Seel und Leib zur Hölle.
(Ernst I, S. 462)

Im Saufrausch

Im Jahre 1599 war der Wein trefflich gut, auch wenn es nicht viel wurde. Er wurde aber von den Leuten dermaßen mißbraucht, daß es eine Schande ist, es zu sagen und viel mehr darüber zu schreiben. Es wurde allerlei Unzucht, Mord und Unglück dabei angerichtet. Wenn man in der Woche auf einem Markttag in eine Stadt kam, da sah man wie einer hier, der andere dort lag. Die Weiber gingen zu Paaren, als führte eine Blinde die andere. Bald fielen sie beide über einen Haufen, und zwar so, daß sie auch ihre

Grobianus/ Von groben Sitten/ und unhöfflichen geberden.
Holzschnitt aus dem 16. Jahrhundert.

Schande nicht bedecken konnten. Daraus entstand unter Kindern, züchtigen Jungfrauen und anderen ein großes Ärgernis. In Summa: ein jeder gebrauchte solche edle Gottesgabe nicht *(den Wein)*, wie er sie wohl hätte gebrauchen sollen. Deswegen hat Gott der Herr uns den Weinkraus *(Weinkrankheit)* vor die Nasen gesetzt hat. So müssen es also die Unschuldigen für die Schuldigen entgelten. *(Binhard, 3. Buch, S. 215)*

Der trunkene Bader

Im Jahre 1604 ritt in trunkener Weise ein Bader in Erfurt, insgemein Meister Joachim genannt, auf den Ostermontag nachmittags unter der Predigt in die Kaufmannskirche unter das Volk.

Das Volk in der Kirche wurde hierdurch in einen solchen Schrecken versetzt und glaubte, der Teufel käme. Er fiel in der Kirche vom Pferd herab und wurde dabei erbärmlich geschlagen, nachgehends eingesetzt *(eingekerkert)* und nach Fürbitten und Gnadengesuchen aus der Stadt verwiesen, obwohl er noch mehr verdient hätte. *(Falckenstein, S. 677)*

Der streitsüchtige Müller

Am 3. Juni 1637 starb Balzar Bringer, der Weidenmüller, welcher sich durch Zänkereien und Schlägereien bekannt gemacht hatte, und auch dadurch ums Leben kam. Den Tag zuvor hatte er im Bierhause von Kölleda mit dem Müller von Großneuhausen aus lauter Mutwillen einen Hader angefangen, da es denn bald zu Schlägen kam, wo er von demselben mit seiner eigenen Mülleraxt (dem Stock, an welchen statt des Stockknopfes eine kleine Axt befestigt war, welches Ehrenzeichen sonst die Müller, wie die Studenten den Degen, trugen) übel am Kopf verwundet wurde, daß er des Abends bei dem Bader auf der Badestube bleiben mußte, wo er auch starb. So bekommen zanksüchtige und schlägerische Säufer zuletzt noch ihren Lohn! *(Unger, S. 207f.)*

Tödlicher Vollrausch

Im Jahre 1677 starb Ludwig Scharf, 95 Jahre alt. Er hatte sehr mäßig gelebt. Ein Gegenstück von dessen Mäßigkeit ging in eben diesem Jahre in die Ewigkeit, jedoch auf sehr ungleiche Weise, nämlich Henning Bergmann aus Ottenhausen im Stift Magdeburg, ein Musketier. Dieser hatte sich in der Schenke zu Hemleben betrunken und trunkener Weise einem von seinen Kameraden den Kopf mitten voneinander gespalten. Der Missetäter wurde auf dem Markte zu Kölleda vom Vippachischen Scharfrichter gerechtfertigt. Hütet euch, daß eure Herzen nicht beschwert werden mit Fressen und Saufen! *(Unger, S. 216f.)*

Voll macht toll

Cyriacus Brand, Pfarrer zu Liebstedt in Thüringen, ein christlicher, frommer Mann, hatte einen armen Jungen von Jugend auf um Gottes Willen erzogen, denselben zur Schule geschickt und in allem Guten gehalten, und nachdem er erwachsen war, zu seinem Küster oder Schulmeister gemacht. In solchem Amt nahm der Mensch bald eine andere Art an, begab sich in ein wildes und wüstes Leben, war unfleißig in seinem Dienst und achtete nichts, obgleich der Pfarrer ihm solches öfters verwies. Einst begab es sich, daß er sich auf einen Heiligen Abend ins Bierhaus setzte. Als er nun darüber vergaß zur Vesper zu läuten, ließ ihm der Pfarrer sagen, ob er nicht wüßte, was seines Amtes wäre? Dem ließ der Säufer spöttisch entbieten: Morgen wäre es besser. Das Bier schmeckt ihm so wohl, daß er nicht davon abbrechen möchte. Auf diese Antwort ging der Pfarrer selbst zur Glocke und läutete zur Vesper. Indem kam der Küster rasend und toll gelaufen, riß die Schlüssel aus der Kirchentür, ging in die Kirche und schlug mit denselben den Pfarrer tot. Dann lief er flüchtig ins Frankenland. Daselbst wurde er unlängst bei Schweinfurt in einem Graben tot gefunden. Seine Eingeweide, Leber und Lunge waren herausgerissen und gefressen. *(Ernst II, S. 690f.)*

Jähzorn im Wirtshaus

Es ist unter den Bauern auf dem Land nichts gemeineres, als daß sie sich des Sonntags in den Wirtshäusern vollsaufen und dann viel Zank, Uneinigkeit und Schlägereien anfangen, worüber mancher auf dem Platz liegen bleibt. Nicht weit von Jena wohnte ein solcher Hans Mist und Unflat, welcher, wenn er sich besoffen, mit jedermann zanken und hadern mußte und wenn sein armes Weib ihn nicht oft errettet hätte, er wohl schon hundert Mal totgeschlagen worden wäre. An einem Sonntag aber begab es sich, daß er toll und rasend den Wirt in der Schenke mit seinen Gästen fressen wollte. Die Frau heulte und bat, er solle mit ihr nach Hause gehen, sie würden zu Hause noch ein Kännlein Wein trinken und sich in Frieden miteinander zur Ruhe legen. Der tolle Narr aber wollte nicht, sondern schlug das Weib gar übel und lief zum Tisch, als wolle er zehn volle Bauern mit einem Streich erschmeißen. Es traf ihn aber einer mit einer Kanne dermaßen an den Kopf, daß er alsobald umfiel und in allen seinen Sünden starb. Und weil man zuvor die Lichter auslöschte, konnte man noch nicht einmal in Erfahrung bringen, wer derjenige gewesen war, der diesen törichten Hund totgeworfen oder ihm die Kanne auf den Kopf geschlagen hatte. *(Ernst II, S. 840)*

Trunkenheit ist der Brunnquell aller Sünden.
Sie macht die Vernunft verschwinden
Und bringt Müh und Herzeleid.
Willst du, daß ein gut Gewissen
Dir dein Leben soll versüßen,
Mußt du meiden jederzeit
Trunkenheit.
(Ernst I, S. 287)

Tödliche Heimfahrt

Am 10. Dezember 1725 hat ein Bauer von Remstädt sich im Gothaer Gasthof »Zum Mohren« ziemlich bezecht, und brach spät mit seinem Karren und Pferde nach Hause auf. Als er nun mit seinem Karren oben in der Höhe, wo unten die Meisterei liegt, fährt, ihm aber, seiner Voll- und Tollheit nach das Pferd nicht hurtig genug geht, peitscht er solches dergestalt, daß es aus dem Wege weicht, dem Abfall so nahe kommt und Pferd, Karren und Mann den Hügel hinabfallen. Das Pferd brach sich den Hals, der Karren war zerstückelt, nachdem vorher das eine Rad dem vollgesoffenen Fuhrmann, andern zu einem erschrecklichen Exempel, den Kopf vom Rumpfe abgestoßen hatte. *(Heller, S. 263f.)*

Die trunkene Studentenkompanie

In der Nacht vom 14. zum 15. September 1726 früh um ein Uhr richtete der Mordgeist in Jena folgendes Unglück an: Es kamen in des Nürnberger Landkutschenverwalters in der Collegen-Gasse, Herrn Hoffmanns Hause, einige bekannte Studenten, am 14. September nachmittags zusammen, mit dem Vorsatz, sowohl ein gutes Gespräch zu führen, als auch mit dem Trunke sich zu ergötzen. Als sie nun nach Verlauf einiger Stunden ziemlich bezecht waren, wurden sie sich, nach der leider (!) in ganz Europa eingeführten bösen Gewohnheit einig, mit dem Trunke unter sich eine

Brüderschaft zu stiften. Am Ende warf ein jeder seine Mütze oder Hut auf den Tisch.

Da nun einer unter der Kompanie seine Mütze unten wieder hervorzog, weil er gewahr wurde, daß die auf dem Tisch liegenden Hüte und Mützen mit einem Degen durchstochen werden sollen (gleichwie die Bauern die sauren Gurken an einem hölzernen Spießchen zu tragen pflegen), mokiert sich ein anderer, namens Zinsch, aus Sachsen unweit Leipzig gebürtig, über dieses Vorziehen und meint, hier hieß es: Gleiche Brüder, gleiche Kappen und es wäre billig, daß wie mit andern Hüten und Mützen umgegangen würde, mit dieser auch verfahren werden müßte. Dagegen opponiert der dritte namens Klett, von Aspach, und behauptet, daß es eben nicht von der Notwendigkeit sei, gute Sachen (die Mütze mag neu und gut gewesen sein) zu durchstechen und zu verderben. Darüber geraten die beiden Studiosi Zinsch und Klett in harten Wortwechsel, vom Wortwechsel zum Schimpfen, vom Schimpfen zum Degen.

Mittlerweile war die Kompanie betrunken und es konnte keine Zurede und Abwehr von derselben geschehen. Diese beiden erhitzten Studiosi gingen so hart aufeinander, daß Zinsch an dem sechsten Stich, welchen er zu derb durch die rechte Seite in Leib und Herz bekam, auf der Stelle seinen Geist aufgab. Der Täter, Klett, wurde gleichfalls etwas blessiert, und ist nebst demjenigen, welcher ihm den Degen dazu lieh, dieselbige Nacht echappiert *(geflohen)*, wird aber bis auf diese Stunde noch von seinem bösen Gewissen verfolgt. *(Heller, S. 329f.)*

Tod eines Studenten

Am 30. September 1725 ereignete sich an einem Sonntagabend hier in Jena folgendes großes Unglück: Es speisen einige Herren Studiosi von der Pfälzischen Landsmannschaft bei der Frau Syndicus Fabariin, unten auf dem sogenannten Platze, zwischen der Ober- und Unter-Laugen-Gasse gelegen, und sitzen noch nach aufgehobener Mahlzeit beisammen bis neun Uhr, da sie Vorhabens sind, sich nach Hause zu begeben. Als drei von ihnen fortgehen, ergreifen zwei den ihnen im Wege stehenden Karren des unweit davon wohnenden Meisters Johann Martin Gräfe, eines Lohgerbers, um denselben aus dem Weg zu fahren. Da nun Meister Gräfe, welcher etwas betrunken war, nicht nur selbst das Fortschieben seines Karrens hörte, sondern auch noch von seiner Frau angemahnt wurde, die Studenten, welche schon mehrmals den Karren fortgeführt hätten, fortzujagen, geschah es, daß der im Zorn entbrannte Gräfe auf sein Zurufen auch eben keine allzu gute Antwort von den Studiosis bekam, er sich gar hinunter vor die Haustüre wagte und die Studiosos mit Gewalt zu vertreiben suchte.

Als nun diese, eine Ungelegenheit zu vermeiden, bei seiner Ankunft schon gewichen waren, der Gräfe sie dennoch verfolgen wollte, und um die Ecke in die Ober-Laugen-Gasse kam, sogleich aber eines Studiosi, welcher da steht, gewahr wurde, meinte er, es sei einer von denen, welche den Karren fortgeführt hätten. Gräfe schlug diesen unschuldigen Studenten, der seinen Urin zu lassen im Begriff war und mit der Sache nichts zu tun hatte, ohne Wortwechsel dermaßen mit einem vom Karren abgebrochenen entsetzlichen Prügel unbarmherzig auf den Kopf, daß dieser gute Mensch gleich zur Erde fiel, die Sinne verlor und nach einer halben Stunde seinen Geist aufgab. Der Mörder floh gleich am selben Abend und konnte bis zu dieser Stunde nicht eingeholt werden *(Hellers »Merckwürdigkeiten« erschienen kurz nach dem Mord)*. Der erschlagene Studiosus ist abends am 2. Oktober darauf unter großem Mitleid seiner pfälzischen Landsleute und vieler anderer, die ihn kannten, beigesetzt worden. Gott behüte dieser werten Stadt Einwohner und alle die zu unsern Stadttoren aus- und eingehen vor dergleichen und allen andern Unglücksfällen. *(Heller, S. 177f.)*

Eine verhängnisvolle Saufwette

Am 12. März 1727 kommt Markus aus Frohndorf gegen Abend in den Ratskeller zu Kölleda, säuft wie ein Vieh und wettet mit den Unteroffizieren, er wolle ohne Hand anlegen das Bier aus der Kanne saufen. Er zerrt darauf mit den Zähnen den Deckel an der Kanne auf, nimmt die Kanne zwischen die Zähne, säuft das Bier also aus und wirft alsdann die Kanne hinter sich über den Kopf weg, ohne eine Hand dazu zu gebrauchen. Dies tut er viermal. Darauf fällt er sogleich in tiefen Schlaf, und in dieser Betäubung stirbt er. Ein warnendes Beispiel für Großsprecher und Tausendkünstler! *(Unger, S. 228f.)*

Wer mit vielen Bechern will
Auf anderer Kräfte trinken,
Der wird mit seinen bald darauf
Zu Boden sinken.
(Ernst III, S. 696)

Des Branntweinbrenners tragisches Ende

Es befand sich zu Frienstädt, (ein im erfurtischen Territorium anderthalb Stunden von dieser Stadt nach Gotha zu gelegenes Dorf) ein Einwohner namens Martin Zinckeisen, ein Branntweinbrenner, welcher weder morgens noch abends nüchtern angetroffen werden konnte. Dieser war Ende März 1727 willens, seiner Gewohnheit nach ein Faß Branntwein auf einem Pferdekarren nach Töttelstedt zu führen. Vor seiner Ausfahrt soll er gegen die Seinigen bedenkliche Worte, und unter anderm, er komme von dieser Fahrt nicht wieder nach Hause, gebraucht haben. Als er nun im Wegfahren begriffen ist und eben eine Leiche nicht weit von ihm nach dortigem Kirchhof getragen wird, hebt dieser Vollzapffe profaner Weise an, laut zu singen: »So fahr ich hin mit Freuden«, peitscht hierauf das Pferd, welches endlich, nach vielem Antreiben, anfängt zu laufen, dergestalt, daß es bald an den nächst Frienstädt nach Cobstädt zu gelegenen ziemlich großen Teich kommt. Daselbst trifft diesen unbesonnenen und betrunkenen Mann das Unglück, daß das Pferd dem Teiche so nahe rennt und das eine Rad hinein fällt, durch welchen Fall er aber samt dem Faß Branntwein in den Teich geworfen, und daselbst soviel zu trinken bekommt, daß er ohne Zweifel in Ewigkeit nicht wieder trinken wird. Welches betrübte Ende ein jeder Trunkenbold sich wohl zu Herzen gehen lassen und sich daran spiegeln wolle. *(Heller, 407f.)*

Trunken auf dem Ochsenkarren

Am 8. Juni 1728 berauschte sich ein Holzbauer aus einem Dorf unweit Roda hier in Jena an drei Maß *(Liter)* Wein, jeden für sechs Pfennig. Hierauf legte er sich auf seinen leeren Karren und fuhr nach Hause. Als er nun an die hohe Saale kam, wo sich der Wintzerlaische und Ammerbachische Weg scheiden, und eingeschlafen war, ging sein Ochse nach und nach aus dem Weg, um etwas Gras zu fressen, fuhr aber an eine Höhe, so daß schließlich der Karren abgleitet und mit Mann und Ochsen den Berg hinab, knapp an die Saale, stürzte. Der verunglückte Mann blieb, weil niemand ihm sogleich zu Hilfe kommen konnte, auf der Stelle tot und wurde in der Stille zu Ammerbach begraben. Es haben alle Trunkenbolde sich an diesem Exempel zu spiegeln und zu bedenken, denn: Wie der Baum fällt, so bleibt er liegen. *(Heller, S. 545)*

Tödlicher Scherz

Eine geringe Scherzrede kann oftmals den Tod verursachen. Nicht weit von Weimar hatte sich ein Bauer vollgesoffen, ging von dem Tisch weg in seinen Garten und tat daselbst, was die Natur ihn zu verrichten nötigte. Als nun ein Fremder vorüberging, zeigte ihm der Bauer den Hintern und sprach: »Landsmann, kannst du wohl schießen? So schieß mir in das Hosenfenster!« Das verdroß den Fremden. Er nahm das Rohr vom Hals herab und erschoß den Bauern, so daß dieser sich drehte wie ein Gaukler und tot daniederfiel. *(Ernst X, S. 1217)*

Der ertrunkene Betrunkene

Anfang 1724 ging in dem Dorf Riethgen, unweit der Komturei Griefstedt, ein Bauer von etlichen 70 Jahren, nachdem derselbe auf einem andern Dorf einen von seinen Befreundeten besuchte, etwas stark betrunken und spät nach Hause. Des Abends in der Dämmerung wollte er über einen Graben gehen, welcher rings um das Dorf bis in seinen Garten gezogen war. Darüber lag eine Leiter, das Laufbrett aber war von seinen Leuten des Nachts weggenommen worden. Vermittelst des Bretts und der Leiter wollte er nun hinübergehen, trat aber durch die Leiter durch. Da geschah es, daß sich die Leiter auf die Seite wandte, worauf der Mann mit dem Kopf in den Graben und in den Sumpf und das Wasser hineinfiel und auf diese Weise, weil er sich gar nicht helfen konnte, jämmerlich erstickte und ertrank. *(Heller, S. 129)*

Der vollen brüder orden. Holzschnitt von 1552.

Die Versuchung. Buchholzschnitt von Konrad Dinckmut, Ulm 1483.

KAPITEL

DER SÜẞEN WOLLUST BITTERE FRÜCHTE

Der geilen Unzucht schnöde Macht,
Hat manchen um sein Leben gebracht.
(Ernst I, S. 327)

Ebenso ausdauernd wie gegen die verderbliche Trunksucht, aber natürlich ebenfalls ohne dauerhafte Erfolge, kämpften Geistliche und Geschichtsschreiber mit abschreckenden Beispielen, ernsthaften Ermahnungen oder Drohungen gegen jegliche Art von Unzucht an.

Sicher waren auch damals Frauen und Männer gleichermaßen Urheber bzw. Ursache moralischer Verfehlungen. Aber der Frau, bis weit in das 18. Jahrhundert hinein das »Gefäß der Sünde« schlechthin, gab man oft genug in den Darstellungen von entsprechenden Begebenheiten den größeren Anteil an der Schuld. Die Strafen, die man für unzüchtiges Verhalten, wenn es offenbar wurde, aussprach, waren drakonisch.

Brandstiftung aus Liebe

Im Jahre 1483 hat eine Frau vorsätzlich und in boshafter Weise Heringen in Brand gesteckt, wodurch drei Teile der Stadt in die Asche gelegt und kaum der vierte Teil stehen blieb. Denn dieselbe Frau hat durch dieses Feuer einen Mann, mit dem sie Unzucht begangen, aus dem Gefängnis zu befreien gemeint. Sie ist aber auch gefangen und wieder verbrannt worden. *(Olearius, Rerum Thuringicarum Syntagma, 1. Teil, S. 176)*

Die Brandstifterin wurde also mit einer »spiegelnden Strafe«, in diesem Falle mit dem Feuertod, bestraft.

Blitzschlag

Für das Jahr 1498 ist aus Markvippach folgende Begebenheit überliefert: Um den 24. September schlug der Blitz einen Schäfersknecht auf seines Herren Eheweib zu Tode. Das Weib aber blieb am Leben. Der Blitz verbrannte lediglich ihre Haare und die Schuhe an ihren Füßen. Sie tat Buße, schnitt ihre Zöpfe ab und trug diese zum Grab des heiligen Conrad nach Weißensee. *(Stolle, S. 469)*

Gattenmord

Am 24. August 1516 begab es sich in dem Dorf Uhlstedt bei Weimar, daß der Knecht eines Bauern mehr auf die Frau, als auf den Herrn Achtung gab. Einstmals wurden sich Frau und Knecht miteinander einig, den Mann zu töten. Solche böse Tat vollzogen sie dieselbige Nacht, steckten ihn in einen Sack und trugen ihn hinten hinaus in eine andere Flur. Hier schütteten sie ihn aus und hieben ihm mit einer Barte *(Beil)* viele Wunden. Da aber keine bluten wollte, gingen sie wieder heim. Am anderen Morgen wurde er schnell gefunden, und weil man lange schon einen Argwohn auf die Frau und den Knecht trug, ergriff man sie, worauf sie die böse, mörderische Tat alsbald bekannten. Da wurde nach gerechtem Urteil der Knecht in vier Stücke zerhauen und auf vier Straßen gehängt. Die Frau aber wurde lebendig begraben. *(Binhard, 3. Buch, S. 69f.)*

Nach der Carolina von 1532 wird Mord eindeutig als die mit planvoller Überlegung und Vorbedacht erfolgte vorsätzliche Tötung eines Menschen definiert, im Gegensatz zu dem in einer plötzlichen Gemütsaufwallung begangenen Totschlag.

Mord wurde mit der Todesstrafe belegt. Meistens wurden Mörder gerädert.

In besonders schlimmen Fällen traten dann noch Schleifen, Vierteilen oder nachträgliches Verbrennen hinzu. Die Varianten sind vielfältig. Mörderinnen wurden enthauptet, gerädert oder, allerdings seltener, lebendig begraben.

Das Hurenhaus brennt

Im Jahre 1517, ausgerechnet am Dienstag in der Kreuzwoche, brannte zu Erfurt das Hurenhaus ab, und es stoben die Funken weit in alle Pforten und Gassen. *(Chronica und Alte Geschichte die von Erffurdt belangendt, von Anno 438 bis auff das 1586. Jahr., fol. 183)*

Der Brand des Erfurter Bordells wurde als Strafe Gottes angesehen und muß bei unserem Chronisten großen Eindruck hinterlassen haben, denn er führt ihn sogar im Register auf. Unter Kreuzwoche verstand man die Woche der Kreuztage, die drei Tage vor Christi Himmelfahrt.

Erfurt (Ausschnitt) in der Schedelschen Weltchronik, Holzschnitt von 1493.

Pfaff Johann Tausendschön

Im 17. Jahrhundert lebte ein Pfaff in Obermehler in Thüringen, Johannes Tausendschön genannt. Dieser garstige Tausendschön machte verbotene Bekanntschaft mit des Küsters Weibe in der Pforte, und es hat ihr Mann, der Küster selbst, ihm solches, als er es erfuhr, nicht sonderlich verübelt, mehr noch, beide Personen buhlten in dessen Gegenwart miteinander.

Als aber die Sache unversehens ans Licht kam, wurden sie alle zu gefänglicher Haft gebracht. Den Küster und sein ehebrecherisches Weib enthauptete man vor dem Kloster, und beide wurden in ein Grab gelegt. Der Pfaff mußte seiner Leichtfertigkeit wegen den Kopf auch zum Besten geben und in dem Dorf Burgheßler den Hals dem Henker darstrecken. *(Ernst II, S. 384f.)*

Es sind die geilen Weibsbilder den Blutegeln gleich,
Welche den unvorsichtigen Mannspersonen
Nicht nur das Geld aus dem Beutel,
Sondern auch das Blut aus dem Leibe saugen,
Daß manch stattlicher Mensch vor der Zeit dahin fallen,
Sterben und verderben muß.
(Ernst IV, S. 419)

Feuriger Abschied einer untreuen Ehefrau

Im Jahre 1521 hatte Artes Jilg, ein Bürger, vor der Burg in Meiningen wohnend, mit seinem Weib, Frey Reichartin genannt, eine Zeitlang eine böse Ehe, weil diese sich an den Barfüßermönch Linhard Hahn gehängt hatte. Die Frau wurde öfters von ihrem eigenen Mann auf böser Tat ertappt und mit Worten und Schlägen ermahnt, solches zu unterlassen. Als das nicht helfen wollte, hat sie endlich, in Abwesenheit ihres Mannes, ihren Stall, der am Haus stand und in dem Stroh und Holz gelagert wurden, mit Feuer angesteckt und ist davongegangen. Dabei sind nicht allein ihr eigenes, sondern noch vier andere Häuser abgebrannt. *(Guethe, S. 210)*

Unwissenheit schützt vor Strafe

Dr. Martin Luther hat diesen schrecklichen Fall erzählt, der sich zu Erfurt 1543 zugetragen hat, daß eine Mutter über ihren eigenen Sohn erfuhr, daß dieser sich vornahm, der Mutter Magd »zu Fall« zu bringen, welches die Magd der Frau klagte. Die Mutter sagte darauf, sie glaube es nicht, denn der Sohn wäre noch zu jung. Als er aber der Magd weiterhin nachstellte, hat sich die Mutter in das Bett der Magd gelegt, willens ihn zu strafen. Aber der Teufel bedrängte sie, daß sie den Beischlaf stillschweigend duldete. Also wurde sie vom Sohn, der es aber nicht wußte, geschwängert. Solches hat aber die Mutter verborgen gehalten und das Töchterlein, das sie geboren, aufgezogen wie einen Findling und für ihre Dienerin ausgegeben. Diese hat letztlich der Sohn zur Ehe begehrt und gefreit, aber nicht gewußt, daß es seine Tochter war und hierin sind die Unwissenden, der Sohn und die Tochter, als sein Eheweib, entschuldigt. Das Coniugium *(Ehe mit der Tochter)* konnte nicht zerrissen werden.

Dies ist zu unser Zeit geschehen und die Mutter hat es an ihrem letzten Ende in der Beichte offenbart. *(Hondorff, 2. Teil, S. 395)*

Die Teufel der Unkeuschheit. Straßburg, Holzschnitt um 1482.

Alter schützt vor Unzucht nicht

Am 1. September 1586 ist Hanß Erck in Meiningen, sonst der alte Schäfer von Dreißigacker genannt, 75 Jahre alt, in das Gefängnis gelegt worden und darin wegen begangener Unzucht, weil er es in seinem Witwerstand mit seiner Magd getrieben, gestorben. *(Güthe, S. 300)*

Schande einer alten Dienstmagd

Am 25. November 1651 gebar Toffel Köthens sechzigjährige Dienstmagd einen unehelichen Sohn, der die Taufe bekam und darauf verschied. Sie aber blieb am Leben. Diese alte Hure muß die Geburtsschmerzen bei solchem Alter nicht so sehr gefürchtet haben, wie eine Ehefrau damals auf einem benachbarten Ort bei Kölleda sie fürchtete, die sich, um denselben zu entgehen, selbst erhängte. *(Unger, S. 214f.)*

Doppelte Schande

Es ficht der unverschämte Hurenteufel auch die Bauersleute an und stürzt sie danach von einer Sünde in die andere.

Zu Golmsdorf, eine halbe Meile von Jena, hat sichs im Jahre 1669 begeben, daß eine junge Viehmagd von achtzehn Jahren bei einem Bauern diente, der im Witwerstand lebte. Der Bauer fand sich zu derselben, welches auch folgends von seinem Sohn getan wurde. Der wußte aber nicht, daß der Vater vorher mit ihr »zugehalten« hatte. Die Dirne wurde schwanger und hatte letztlich den Bauern, ihren Wirt, weil er es auf die lange Bank geschoben, sie zu heiraten, nachdrücklich erinnert. Der genügte dann ihrem Begehren durch die Trauung. Wie nun die Jungfrau sechs Wochen nach der Hochzeit des Kindes genas, der Bauer aber bei der Gemeinde den Schimpf nicht ertragen konnte, hat er sich mit derselben beredet, das Kind aus dem Weg zu räumen, worin die Mutter gar schwerlich einwilligte.

Gleichwohl hatten sie hinter der Scheune eine Grube gemacht, das Kind auf das Gesicht und mit dem Mund auf Weinhülsen gelegt, damit es schneller ersticke und es vergraben.

Die Nachbarn, die solches merkten und sonderlich auf den schlanken Leib des Weibes achteten, hatten es durch ihr Mummeln so weit gebracht, daß die Obrigkeit amtshalber inquirieren *(verhören)* mußte. Bei dem

Examine *(Verhör)* gestand das Weib nicht allein die Blutschande, sondern auch den Kindermord und die Vergrabung des lebendigen Kindes. Zu einem Geständnis kam der Vater nicht, weshalb ihm die Folter zuerkannt wurde. Anfangs hat er sich verhalten, doch letztlich alles gestanden. Wegen dieser Tat wurde er samt dem Weibe gerichtet. Der Sohn aber wurde des folgenden Tages zur Staupe geschlagen. *(Ernst X, S. 1055f.)*

Für den Kindermord werden Bauer und Magd gerichtet, wahrscheinlich enthauptet. Der Sohn erhält Strafmilderung und wird gestäupt, d. h. mit Ruten oder Zweigen geprügelt.

Wer der Unzucht ist ergeben
Und hat einen frechen Sinn,
Solcher haßt sein eigen Leben
Und fährt zum Verderben hin.
Unzucht, Mord- und Übeltaten
Machen eitel Teufelsbraten.
(Ernst X, 1062f.)

Rache einer Magd

Am 18. Juli 1684, abends fünf Uhr, als der größte Teil der Bürger auf dem Felde war um ihre ganz verhagelten Früchte zu besehen, brach in dem Haus des Hufschmieds Christian Taube am Obertor in Buttstädt ein Feuer aus, welches in der Zeit von zwei Stunden die Stadtkirche, das Rathaus, die Pfarre, Schulen und 180 Wohnhäuser nebst allen Scheunen und Ställen vernichtete ... Alle Bemühungen, den Täter zu entdecken, blieben vergeblich. Erst als im folgenden Jahr, am 9. Mai, in dem neuerbauten Stall desselben Taube wiederum ein Feuer entstand, welches aber zeitig genug gedämpft werden konnte, gelang es, die in diesem Haus dienende Magd, Elisabeth Meyer, aus Bachra gebürtig, als Urheberin dieser und der vorjährigen furchtbaren Feuersbrunst zu entdecken. Sie bekannte, daß sie aus Rache gegen ihren Dienstherrn die Schandtat verübt hatte, da dieser ihr ein längst gegebenes Eheversprechen nicht gehalten habe. Am 14. August 1685 wurde sie, nach eingeholtem Urteil, lebendig verbrannt. *(Teuscher, S. 82f.)*

Hans Baldung, genannt Grien, Allegorie auf die erkaufte Liebe, um 1510.

Unzucht nach dem Kindesmord

Eine Magd diente im Jahre 1692 an einem gewissen Ort und wurde vom Praeceptore *(Lehrer)* schwanger. Sie vermietete sich weiter an einen andern Ort, und als ihre Zeit zu gebären nahte, stellte sie sich krank und blieb etliche Tage im Bett, erstickte das Kind und legte es in eine Lade. Daraufhin machte sie sich auf und gab bei ihrer Frau vor, sie wolle sich bei ihren Freunden kurieren lassen und jemand holen, der ihre Lade wegtrüge. Indessen machte die Frau die Lade auf, um zu sehen, ob sie ihr etwas entwendet hätte. Da fand sie nun das tote Kind und zeigte es der Obrigkeit an. Als die Magd inhaftiert und vom Bettelvogt bewacht wurde, trieb sie mit demselben Ehebruch, weil er ihr versprochen hatte, mit ihr durchzugehen. Da sie es beide nun am Sonntag Judica *(5. Sonntag vor Ostern)*, da eben die Spitalkirmes war, vollziehen und zusammen echappieren *(flüchten)* wollten, begegnete ihnen des Bettelvogts Frau, die gleich Lärm machte. Daher wurden beide in Haft genommen. Der Magd wurde der Kopf abgeschlagen und dieser auf einen Pfahl genagelt, der Körper aber den Medicis zur Anatomie übergeben. Der »Bettelkönig« wurde mit dem Staupenschlag des Landes verwiesen. *(Falckenstein, S. 1063f.)*

Der Bettelvogt (Bettelrichter) war ein städtischer Bediensteter mit polizeilichen Befugnissen, der für die Einhaltung der öffentlichen Ordnung und speziell für das Bettelwesen zuständig war. Die Bezeichnung »Bettelkönig« wird hier als Spottname gebraucht.

Tödliche Eifersucht

In diese Abteilung gehört leider ganz nach oben die Geschichte eines Theologiestudenten namens Lucas, gebürtig aus der Ruhl *(Ruhla)*, der sich bei dem Herrn von Wangenheim zu Brüheim (ein Dorf, zwei gute Stunden von Gotha gelegen) als Informator *(Hauslehrer)* aufhielt. Dieser machte sich, als er bei dem dortigen Pfarrer Schmiedeknecht die Kinder unterrichtete, mit dessen Eheliebsten in Unehren bekannt und lebte über drei Jahre mit ihr im Ehebruch.

Als nun die Pfarrfrau 1729 an einem Sonnabend ihrer Geschäfte halber nach Gotha ging, wurde sie bei der Heimkehr nach Brüheim von einem sächsisch-gothaischen Unteroffizier nach Hause begleitet. Der Studiosus, der diese Accompagnierung *(Begleitung)* sah, war dadurch so verbittert, daß er tags darauf aufstand, seinen Schlafrock anzog und hinten durch den Edelhof in das Pfarrhaus durch den Garten zur Pfarrerin, die an diesem Morgen früh aufgestanden war, in den Kuhstall ging, ihr die vermeinte Untreue vorhielt und mit ihr zu Zanken anfing. Und weil sie mit ihm gar gemein *(liederlich)* lebte, hat sie ihm nichts verschwiegen. Dadurch wurde er dergestalt erhitzt, daß er sie schlug und übel traktierte, wogegen sie sich wehrte. Endlich kam es so weit, daß er sie nicht nur mit einem Stein, sondern auch mit einer Axt, die er in der Eile ergriff, vor den Kopf schlug und sie wie einen Ochsen tötete.

Nun kam die Magd, welche im Garten Gras mähte, in den Stall und fand ihre Herrin im Blute. Sie schrie sogleich und rief den Pfarrer, der noch im Bett lag. Dieser lief daraufhin erschrocken und noch im Schlafrock in den Stall zu seiner Frau, die aber nach einer Stunde starb.

Der Hauslehrer machte sich schnell mit einer guten Ausrede flüchtig und sagte, er wolle auf die Hochzeit seiner Schwester nach Farnroda reisen. Man hatte den Herrn Pfarrer, weil er seine Frau gleich montags darauf begraben lassen wollte, im Verdacht, daß er sie aus Eifersucht mit der Axt, an der noch das Blut hing, getötet habe. Dieser Verdacht entstand daher, weil, als der Herr Pfarrer die verwundete Frau sah, er ihr zu helfen gleich nach Schlagwasser *(ein aus Rosmarinblüten destilliertes aromatisches Wasser, das gegen Schlagfluß helfen soll)* eilte. Da er die Schlüssel zum Arzneischränkchen nicht sofort fand, griff er ohne Verweilen und unwissend nach der gleich dabei liegenden blutigen Mörderaxt, nahm sie mit in seine Studierstube, brach damit das Schränkchen zur Arznei auf und ließ sie dort liegen. Daher hat man ihn auf Befehl des Rates in Gotha arretiert, weil allzu großer Verdacht auf ihn gefallen war. Hinzu kam, daß er die Wahrheit aus Furcht vor der Schande seines Eheweibes verschwieg. Als die Wache nun nach Brüheim kam, war der Pfarrer bereits des Nachts fort und über Georgenthal nach Gotha gegangen. Er hat sich gleich bei dortigem Superintendenten Nitschio gemeldet, die ganze Sache erzählt, so daß man genug Gründe hatte, nach dem Informator Lucas zu suchen. Obwohl dieser geflohen war, hat sich der vollkommene Verdacht an der Tat auf ihn dadurch geäußert, daß man nach Öffnung seiner Stubentür seinen Schlafrock blutig fand und daß ihn die Magd sonntagsfrüh aus- und eingehen sah. Darauf wurde der Herr Pfarrer dimittiert *(entlassen)*. Man setzte hierauf dem Informator nach und nahm ihn auf der Hochzeit seiner Schwester zu Farnroda gefangen.

Neben dem Mord gestand er noch, der Vater zweier Kinder zu sein, die noch am Leben waren. Auch sagte er aus, wenn er eine Pfarre bekommen hätte, hätte die Frau Pfarrerin ihren Mann verlassen und ihn geheiratet. Die Pfarrerin hatte vor 20 Wochen im Kindbett gelegen, wurde aber bei der Section de novo *(Leichenöffnung)* auf sechs bis acht Wochen schwanger *(vor der Entbindung)* befunden. Die Frucht wurde einbalsamiert und in die Fürstliche Kunstkammer nach Gotha gebracht.

Über dieses große Verbrechen wollte sich der Informator, um der weltlichen Schande zu entgehen, selbst die erste Nacht nach seiner Arretierung mit einem Federmesser die Gurgel abschneiden. Weil das Federmesser aber zu klein war und nicht völlig durchging, mißlang dies. Darauf wurde er am 7. Juni nach Gotha gebracht und noch sechs Tage durch Medizin am Leben erhalten, welche er sich aber sehr ungern eingeben ließ, bis er am 12. Juni, nach bereits eingegangenem Urteil, im Gefängnis krepierte.

Sein Körper wurde nicht an einem Sonntag, sondern am 14. Juni zu Gotha auf einen Schinderkarren gelegt, zum Richtplatz geführt und zum öffentlichen Spektakel der Welt auf das Rad geflochten. Neben ihm wurden das Messer und die Axt angebracht. Der Stein aber, mit dem er zuerst auf die Pfarrersfrau einschlug, wurde ihm auf das Herz gelegt. *(Heller, S. 612ff.)*

Liebesunfall

Zu Orlamünde an der Orla krochen zwei Menschen, ein Mann und ein Weib, wo sie konnten zusammen und taten, worüber keiner klagte noch dagegen redete. Wie es aber Gott schickte, daß beide Menschen in einem Fenster ihr närrisches und unrechtes Beginnen taten, fielen sie entblößt und mit aufgehüllter Heimlichkeit vom Haus hinab und blieben beide tot vor aller Menschen Augen liegen. *(Buetner, S. 233 Rückseite)*

Sodomie

Im Lande Thüringen trieben zwei Müller oder Eseltreiber an einem elenden Mühltier *(Esel)* Schande. Der Ort soll ungenannt bleiben und seiner nicht gedacht werden. *(Buetner, S. 245 Rückseite)*

Im Jahre 1486 kam es am Abend des 23. April bei Erfurt zu einem Fall von widernatürlicher Unzucht mit Tieren. So hatte es hier einer in abartiger Weise mit zwei Kühen getrieben. Als sein unziemliches Werk bekannt wurde, verbrannte man ihn und die beiden Kühe, die Objekte seiner unzüchtigen Begierde. *(Stolle, S. 438)*

Im Jahre 1571 hatte sich ein evangelischer Pfarrerssohn bei einer Saumutter finden und beschauen lassen. Er wurde in den Turm geworfen, und obwohl er hätte härter bestraft werden müssen, ist er lediglich gestäupt worden. Sein Vater mußte allerdings die Pfarrei übergeben. *(Buetner, S. 245 Rückseite)*

Sodomie, geschlechtlicher Mißbrauch von Tieren durch Menschen, galt in christlicher Zeit als Religionsverbrechen und wurde als Vergehen gegen Gott bestraft. Die Todesstrafe für widernatürliche Unzucht hielt sich bis in das 18. Jahrhundert. Bei Sodomie war die gemeinsame Verbrennung von Mensch und Tier üblich, da das Tier als gleichschuldiger Verbrecher angesehen wurde und nach Vorschrift der Bibel ebenfalls den Tod finden sollte.

Nachruf auf eine Kölledaer Hure

Am 6. November 1749 starb Friderike Jahnin, wie sie gelebt hatte. Ein böses Geschöpf! Die hatte dermaßen gehurt, daß sie sich die entsetzlichste Krankheit dadurch zuzog und der Kommune *(Kölleda)* viel Überlast machte. Die Krankheit nahm zuletzt so überhand, daß ihr die Materie das Gesicht abfraß, krebsartig wurde und bis auf die bloße Gurgel eindrang, woran sie endlich jämmerlich starb, nachdem sie bei lebendigem Leibe verfault war. Sie erkannte wohl, daß sie durch ihre Unkeuschheit sich dieses qualvolle Ende zugezogen hatte. Darum war ihr letzter Wunsch, daß es allen Huren so ergehen möchte!

Wir wollen aber diesen Wunsch menschenfreundlicher fassen und sagen: Möchten sich doch alle Menschen durch solche Beispiele vor Unkeuschheit warnen lassen. *(Unger, S. 233f.)*

Laßt euch doch Zucht und Ehr befohlen sein, ihr Frauen,
Denn dies ist euer Schatz und mehr denn Geld und Gut.
Wer dieses liederlich verscherzt, den wird man schauen.
Gekrönt mit Schande und mit Spott,
Wär noch so gut sein Blut.
Die Unzucht schändet auch den Purpur und die Kronen.
Die Keuschheit aber pflegt mit Ehr und Glück zu Lohnen.
(Ernst X, S. 1098f.)

KAPITEL

DIEBEREIEN UND WIE SIE GESTRAFT WURDEN

Unter Diebstahl verstand man im Mittelalter die bewußt widerrechtliche, heimliche Wegnahme einer fremden beweglichen Sache in der Absicht der Aneignung, eine Definition, die heute im Wesentlichen noch Gültigkeit besitzt. Man unterschied zwischen »kleinem« und »großem« Diebstahl. Kleiner Diebstahl, z. B. Vieh- und Getreidediebstahl, Diebstahl bei Nacht, aus Kirchen und bis fünf Gulden Wertumfang, wurde mit einer Geldbuße belegt, bis eine Verschärfung eintrat und es auch Strafen an »Haut und Haaren« gab, wie z. B. Prügelstrafen, Ohrenabschneiden, Prangerstehen. Großer Diebstahl wurde laut Carolina, der Peinlichen Halsgerichtsordnung Kaiser Karls V. von 1532, mit Blendung, Abhauen der Hand und mit dem Strang bestraft. Meistens wurden Diebe gehängt. Seit dem 16. Jahrhundert wandelte man diese schimpfliche Todesart »aus Gnade« in Enthauptung um. Frauen wurden lebend begraben oder ertränkt, da Frauenkörper nicht öffentlich zur Schau gestellt werden durften. Strafmilderung erhielten schwangere Frauen.

Der Diebe Lohn ist Leid
Ihr Trinkgeld ist der Strang.
Den Galgen kriegen sie
Zu ihrem besten Dank.
(Zeiller, S. 128f.)

Harte Strafe

Im Jahre 1545 wurde der Hirt von Weidenbrunn, weil er ein paar Schuhe stahl, in den Gack *(Name für das Schmalkalder Gefängnis)* geworfen und darauf drei Jahre des Landes verwiesen. So scharf wurde vor Zeiten in Schmalkalden ein geringer Diebstahl gestraft. *(Geisthirt, 5. Buch, S. 14)*

Abgefallen

Im Stift zu Oberweimar hat man einen Dieb gehängt. Der fiel vom Galgen ab und wurde von den Hunden zerrissen. Das Haupt brachte ein Hund in die Stube vor den Probst, als dieser mit anderen Mönchen und Deutschen Priestern zu Tische saß. *(Buetner, S. 309 Rückseite)*

Unfromme Diebessprüche

Im Jahre 1574 sind vier Personen, von Jahren jung und stark vom Leibe, niedergeworfen und zu Sangerhausen am Harz in Thüringen in Turmhaft gebracht und zum Rechten *(Hinrichten)* verwahrt worden. Diese sollen in Sachsen feste Kirchen erbrochen, aufgemacht und viele Güter davongetragen haben. Zu Sangerhausen brachten sie das Toten- oder Leichentuch aus der Kirche. Das hat sie ihr Leben gekostet. Drei wurden mit dem Rad gerichtet, aber der Vierte zum Schwerte gelassen. Als man sie am Tage zuvor, den 19. Januar, mit dem Heiligen Sakrament verwahrte, brauchten sie dasselbe christlich und wohl.

Doch sollen sie vor ihrem Sterben und Tode spöttlich geredet und viel Schimpferei getrieben haben. Als sie von den Bürgern besucht und zum christlichen Abschied vermahnt worden, sollen sie gesagt haben: »Unsere Seelen sind des Herrn Christi. Unser Fleisch ist der Raben. Aber unsere Hinterlöcher wollen wir dem Teufel zur Pfeiffe bescheiden und vermachen.« *(Buetner, S. 312)*

Gehängt wegen fünf Gulden

1741. Die Eisenacher Linie war nun ausgestorben und die höchste Obrigkeit war nun Ernst August, Herzog zu Sachsen Weimar, Eisenach und Jena *(1707–1748)* ... Ein gerechter Fürst, strafte die Laster, war so gnädig als streng. Auf Durchlauchtigsten Befehl mußten die Priester die großen steifen Kragen ablegen, durften kein Geld im Beichtstuhl nehmen. Kein Zigeuner oder anderer Vagabund durfte sich im Lande sehen lassen.

Wer fünf Gulden stiehlt, soll gehängt werden. Dieses betraf einen Unglücklichen von Unterellen, der kauft in Ilmenau bei einem Metzger Wurst, und liegt ein Beutel mit fünf Gulden in dem Laden und er steckt ihn ein in Gegenwart des Metzgers. Dieser Mensch war in holländischen Diensten und wurde hier in Eisenach hinter den Fleischbänken gehängt. Der Metzger hat sich darüber sehr gegrämt.

Allen streunenden Katzen waren die Ohren abzuschneiden, allen Hunden, die nicht herrschaftlich waren, sollten Ohren und Schwänze abgeschnitten werden. Keine Ziege durfte mehr ausgetrieben werden. Wer Ziegen halten wollte, mußte solche im Stall behalten. Sonst ließ Seine Durchlaucht während Ihrer Regierung alles beim Alten. *(Trapp, S. 8f.)*

Den großen Dieb steck in die Tasch,
Den kleinen Dieb häng an die Straß.
Wer stiehlt ein Schaf und nur ein Pferd,
Der ist des Stranges und Galgens wert.
Der Gold und Silber stielt, groß Gut
Vor dem nimmt man ab Schlapp und Hut.
(Buetner, S. 311 Rückseite)

In redlicher Gesellschaft

Zu Erfurt, ungefähr vor dreißig Jahren *(um 1570)*, wurden auf dem Pfingstmarkt viele Schälke und Diebe gefangen. Acht führte man zum Galgen, und da man die sieben angeknüpft, sollte ein junger Schalk leicht erbeten und losgegeben werden, aber er sprach: »Ich will mit dieser redlichen Gesellschaft hängen, denn es möchte sich begeben, daß ich in einer anderen Stadt allein gehängt würde und nicht so redliche Kumpanen habe.« Also wurde er auch hinaufgehangen. *(Buetner, S. 309 Rückseite)*

Zwei Diebe in einem Hemd

Als man im Jahre 1583 einen Dieb zu Erfurt, der wohl bekleidet und ein schönes Hemd anhatte, hängte, stieg die Nacht ein anderer Dieb auf den Galgen, zog dem gehängten Dieb das Hemd ab und streifte es an seinen Hals. Dies wurde laut und offenbar. Man trachtete und stellte diesem Dieb nach, so lange, bis man ihn in seinem gestohlenen Hemd ergriff, fing und auch an den roten Galgen hing. Davon machte man in Thüringen ein Sprichwort: Zu Erfurt hingen zwei Diebe in einem Hemd. *(Buetner, S. 309 Rückseite)*

Betrunken zum letzten Gang

Auf Sankt Barbaratag, einem 4. Dezember 1742, wurde in Erfurt ein Zeugmacher *(Wollmacher)* namens Hoch auf dem Rabenstein geköpft. Er hatte die Kaufmanns-, Barfüßer-, Michaelis- und zuletzt auch die Predigerkirche bestohlen. Er wurde im Gefängnis katholisch und die ihn begleitenden Jesuiten schenkten ihm sowohl im Gefängnis, als auch auf dem Weg so viel Wein ein, daß er beinahe von Sinnen war und nach dem Stuhl hintaumelte, worauf man ihn festband und den Kopf abschlug. *(Beyer, S. 13)*

Steinigung eines Diebes

Im Jahre 1801 wurde ein berüchtigter Dieb in Eisenach wegen öffentlicher, einbrüchiger und verwegener Diebstähle mit dem Staupenschlag *(Rutenschläge)* bestraft. Anschließend sollte er aus dem Lande verwiesen werden, und nachdem er seine Strafe verbüßt hatte, kamen verschiedene Bürger, auch Jugend, fremde Handwerksburschen und Bauern, die ihn durch eine Steinigung so übel zurichteten, daß ihn die Freiknechte *(Abdecker und Gerichtsknechte)* ins Krankenhaus brachten, wo er nach etlichen Stunden starb. Er wurde auch sogleich begraben. Tags darauf wurde der gesteinigte Dieb auf hohen Befehl wieder ausgegraben und vom Stadtphysikus *(Arzt)* seziert. Darauf wurden alle, die an dem Steinwerfen Anteil genommen hatten, inhaftiert, vor einer Kommission verhört und mit Geld und Arrest bestraft. *(Trapp, Eisenach, S. 29f.)*

Diebische Elstern

Daß Exempel und Strafen weder Abscheu noch Besserung bewirkten, hat man in Eisenach bald erfahren. Nicht lange nach oben erwähnter Staupbesengeschichte wurde eines Abends, zwischen sieben und acht Uhr, in der Georgengasse bei dem Herrn Rat und Landschaftskassierer Dören (bei unverschlossenen Türen) eine Kiste mit 1.000 Reichstalern, meist Reichskopfstücke *(geringwertige Silbermünze)*, gestohlen. Es wurde hier auf von der hohen Obrigkeit eine Haussuchung in der Stadt, als auch vor den Toren erlaubt, auch dem Entdecker eine Prämie von 100 Reichstalern versprochen. Die Täter aber verrieten sich durch Ausgebung des Geldes selbst. Zwei erwachsene Bürgerstöchter hatten durch Anreizung ihrer Mutter und etlicher anderer Weiber, die ihnen diese Gelegenheit nahelegte, dieses Wagstück unternommen. Nach der Arretierung und ihrem Geständnis wurden diese Weibspersonen auf unbestimmte Zeit mit Zuchthaus und Willkomm *(Prügel)* bestraft. Die Landschaftskasse wurde auf höchsten Befehl in das Fürstenhaus hinter der Schildwache verlegt. *(Trapp, S. 29f.)*

Diebeslist

Der Sohn eines Prädikanten *(Prediger)* aus der Nähe von Erfurt, hat ein böses Spiel gekartet und angerichtet. Er trug einen ziemlich starken Kerl auf seinem Hals in einer Butte *(großer Tragekorb)*, kam in ein Dorf an die Kirche und bat den einfältigen Dorfküster, ihm die Butte in der Kirche zu bewahren. Er sagte, er trüge so viel drin, wenn er das verlöre, so müßte er ein Bettler sein und verderben. Was geschieht? In der Nacht steigt der Dieb aus der Butte, nimmt und raubt in und aus der Kirche, was er bekommt, nimmt seine Butte auf den Hals und alle beide wischen davon. Der arme Küster aber kommt dadurch in große Not und Jammer. *(Buetner, S. 310 Rückseite)*

Exekution dreier Posträuber zu Gotha

Am 29. Juli 1774 wurden die bei dem hiesigen Herzoglichen Amt inhaftierten drei Posträuber, welche in der Nacht zwischen dem 22. und 23. September vorigen Jahres die ordinäre Frankfurter Post zwischen Gotha und Eisenach berauben halfen, öffentlich mit dem Schwert vom Leben zum Tod gebracht, ihre Leiber aber auf besonders dazu errichtete Räder geflochten und die Häupter oben darauf genagelt worden. Das von Jena eingeholte Urteil hatte ihnen zuvor das Rad zuerkannt, allein Seine Herzogliche Durchlaucht hatte solches gnädigst in die Strafe des Schwertes gemildert, für welche Gnade sie noch bei eingehegtem Halsgericht auf den Knien dankten.

Der jüngste dieser Verbrecher war nur neunzehn Jahre alt, flehte bis auf den letzten Augenblick um Gnade, und war vor Furcht bereits halb tot, als er das Gerüst bestieg. Der zweite, ein Mann von 21 Jahren, war desto gesetzter und christlich standhaft, redete zu den in großer Menge versammelten Zuschauern auf die rührendste Art und bat um Vergebung des so öffentlichen Ärgernisses. Ebensogut hatte sich auch der dritte, ein Mann von 48 Jahren, zubereitet. Die vier in Verhaft gewesenen Weiber, die man an diesem und anderen Verbrechen unschuldig befand, wurden auf ewig des Landes verwiesen. Ihre größeren Kinder nahm man gleich nach ihrer Einziehung von ihnen und vertraute sie in entlegenen Dörfern guten Leuten an, wo sie gut erzogen und ihren Eltern unbekannt bleiben sollen. Daher weis hier niemand ihren Aufenthalt. *(Gesammelte Nachrichten, S. 180f.)*

Zwölftausend Rutenschläge

Unter der Soldateska der Fürstlich Sächsischen Residenzstadt Gotha befanden sich im Jahre 1726 acht Mann, welche des Diebstahls bezichtigt, überführt und deswegen folgender Gestalt exekutiert wurden: Die drei vornehmsten, als Rädelsführer, hießen Poller, Händler und Salzmann und waren alle drei aus Gotha gebürtig. Diese Diebskompanie hat verschiedene Diebstähle an Viktualien *(Lebensmittel)* aus den Kellern, an Betten und Geld ausgeübt, daß den drei der Strang zuerkannt wurde. Von dem Diebsgewinn haben diese drei das meiste partizipiert *(Anteile habend)* und anschließend bei Händlers Schwester durchgebracht. Als aber einst die Aufteilung zu ungleich vorgenommen wurde, haben einige, und zwar die Unschuldigsten, etliche geringe Diebstähle davon angegeben, worüber Händler in Arrest kam. Darauf hat der Dieb Händler nicht allein sein wollen und gab auch andere mit an. Diese haben zwar versucht sich loszuwickeln, gerieten aber durch ihre verwirrten Reden in große Konfusion. Nachdem sie alle acht zum Arrest und ein jeder in ein besonderes Behältnis gesetzt wurden, kamen alle ihre Leichtfertigkeiten ans Tageslicht.

Das einlaufende Urteil sah für die drei Hauptdiebe die Todes- und für die anderen Leibesstrafen vor. Es erließ jedoch Seine Hochfürstliche Durchlaucht Herzog Friedrich zu Sachsen-Gotha und Altenburg *(1691–1732)* diesen die Todesstrafe und milderte sie dahingehend ab, daß Poller, Händler und Salzmann zwei Tage nacheinander, jeden Tag zwölf Mal durch 500 Mann durchlaufen und also jeder zwölftausend Rutenschläge aushalten mußte. Zwei von den übrigen fünf mußten auf einen Tag sechzehn Mal, die anderen drei aber nur zehn Mal durch 500 Mann laufen. Nach dieser Exekution, die am 25. Februar 1727 in Gotha an ihnen vollzogen wurde, übergab man sie dem Zuchthaus zur Arbeit. *(Heller, S. 404f.)*

Grabspruch für einen Dieb

Man band mir, eh ich hing,
Zurück die Diebesklauen,
Weil solchen Fäusten auch,
Im Tode nicht zu trauen.
Man nahm mir Erd und Luft
Und ließ mir einen Strang.
Mein Leser, geh den Tausch
Nicht ein dein Leben lang.
(Stieffler, S. 2191)

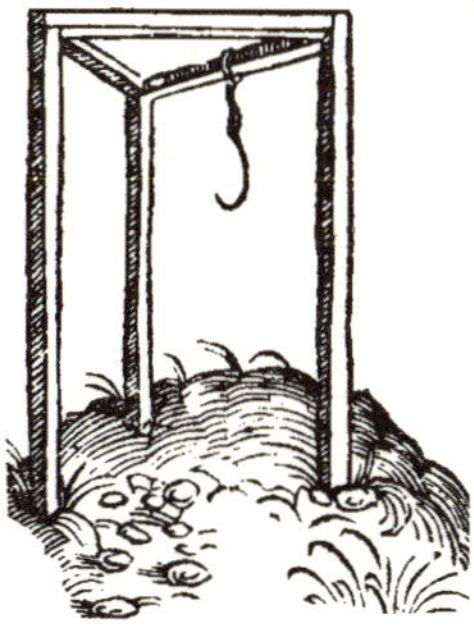

Der Tod und der Dieb.
Holzschnitt aus dem Heidelberger Totentanz von 1485.

KAPITEL

MEISTER HANS DER HENKER

Wer will Mord und Totschlag treiben,
Nach des Höllengeistes Sinn,
Der wird nicht im Lande bleiben,
Sondern flüchtig fahren hin.
Galgen, Räder, Schwert und Stricke
Sind die Zahlung seiner Tücke.
Drum hüte dich vor Blut!
Der Rächer schlummert nicht.
Wer andere tot gemacht,
Wird selbst auch hingerichtet.
(Ernst VI, S. 688)

Man ging ihnen aus dem Weg, wo immer sie angetroffen wurden. Ihre Wohnungen oder Häuser befanden sich oft außerhalb der Stadtmauern. Ihre Familien und Gesellen (Büttel, Schinder, Kloakenreiniger, Hundetöter) wurden ebenso sozial abgesondert. Sie waren verachtet, gefürchtet, gehaßt, ihre Werke mit geheimer Scheu umkleidet, und doch kamen die Menschen von nah und fern herbei, wenn sie ihre einträgliche Tätigkeit ausübten. Sie stillten den »Blutdurst des Volkes«. Auf ihrer »Arbeitsbühne«, dem Schafott, wurden nur blutige Stücke gespielt. Man wollte abschrecken, ähnliche Verbrechen zu begehen wie die Delinquenten. Das glaubten jedenfalls Obrigkeit und Geistlichkeit. Die Rede ist von den Henkern (auch Nachrichter, Blutvogt, Dehner, Freimann, Meister Hämmerlein usw. genannt). Scharfrichter Meister Hans, so einer der volkstümlichen und verhüllenden Namen für einen dieses Berufsstandes, zählte zu den »unehrlichen Leuten«. Versagte er bei der Ausübung seines Berufes (Mißrichtung), dann erntete er mindestens Schimpf und Flüche, oft genug mußte er aber um sein Leben bangen, galt es doch als altes Recht, den Henker dann zu steinigen. »Rechtes Töten« mit dem Schwert war eine Kunst, die man an gewöhnlichen Verbrechern oder beim Köpfen von Schweinen »üben« mußte. Richtete der Henker schnell und gut, war ihm der Beifall der Menge sicher. Zu Zeiten des Hexenwahns griff man auf sie bei der Folter zurück.

Willst du Galgen, Schwert und Rad,
Willst du Pein und Folter schmecken,
Laß dich ein in böse Tat,
Meister Hans wird dich bald strecken.
Guter Lohn ist gut,
Böses kostet Gut und Blut.
(Ernst X, S. 1173)

Ein Fuhrmann als Henker

Im Jahre 1510 wurde der Schmalkaldische Scharfrichter nebst seinen zwei Knechten vor dem Fahmberg *(Gerichtsstätte)* beim Gericht gerichtet. Er, weil er einen Bürger vor dem Stillertor den Kopf weggehauen, der eine Knecht, weil er dem Scharfrichter das Richtschwert dazu geholt, der andere Knecht, welches ein getaufter Jude war, weil er in der Inquisition des Diebstahls überführt wurde. Indem nun also kein Scharfrichter da war, fand sich dafür ein Fuhrmann und war im Richten glücklich *(erfolgreich). (Geisthirt, 5. Buch, S. 7f.)*

Grumbachs grausame Hinrichtung

Nach der Belagerung von Gotha (1566) wurde dem Reichsritter Wilhelm von Grumbach wegen Hochverrats und anderer Vergehen der Prozeß gemacht. Das Urteil: »lebendig gevierteilet«.

Alter und Gicht erlaubten Grumbachen nicht zu gehen. Man trug ihn also auf einem Sessel zur Fehmstätte *(Gerichtsstätte)*, wo, kraft damaliger

Verschiedene Strafen: Verbrennen, Hängen, Blenden, Ausdärmen, Rädern, Stäupen, Enthaupten, Handabschlagen. Holzschnitt aus Tenglers »Layenspiegel«, 1508.

Gerichtssitte, acht Trompeter ihn anbliesen. Nachdem er eine Viertelstunde mit dem Prediger sich besprochen, fing der Nachrichter an, ihn zu entkleiden. »Du schindest heute einen dürren Geier«, sagte Grumbach gelassen und ebenso schrecklich gelassen nagelte ihn der Henker aufs Schafott, schnitt ihm den Leib auf, riß das Herz heraus, warf es ihm mit den Worten: »Sieh da, Grumbach, dein falsches Herz!« ins Gesicht und vierteilte dann den Leichnam. Nicht einen Schmerzenslaut lies Grumbach hören. Das Schafott kaufte ein benachbarter Bauer, um sich eine Wohnstube daraus zimmern zu lassen. *(Engelhardt, 2. Teil, S. 267f.)*

Das Holz von Richtstätten wurde gern zum Hausbau verwendet. Man glaubte, dadurch böse Geister abzuschrecken und Schaden vom Haus und von dessen Bewohnern abzuwenden.

Henker vs. Henker

Am 12. März 1569 wurde Meister Moritz, der Scharfrichter von Erfurt, von einem andern seiner Profession erstochen, welcher wiederum mit dem Schwert gerichtet wurde. *(Falckenstein, S. 641)*

Der verwunschene Richtplatz

In Thüringen zu Magdala hat 1592 ein Bürger hausgehalten und gegen die Grafen von Gleichen und Blankenhain sich erhoben und ihre Untertanen wie ein Landesfeind beschädigt. Man wollte den Abenteurer einfangen, aber er wurde im Dornbusch zum Hasen und konnte sich, in was er wollte, verändern. Es begab sich, daß er in ein Brauhaus gejagt und den Häschern nicht entrinnen konnte. Da fuhr der Mensch in die Feuerglut unter die Pfanne *(Braupfanne)* und kam glimpflich davon. Wie aber sein Spiel aus und auf das letzte Blatt gekartet war, wurde er betreten *(gefangen)*, beklippt *(geschlagen)* und zu Weimar gerechtfertigt *(gerichtet)*.

Nach dieses Menschen Tode hat es über etliche Jahre kein Scharfrichter auf demselben Platz oder dieser Fehmstadt vermocht, einen armen Sünder zu richten, noch ihm mit dem Schwert seinen Kopf abzuhauen. Darum sind die Henker gesteinigt und fast beschädigt *(verletzt)* worden. Es wären auch einmal der Landrichter Johan Engelhardt und der Prediger mit einem breiten Beile bald zu Tode geworfen worden, weil der Henker nach einer

Mißrichtung zu Richter und Pfarrherr eilte, das Volk vom Werfen auf ihn abzuhalten. Darum mußte dieser Gerichtsplatz abgehen, an einen andern Ort verlegt und ein neuer Henkersaltar oder Rabenstein aufgebaut werden. *(Buetner, S. 42 Rückseite)*

Mißgeschick

Am 21. März 1577 wurde Georg Krantzen, eines Bürgers Sohn aus Erfurt, der zur Barfüßerkirche die Opfersteine *(Opferaltar)* erbrach, von oben herab gerädert. Und wie ihm der Scharfrichter etliche Stöße gab und ihn umwenden will, griff er demselbigen so fest ins Rad, daß ihm des Scharfrichters Weib, die ihrem Mann in seiner Verrichtung half, kaum die Hände wieder losmachen konnte. Das Volk steinigte hierauf den Scharfrichter, er kam aber doch mit dem Leben davon. *(Falckenstein, S. 651)*

Aus der Bestallungsurkunde des Scharfrichters Georg Leubler in Lobenstein vom 4. März 1667 (Auszug)

1.

Georg Heubler soll die hiesige Meisterei entweder selbst besitzen oder darauf mit Bewußt und Verwilligung des herrlichen Amtes sonst einen andern tüchtigen, fleißigen und verständigen Meister setzen, welcher bei allen hiesigen Obergerichten vorgehenden Exekutionen und anderen Akten das Amt eines Scharfrichters verrichten und an den Delinquenten, was ihnen durch Urteil und Recht zuerkannt wurde, gebührend vollbringen, oder wenn er es nicht selbst verrichten kann, dazu auf seine Kosten einen anderen tüchtigen Meister verschaffen. Dafür werden ihm für jede Malefizperson, die vom Leben zum Tode gerichtet wird, es geschehe auf welcherlei Weise es wolle, drei alte Schock *(Groschen)* gegeben. Würden viele fremde Meister mit dazu kommen, soll dazu noch ein Schock zum Vertrinken gereicht werden.

2.

Wenn er eine Person mit Ruten ausstreichen muß, sollen ihm ebenfalls jedes Mal drei alte Schock gereicht werden.

3.

Sollte er eine Person torquieren, die Daumenstöcke oder andere instrumenta anlegen, oder denselben nur zeigen, so soll er alles umsonst tun, jedoch nur für den Fall, wenn die Gerichte ex officio *(von Amts wegen)* inquirieren müssen. Wofern es aber über die Delinquenten geht und denselben die Wiedererstattung solcher Gebühren durch Urteil und Recht zuerkannt oder deswegen auf des Torquierten erfolgtes Bekenntnis und Todesstrafe ein Henkergeld angelegt würde, so sollen ihm auch drei alte Schock von dergleichen acta torturae aus dem Vermögen des Delinquenten oder vom Henkergeld gegeben werden.

Wenn aber nur die bloßen instrumenta vorgelegt würden oder die Daumenstöcke angelegt, soll ihm dafür die Hälfte gereicht werden.

4.

Wenn ein peinliches Gericht gehalten und ein armer Sünder zum Tode bestimmt wird, so soll er jedes Mal die Stelle des peinlichen Anklägers vertreten und das Zetergeschrei verrichten. Dafür wird ihm absonderlich ein halber Gulden gegeben.

5.

Wenn einer sich entleibt, erhenkt, ersäuft oder auf waserlei Weise er sich ums Leben bringt, soll er von jeder Person, wenn seine Freunde Vermögen besitzen, drei alte Schock haben und den Toten begraben. Falls diese Leute aber kein Vermögen besitzen oder fremd sind, so soll er es umsonst tun. Sollte aber Geld oder Geldeswert bei ihnen gefunden werden, soll ihm die Hälfte zukommen. Die andere Hälfte soll aber in die Gerichte geliefert werden.

6.

Würde der Scharfrichter in einer fremden Herrschaft erfordert, soll es ihm zwar zugelassen und ungewehrt sein, er muß es aber den hiesigen Gerichten zuvor anzeigen.

7.

Das umgefallene Vieh soll er sowohl hier bei der Stadt als auch auf dem Lande mit seinem Pferd zu rechter Zeit wegschaffen. Von jedem umgefallenen Pferd oder Rindvieh wurden ihm bisher nur acht Groschen gegeben. Auch mußte er den Besitzern desselben die Haut zurückgeben. In Zukunft soll es damit so gehalten werden, daß ihm von jedem Pferd, Ochsen, Kuh oder anderm großen Stück Vieh ein halber Gulden entrichtet wird. Er soll dagegen die Haut den Besitzern zu geben schuldig sein. Sollte der Besitzer den halben Gulden nicht geben wollen, kann er dem Meister das Aas mit der Haut zugleich lassen. So soll es zu ihrer Vergleichung stehen.

8.

Das Luder oder die Aeser soll er (außer was gnädiger Herrschaft Schäfer für ihre Hunde bedürfen) zur Unterhaltung herrschaftlicher Hunde gebrauchen, hingegen soll den Untertanen bei Strafe von drei alten Schock verboten sein, kein Aas zu verschweigen. Der geringen Aeser, Kälber, Schafe, Ziegen und Schweine, sollen gleichergestalt gemeldet werden. Davon bekommt der Abdecker die Felle, muß aber den Boten vom Lande, der es anzeigt, mit einem Groschen belohnen.

9.

Wenn durch göttliches Verhängnis eine ansteckende Seuche unter das Vieh kommt (was aber Gott in Gnaden verhüten will!), soll der Meister das umgefallene Vieh alsbald auf den infizierten Dorfschaften vergraben und nicht zur Stadt einführen, damit dieselbe nicht gleichergestalt damit angesteckt wird. Desgleichen wenn törichte Hunde umliefen, soll der Meister dieselben verfolgen und totschlagen. Hingegen möchte er auf den Märkten die Hunde bei der Stadt mit einem Kreuzer lösen lassen oder selber fangen.

10.

Letztlich ist ihm, dem Scharfrichter, versprochen worden, jährlich zehn Lachter *(ein Lachter = bergmännisches Klafter, sechs Fuß oder ca. 1,80 m)* Brennholz waldzinsfrei aus gnädiger Herrschaft Gehölze folgen zu lassen, die er auf seine Kosten hauen und führen lassen muß. Ferner empfängt er jährlich ein Schock Stroh für die Hunde oder wenn man das Stroh selbst bedarf, einen Taler dafür. Ingleichen soll ihm zu den Hundeställen gehöriges Bauholz ohne Entgeld gegeben werden, er aber die Baukosten tragen.

11.

Schließlich soll er auch jedes Mal auf das neue Jahr wie vor Alters Herkommen dem Beamten *(Amtmann)* und regierendem Bürgermeister von Lobenstein die gewöhnliche und hergebrachte Verehrung an einem guten Hundefell zustellen und liefern. *(Der neue Pitaval, S. 429ff.)*

Mißglücktes »Probestück«

Im Jahre 1721 wurde der Dragoner Johannes Stephanus Schmidt gerichtet. Der Verbrecher hatte die Tochter des Landrichter Böttgers in Orlishausen geschwängert und nach gehaltenen Wochen besuchen wollen, geriet mit ihr aber in einen heftigen Wortwechsel, löste die Pistole auf sie ab und traf sie in den Unterleib, woran sie nach vier Stunden starb. Eine Sünde begleitet die andere. Totschlag die Hurerei. Der Missetäter wurde auf dem Markt in Kölleda durch Paul Fahnert, der hier sein Probestück machte, gerichtet. Dieser hieb zwar glücklich die Gurgel und alle Adern entzwei, doch nicht den Kopf vom Rumpfe. Weil nun niemand dem armen Sünder den Kopf hielt und der Körper vom Stuhle fiel, metzelte er ihn noch auf der Erde mit fünf Hieben ab. *(Unger, S. 252)*

Schimpflich-peinliche Hinrichtung zu Erfurt

Der Erfurter Bürgermeister Heinrich Kellner wurde 1509 aufgrund fragwürdiger Beschuldigungen wegen Bestechlichkeit, Veruntreuung von Geldern und anderer Delikte angeklagt. Er »gestand«, nachdem er mehrfach gefoltert worden war. Tod durch den Strang lautete das Urteil. Sein Widerruf des Geständnisses auf dem Richtplatz nützte ihm nichts mehr. Da sich in Erfurt zu diesem Zeitpunkt kein Henker befand, wurde ein Bürger, ein Laie also, mit dieser Aufgabe betraut, der auch noch mit Heinrich Kellner verwandt war. Die Hinrichtung wurde zum Desaster.

Wie nun der Henker mit ihm an den Galgen kam, fehlte diesem ein Knecht. Er hatte einen Kloben *(Seilzug)* an den Galgen gemacht und glaubte, ihn mit einem Pferd dort hinaufziehen zu können. Da er den Delinquenten nun hinaufbrachte, wollte er die Leiter besteigen. Da lief das Pferd wiederum zurück, und der arme Mann fiel unter den Galgen, und das geschah zwei Mal, und zum dritten Mal zog er ihn wieder mit dem Pferd nach oben. Aber der Kloben hatte sich so weit von dem Galgen entfernt, daß er ihm nicht den Strick um den Hals bringen konnte, so daß er zum dritten Mal, vom Galgen fiel. Als er ihn nun nicht an den Strick hängen konnte, lief der Henker hin und nahm eine Wagenkette. Und wie er ihn noch ein Mal an den Galgen gezogen hatte, doch das Pferd nicht stehen wollte, mußte der Vogt von seinem Pferd absitzen und dem Henker das Pferd halten. Da nahm der Henker die Kette, machte sie an und hing ihn dran ... Also wurde Anno 1510 der Bürgermeister, Herr Heinrich Kellner, an den Galgen gehängt ... und es hat ihn ein Bürger von Erfurt gehängt, der zuvor keinen gehängt hatte. Er hat dreizehn Gulden an ihm verdient, war Heinrich Kellners Gevatter und hieß Andreas Kellner. Sein Vater war ein Hirt zu Schwerstedt unter Meuselbach gewesen, hatte das Mühlwerk gelernt und war mit einer Hand lahm. *(Falckenstein, S. 486f.)*

Der widerspenstige Student

Im Jahre 1510 wurde ein Student gefangen, welcher zu Griefstedt bei Weißensee einen Kelch aus der Kirche gestohlen hatte. Das Urteil wurde gesprochen, er solle gerädert werden. Wie er nun hinaus auf den Rabenstein gebracht wurde und der Scharfrichter keinen Knecht bei sich hatte, ihm aber seinen blauen Rock ausziehen wollte und daher die Hände des Studenten auflösen mußte, bediente sich der arme Sünder dieser Gelegenheit und wollte sich vom Scharfrichter losmachen. Wie sie nun mit einander rangen, fielen beide vom Rabenstein herab. Da nun der Scharfrichter dem armen Sünder die Hände binden wollte, aber keinen Strick hatte und niemand ihm einen zulangen wollte, nahm er seinen Gürtel, woran ein Beutel hing. In diesem hatte er die drei Gulden, die er an dem armen Menschen verdienen wollte. Er band ihn damit an die Leiter und stieg auf den Rabenstein, um mehr Stricke zu holen. Da erhob sich ein großes Getöse unter dem Volk. Die anwesenden Studenten nahmen ihn mit der Leiter, machten ihn los, führten ihn davon und nahmen das Geld samt dem Beutel mit. Und auf solche Weise entging der Student seiner Strafe. *(Falckenstein, S. 508)*

St. Jakob half dem armen Sünder

Thilo Büchner wurde in Erfurt vor das Gericht geführt und verurteilt. Man sollte ihm um des Totschlags willen den Kopf abschlagen, den er getan hatte, und da ihn der Henker über die Krämerbrücke führte, hatte er zum Henker gesagt: »Heute sollst du mich nicht richten, denn ich will den heiligen Jakob von Compostella besuchen, der wird mir heute helfen.« Und als der Henker mit ihm auf den Rabenstein kam, führte er ihn umher, daß er das Volk um Vergebung bitten sollte. Da Büchner nun an eine Ecke kam, stieß er den Henker, so daß sie beide vom Rabenstein fielen. Der arme Sünder fiel auf den Henker, daß dieser für totgeglaubt wurde. Das Volk schnitt den armen Sünder los und führte ihn davon. Der Henker aber lag, bis sich das Volk verlief. Da führte ihn sein Weib in die Stadt, und er kam knapp mit dem Leben davon. Der arme Sünder aber kam auch davon und zog zu Sankt Jakob, so wie er es gelobt hatte. *(Falckenstein, S. 477)*

Das Grab des heiligen Jakobus in Santiago de Compostella (Spanien) war und ist eine der berühmtesten Pilgerstätten der katholischen Christenheit.

Die Hatz auf dem Rabenstein zu Weimar

Um den Eckartsberg ist ein Dörflein N. Da hat der Teufel eine alte Frau getrieben, ihre Tochter zu unterrichten, wie sie ohne harte Arbeit Geld verdienen und schöne Kleider sich zeugen könne. Die Tochter führte und trieb das Handwerk etliche Jahre mit der Mutter Hilfe, heimlich und im Verborgenen. Als aber die Schande sie verriet, nahm die Mutter das Kindlein, würgte es ab und verscharrte es in einem Grüblein. Zu Weimar haben sie beide empfangen, was die Rechte gelehrt und gegeben.

Der Henker sollte und wollte der Tochter den Kopf herabhauen, aber die Hure zuckte mit dem Hals aus dem Weg und der Streich geriet, den der Henker selbst in den Armen aufhielt, unter den Hals in die Schultern und verwundete sie.

Die Hure sprang auf und lief im Kreis herum, wie ein törichter Hund und blutete. Der Henker mit dem gezückten Schwert lief ihr nach und hieb auf sie ein, wohin er sie treffen konnte, und nachdem er ihr lange nach dem Halse gespickt hatte, geriet dem Henker endlich ein Streich und haute ihr den Kopf im Laufen herab, daß sie hinfiel.

Die alte Hure, ihre Mutter, war eine ungestaltete und scheußliche

Unholdin. Die begleitete der Henker zum kalten Bad, darinnen badete sie so lange, bis sie starb. *(Buetner, S. 227)*

Mordkumpane

Am Freitag vor Martini *(Freitag vor St. Martinstag, den 11. November)* des Jahres 1515 wurde in Erfurt ein Schneidergeselle gehauen, also getötet, welches ein Schuhknecht getan haben sollte. Der wurde auch deswegen gefänglich eingezogen. Da er nun betrunken war, als das geschah, nahmen ihn der Scharfrichter und der Stockmeister *(Gefängnisaufseher)* und stießen ihn mit Gewalt in die Temnitz *(Gefängnis)* hinein, daß er die Treppe hinunterfiel und sich den Hals brach. Beide bekamen aber ihren Lohn für diese böse Tat, denn der Stockmeister hatte ein Weib mit zwei Töchtern, welche seine Stieftöchter waren. Die beschlief er alle beide, samt der Mutter, und obschon er gewarnt wurde, kehrte er sich doch nicht daran.

Wie die Sache ausbrach und kund wurde, legte man ihn in den Spittelturm gefangen und speiste ihn aus dem Spital. Aus diesem seinem Gefängnis, schrie er allzeit über einen großen Wurm, der zu ihm käme und seine Kost mit verzehre. Als er einst eine Röhre von eines Menschen Bein fand, grub er damit unter dem Füllmund des Turmes, welches er so lange trieb, bis er auf der anderen Seite mit dem Kopf gegen den Spittelsteg hervorkam. Dies sah ein Weib, welche es dem Bierrufer sagte, der auf demselben Turm wohnte. Dieser ließ ihn nicht weiter heraus, schickte aber inzwischen nach dem anderen Stockmeister. Der kam und führte ihn in die Temnitz zurück. Hierauf wurde ihm das Leben abgesprochen und er sollte mit dem Schwert hingerichtet werden. Wie er auf den Rabenstein gebracht wurde, hieb ihm der Scharfrichter vier Mal in die Schulter.

Indem nun die bei der Exekution gegenwärtigen Herren davonritten, warfen die Leute den Scharfrichter, seinen einstigen Mordkumpanen, zu Tode. Danach wurde er auf dem Siechenkirchhof begraben.
(Falckenstein, S. 561)

Der boshafte Mordbrenner

Wie gearbeitet, so belohnt. Solches ist erfüllt worden an einem zu Werningshausen inhaftierten boshaften Mordbrenner namens Georg Andreas Uhl, seines Alters zwanzig Jahre, der einzige Sohn des

Papiermachers aus Leutenberg aus zweiter Ehe. Denn nachdem er Werningshausen am 31. Mai 1725 früh mit anstecken half, wurde dem Uhl zwar der Scheiterhaufen zuerkannt, solche Strafe aber von ihrer Hochfürstlichen Durchlaucht Herzog Friedrich in Gotha, gnädigst ins Schwert verwandelt. Zu seiner Hinrichtung wurde der 19. Oktober 1725 bestimmt.

Er hat zwar vor dem hochnotpeinlichen Halsgericht seine böse Tat gestanden, als ihm aber hierauf der Tod durchs Schwert angekündigt wurde, hat er mit den Fingern geschnippt und gesagt, er stürbe durchaus nicht. Hat sich auch zu keinem Gebet bequemt, sondern stattdessen sich mit den Henkersknechten herumgezerrt und zwar dermaßen, daß sie drei Stunden mit ihm zubrachten, ehe er auf den Richtplatz kam, ungeachtet daß dieser kaum eine anderthalbe Viertelstunde von Werningshausen entfernt ist.

Als sie ihn endlich mit großer Mühe zum Richtplatz hingebracht hatten, ihm die Augen und Hände banden und mit Gewalt auf den Richtstuhl niederzogen, fuhr er doch wieder in die Höhe, riß die Hände wie ein Blitz auseinander und schlug sich mit den Knechten herum. Einen davon trat er, daß er zu Boden fiel. Solches Tummeln währte, bis man ihn aufs neue auf den Stuhl band und der Erfurtische Scharfrichter ohne große Umstände in Geschwindigkeit ihm den Kopf abschlug. Darauf wurde er zu Werningshausen an der Kirchmauer begraben. Dieses hat gezeigt, wie sauer einem jungen und unbekehrten Menschen das Sterben ankommen kann. *(Heller, S. 258f.)*

Eine Exekution aus der Sicht eines Pfarrers

Aufzeichnungen des Diacons Semmler aus Saalfeld.

Catharina Margaretha Deumlerin, gebürtig von Thierbach bei Ruppersdorf, hielt sich einige Zeit in Saalfeld in Diensten auf. Dabei verlor sie außer Zweifel den Dienst Gottes aus den Augen. Den Anfang nahm ihr sündliches Hurenleben beim Tanze und im Weinhaus, wo sie sich nebst anderm liederlichem Gesinde oft befand. Dort machte sie mit Johann Tobias Trötschel, dem Sohn eines Bäckers, Bekanntschaft, der sie nach Hause begleitete, und endlich die schändliche Unzucht mit ihr verübte. Nachdem unsere arme Dirne die Ehre verloren hatte, war auch die Zucht hin. Sie trieb solche Schande unterschiedliche Male und gewährte noch

Verschiedenen Zutritt, die ebenfalls vom Geist der Unzucht besessen waren. Sie ließ sich von ihnen unzüchtig betasten, entblößen, und verschiedene Male Schande antun. Darunter waren sogar ein angesehener Ehemann und noch zwei leichtsinnige Gesellen, die nicht viel besser waren, als Trötschel. Allein solch Lasterleben sollte nicht lange verborgen bleiben, sondern es fanden sich Zeichen der Schwängerung bei ihr.

Als sie nun während solcher Zeit sich in die Mittelmühle bei einem christlichen Mann in Dienste begab, hat ihr damaliger Herr sie zum Bekenntnis ihrer Schwangerschaft ernstlich vermahnt, allein vergebens. Jedoch war ihr Herr vorsichtig und befahl der andern Magd, auf sie, besonders des Nachts, achtzugeben. Die Deumlerin aber war des Nachts, unbemerkt aufgestanden, hatte sich auf einen Heuboden gemacht, daselbst das Kind bekommen, mit einem Fußtritt an die Schläfe getötet und unter einen Balken gesteckt. Aber sie konnte da nicht lange verborgen bleiben, weil die andere Magd sie bald vermißte und es anzeigte.

Da hat man sie mit der Laterne gesucht und gefunden. Man ließ solches dem Hoch-Fürstlichen Amte wissen, welches verordnete, daß sie in die Fronveste gebracht werden sollte. Das geschah am 2. Februar 1724 früh gegen drei Uhr. Kurz darauf trug man das gefundene Kind auch dahin und ließ es von den Herren Medicis sezieren. Diese fanden genug Kennzeichen, daß es gewaltsamer Weise getötet wurde. Und obgleich sie anfangs beständig dabei blieb, daß sie das Kind tot zur Welt geboren hatte, so bekannte sie durch Zureden, daß sie freilich ein lebendiges Kind zur Welt gebracht, aber anschließend boshaftig getötet habe. Sie erklärte, daß sie keine Ruhe haben könne, so lange sie sich mit Leugnen behalf. Sie wollte nunmehr geduldig leiden, was sie verdient hätte.

Man zeigte ihr hierauf, wie sie gesündigt wider Gott, wider ihre Eltern, wider sich selbst, wider ihren Nächsten, wider die Frucht ihres Leibes, und ihr eigenes Fleisch und Blut etc., wodurch das Herz mehr und mehr geöffnet und dessen Angst mit den bittersten Tränen und empfindlichsten Seufzern bezeugt wurde. Es wurde ihr anschließend gezeigt, wie sie ihre Andacht und Buße mit Nutzen anstellen sollte. Kurz darauf beklagte sie ihre Eltern, die sich nicht trösten lassen wollten, bat, daß man in ihrem Namen an den Herrn Pastor dorthin schreiben möchte, daß er mit ihren Eltern reden und sie versichern möchte, wie sie bei Gott Gnade zu erhalten suchte, so wolle sie auch gerne von ihren Eltern Vergebung wegen dieser Betrübnis, die sie durch eine so böse Tochter empfinden würden, erlangen, und ihren letzten Segen und Gebet mit aus der Welt nehmen.

Darauf ging am 10. April vom Herrn Pfarrer ein sehr bewegliches

Schreiben ein, worin die Betrübnis der Eltern, ihre Gelassenheit und letzter Wunsch an ihre Tochter enthalten war. Das Schreiben las man der Delinquentin von Wort zu Wort vor, wodurch sie auf das empfindlichste bewegt, aber auch wieder aufgerichtet wurde, weil ihre Eltern, wenn überhaupt möglich, sich zufriedengeben wollten. Ihre Eltern wollten an ihrem vermutlich blutigen Todbettlein, im Geist ihres Gemütes ihr nächst zur Seite stehen, den Segen auf ihr Haupt legen, und mit ihrem Gebet ihr helfen, dies zu überwinden. Indessen wurde die Inquisition mit aller Sorgfalt fortgeführt.

Im Monat Juli lief das zu Jena gesprochene Urteil der Juristenfakultät, welches auf die Säckung erkannte, ein. Dieses Urteil wurde daraufhin nach Coburg an ihre Hochfürstliche Durchlaucht, unsern gnädigsten Landesfürsten, gesandt, der die zuerkannte Strafe in das Schwert umwandelte. Als am 8. August 1724 ihr das Todesurteil und zugleich der Tag, an welchem es vollzogen werden sollte, angekündigt wurde, erinnerte ich sie, daß sie den andern Tag darauf das Heilige Abendmahl als das teure Pfand Gottes, den wahren Leib und Blut Christi, zum letzten Mal empfangen sollte ...

Den 10. August habe ich sie zu rechter Zeit besucht und festgestellt, daß sie mit herzlichem Verlangen auf die himmlische Seelenspeise unsers Heilandes gewartet hat. Nach nochmaligen Bußerinnerungen hat sie ihre Beichte demütig abgelegt und ihre schwere Sünde herzlich beweint, die Absolution aber mit herzlichen Freuden empfangen, wie von Gott selbst. Darauf hat man, nebst andern nötigen Stücken, ein andächtiges Gebet gesprochen und endlich der armen bußfertigen Sünderin das Heilige Abendmahl gereicht, zu ihrem großen Trost und mit herzlichem Lob und Dank beschlossen.

Des Morgens, am Tag der Exekution, den 11. August 1724 gegen acht Uhr begab ich mich hinauf, um ihr an ihrem bittern Todesgang mit Gottes Wort und Gebet beizustehen. Es freute mich auch, als ich sah, daß sie sich noch bei guter, gesetzter Freudigkeit befand und im Singen des Liedes: »Oh Welt, ich muß dich lassen«, begriffen war, worauf ich fortfuhr mit ihr zu beten. Bald darauf kam auch mein vielgeliebtester Herr Kollege, der Herr Diacon Schemel und fuhr in solcher guten Arbeit fort. Mittlerweile wurde das hochnotpeinliche Halsgericht auf dem Markt zu halten beschlossen, wohin wir um neun Uhr gerufen wurden. Wir traten hierauf unsere Todesreise in Gottes Namen an, worauf die arme Dirne willig und mutig folgte, und im Fortgehen alle Bekannten freundlich grüßte. Sie trat getrost vor das eingehegte Halsgericht und bekannte ihre begangene Unzucht und Kindermord mit einem deutlichen »Ja!«. Sie dankte auch für die Milderung des Urteils.

Mit Anfang des Liedes »Oh Jesu Christ, meins Lebens Licht« gingen wir fort, und als wir in den Kreis kamen, sangen wir noch auf ihr Begehren: »Herr Gott, nun schließ den Himmel auf!«, gingen damit gewöhnlich im Kreise herum, und als es zu Ende war, blieben wir an der Tür des Rabensteins stehen. Worauf ich sie erinnerte, wie uns der Herr bis hierher geholfen und ihr nun bald vollends aushelfen werde, zu seinem himmlischen Reich. Ich fragte sie, ob ihr ihre Sünde herzlich leid täte? Ob sie durch Jesum Christum sich der Gnade Gottes und der ewigen Seeligkeit getrösten und in solchem Glauben beständig bleiben wolle? Ob sie allen und jeden, von denen sie sich eine Beleidigung könnte einbilden, wollte gern vergeben? Als sie darauf mit »Ja!« deutlich antwortete, sprach ich ihr nochmals die Absolution nach den Worten des Herrn Christi: »Sei getrost, meine Tochter, deine Sünden sind dir vergeben«, legte ihr die Hand auf, welches auch der Herr Diacon Schemel und Diacon Herr Linckenbein taten, nebst herzlichem Wunsch, daß ihr Gott vollends helfe zu überwinden.

Danach segnete ich sie ein, befahl sie in einem kurzen Gebet in die Hand Gottes und bat um ein seliges Ende. Darauf fragte ich sie, ob sie nun bereit wäre, ihrem Erlöser noch ein paar Schritte entgegenzugehen, da er sie mit seinen Liebesarmen ergreifen werde, und ihr zurufe: »Fürchte dich nicht, ich habe dich erlöst! Ich habe dich bei deinem Namen gerufen! Du bist mein ...«. Unter solchem Reden wandte sie sich um und ging getrost die Stiege hinauf, trat vorn an das Ende, und sagte: »Ihr Leute, nehmt an mir ein Exempel, tut das nicht, was ich getan habe und hütet euch vor dem Bösen. Betet aber auch für mich ein andächtiges Vaterunser.«

Während sie sich selbst fertigmachen wollte, redete ich ihr noch tröstlich zu, und als sie auf dem Stuhl saß, eilte ich hinab, trat zu meinen Herrn Kollegen, und da indessen der Herr Diacon Schemel nicht aufhörte ihr zuzurufen, rief ich sie mit Namen, und darauf: »Herr Jesu, dir lebe ich, dir sterbe ich!«, wobei dann der tödliche Hieb geschah, den Gott so glücklich führte, daß, ehe man sich versah, das Schwert durchgedrungen, das Haupt vom Rumpf und die Seele vom Leibe getrennt hatte. Wobei wir indessen herzlich zum Herrn Jesu seufzten, daß er die abscheidende Seele in seine Hände nehmen und ins Paradies führen möge. Und so hatten wir Ursache Gott zu danken, der alles zu einem seligen Ende kommen ließ.
(Heller, S. 123ff.)

Viele glaubwürdige Leute wollen über dem Haupt der Delinquentin eine weiße Ringeltaube fliegen gesehen haben, als Zeichen, daß der Heilige Geist über, ja in ihr gewesen sei.

Scharfrichter. Aus: »Kriegsbeschreibung«, Graf zu Solms, 16. Jahrhundert.

Die Hinrichtung eines Giftmörders

Zu den wenigen Zeugnissen, die eine Exekution aus der Sicht eines Kindes wiedergeben, zählt die Tagebuchaufzeichnung der Rosalie Richter, geboren 1805 in Arnstadt, Tochter des Archivrates Richter.

4. Oktober 1811. Hinrichtung des Giftmörders Taubert aus Dosdorf. Letzte Hinrichtung in Arnstadt.

Eines aufregenden Tages erinnere ich mich noch aus meiner Kindheit. Ein Giftmörder sollte hingerichtet werden, es war dies das erste Mal seit vielen Jahren wieder in Arnstadt.

In unserer Familie war die Sache nicht viel erwähnt worden, aber schon am Abend zuvor kam unser Mädchen von einem Wege aus der Stadt mit der Nachricht nach Hause, daß eine Menge fremder Menschen zum Tor hereinströmten. Den anderen Tag war es noch viel schlimmer, auch an unserer stillen Wohnung vorüber jagten die Menschen, sogar mein Onkel aus Waltershausen kam unverhofft angefahren. Da kamen auch meine Eltern auf die Idee, mich kleines Mädchen das entsetzliche Schauspiel ansehen zu lassen. Ich wurde durch das Dienstmädchen zu meinem Onkel August geschickt, der auf dem Markt wohnte, und dessem Haus gegenüber das Schafott aufgestellt war. Mir wurde es unterwegs schon ganz Angst, durch die dichte Menschenmenge zu drängen. Kopf an Kopf standen sie. Ich bat das Mädchen vergebens doch wieder umzukehren. Das Schafott, ein großes Gerüst, war mit schwarzem Tuch behangen. Das Arme-Sünder-Glöckchen höre ich noch heute läuten. Der Delinquent sah im Gesicht noch weißer aus als sein Anzug, der mit schwarzen Schleifen besetzt war.

Mein Onkel, der Konsistorial-Assessor *(Gerichtsbeisitzer)* Kehl, ging an seiner Seite und soll ihm tröstende Worte gesagt haben. Mein Onkel August Schöneweck als Stadtsyndikus brach ein weißes Stäbchen entzwei *(den Stab zwischen den Lebenden und dem Totgeweihten brechen)*, wohl über seinem Kopf. Als es an das Köpfen mit dem Schwerte ging, vergingen mir die Sinne. Es war ein Glück, daß ich hinten gehalten wurde, sonst wäre ich ein Stück hinunter auf die Straße gefallen. Unser Arzt hatte mit der Uhr in der Hand dagestanden. Der Scharfrichter hatte ihm den abgefallenen Kopf reichen müssen, damit der Arzt gleich an den Augen sehen konnte, wie lange die Besinnung gedauert hatte. Nicht weit davon hatten Frauen mit warmen Töpfen gestanden, worin sie das Blut des Gerichteten auffingen, um es ihren in der Nähe harrenden, mit Epilepsie behafteten Kindern zu trinken zu geben. Diese wurden dann ein paar Stunden ohne Rast und Ruhe umhergejagt. Sie sollten dadurch ihre traurige Krankheit verlieren. *(Tagebuch der Rosalie Richter, Arnstadt)*

Dem Blut als Heilmittel und Quell des Lebens schrieb man besondere Kräfte zu. Schon nach dem Rei-king, einer chinesischen Pharmakopoe, deren Ursprung bis auf das dritte vorschriftliche Jahrtausend zurückreicht, wird das Blut als heilkräftige Substanz verwendet. In der antiken Medizin wurde Blut häufig als Heilmittel gebraucht. Galen sagt, das Blut sei die Seele.

Auch im mittelalterlichen und Volksglauben bis zum 19. Jahrhundert spielten Blut und alle Teile des tierischen Körpers eine große Rolle bei der Behandlung aller möglichen Krankheiten.

Schon die arabischen Reisenden des 9. Jahrhunderts berichten aus China den Brauch, daß das Blut Hingerichteter als kräftigend getrunken wird. Nach Plinius, Celsus u. a. tranken die Römer das Blut gefallener Gladiatoren, um ihre Fallsucht zu kurieren. Auch in der mittelalterlichen medizinischen Literatur wird das Blut Hingerichteter als heilkräftig gegen Epilepsie gerühmt. Dieser Volksglaube war noch im 19. Jahrhundert gang und gäbe. Regelmäßig kam es bei den Hinrichtungen zu Reibungen zwischen der die Richtstätte abschließenden bewaffneten Macht und den mit gieriger Hast sich durchdrängenden Weibern, welche um jeden Preis etwas von dem Blute des Hingerichteten haben wollten und mit Löffeln, Tiegeln und Töpfen es aufrafften. Bei der Hinrichtung einer Giftmischerin im Januar 1859 bei Göttingen durchbrach das Volk das von Hannoverschen Schützen gebildete Karree, stürzte sich auf das Schafott und suchte sich in den Besitz des Blutes der Hingerichteten zu setzen. In Hanau stürzten sich im Jahre 1861 bei der Hinrichtung eines Raubmörders viele Menschen auf das Blutgerüst und tranken von dem rauchenden Blut. Als 1864 in Berlin zwei Mörder hingerichtet wurden, tauchten die Scharfrichtergesellen ganze Mengen von weißen Schnupftüchern in das Blut und erhielten für jedes zwei Taler.

Grabspruch für einen Henker

Der auf der Folterbank hat manchen hart gestipft,
Auch manchen Diebeshals am Galgen aufgeknüpft,
Gerädert und geköpft, gespießet und ertränkt,
Den hat der grimme Tod in dieses Grab gesenkt.
(Stieffler, S. 1615)

KAPITEL

MORD-, SCHAND- UND ÜBELTATEN

Geile Vögel werden kapaunt

Im Jahr 1293 hatte Markgraf Albrecht der Unartige *(Landgraf Albrecht der Entartete)* an Kaiser Adolph von Nassau Thüringen für 12.000 Mark Silber oder 96.000 Taler verkauft, wogegen zwar seine Söhne, Markgraf Friedrich der Freidige mit der gebissenen Backe und sein Bruder Diezmann heftig protestierten, aber in der Güte nichts erlangten.

Der Kaiser zog nach Eisenach zu und begehrte von der Stadt und dem Land die Huldigung. Weil sie sich aber dessen weigerten, so griff der Kaiser mit seinen Schwaben und Rheinländern die Thüringer feindselig an, kam nach Rastenberg und ließ alles plündern. Die Soldaten schändeten zu Rastenberg alle jungen Nonnen im Kloster und wüteten auf dem Lande recht abscheulich. Zu Gangloffsömmern im Amt Weißensee nahmen sie ein altes Weib, schmierten dasselbe voll Pech oder Wagenteer und steckten sie hernach in ein großes Faß voll Federn, wälzten sie darin wohl um und führten selbige im Lager von einem Zelt zum andern zum Spotte herum. Ein Graf von Hohnstein ersuchte den Kaiser, bessere Ordnung zu halten, welcher aber zur Antwort bekam, daß er seine Soldaten nicht im Schiebsacke *(Schubsack – weite Tasche in einem Kleidungsstück)* führen könnte. Endlich aber wurden etlichen, welche die Kirchen beraubt und zu Vippach übel gehaust, die Finger abgeschlagen, damit sich andere Frevler daran spiegeln möchten *(Spiegelstrafe – dem Dieb die Finger, der Brandstifterin das Feuer)*.

Unterdessen kam Markgraf Friedrich aus Meißen mit seinem Volke bei Rastenberg und Mittelhausen an der schmalen Gera an, wo ihm viele geschändete Jungfern entgegenliefen. Ein Alter von Adel, dessen Töchter gleichfalls solche Schmach erdulden mußten, bekam etliche von den geilen Vögeln gefangen, die er gar eben kannte und brachte sie vor Markgraf Friedrich mit der gebissenen Wange, welcher sie denn alsobald nackt ausziehen und kapaunen *(entmannen)* ließ. Nachdem ihnen die Virilia *(das Geschlechtsteil)* genommen war, sandte er diese Kaiser Adolph zu, der sich deswegen ziemlich ärgerte. Die Thüringer sangen von diesen kastrierten Helden ein Schumperliedchen *(Fidellied),* welches bei Spangenberg zu finden und dieses Inhalts ist: Sie wären bei Rastenberg zum Weine gegangen, hätten die Heller vertrunken, daß die Beutel ganz leer worden, dannenher sie ihre Weiber bei ihrer Zurückkunft aus Thüringen sauer angesehen hätten. *(Melissantes, S. 341f.)*

Adolf von Nassau (1292–1298), Albrecht der Entartete, Landgraf von Thüringen (1240–1315), Friedrich mit der gebissenen Wange, auch der Freidige genannt (1257–1323), Landgraf von Thüringen und Markgraf von Meißen.

Das Weißenseer Ritualmordmärchen

In den Morgenstunden eines Tages der Oster- oder Marterwoche 1303 fand man in Weißensee in einer Weinbergshütte in den Weinhöfen den Knaben Conrad, Sohn des Burgmannen Berld von Sömmerda, erhängt an seinem eigenen Gürtel. Ein Selbstmord schien ausgeschlossen, selbst wenn der Täter solches vortäuschte, da sich der Junge die vielen Stichwunden kaum selbst zugefügt haben konnte. Der oder die Mörder hatten ihn mit Pfriemen unter den Nägeln an Händen und Füßen gestochen und das Blut aus den Adern gelassen. Weil sich kein Täter finden ließ, wenn überhaupt nach einem gefahndet wurde, lastete man die Tat den Juden an und deklarierte sie zum Ritualmord. Sogenannte Ritualmordmärchen kannte das ganze Mittelalter und schon 1280 hatte der vermeintliche Ritualmord an einem siebenjährigen Mädchen in Eisenach eine Welle der Gewalt gegen Juden zur Folge. Man warf ihnen vor, die Passion Christi besonders in der Osterwoche an Christenkindern zu vollziehen. Danach zerstachen sie den Kindern mit Nadeln Hände und Füße und fingen ihr Blut in Gefäßen auf. Bei der Judenverfolgung im Jahre 1298, die selbst in Battgendorf und Greußen ihre Opfer fand, lieferte eine sogenannte Hostienschändung die Ursache. 1349 warf man ihnen die Vergiftung der Brunnen vor.

Landgraf Albrecht von Thüringen, der Entartete genannt, zweifellos ein großer Schuldner der thüringischen Juden, setzte seinen Sohn Friedrich mit der Aufklärung des Weißenseer Mordes ein. Dieser bestätigte nach Besichtigung der Leiche und des Fundortes den Ritualmord und schlug daraufhin an der Domkirche zu Meißen einen Bericht an. Nun setzte eine Verfolgungswelle ein, bei der die Besatzung der Runneburg mit Beistand der Weißenseer Bürger zahlreiche Juden fing und erschlug. Ein jüdischer Bericht nennt die Namen aller 125 Opfer. Das Pogrom weitete sich auf Gotha, Kölleda und Tennstedt aus. In Erfurt konnten sich die Juden loskaufen.

Da man nun den Schüler begraben wollte, und ihn in die Sankt Peterskirche trug, soll im Beisein Landgraf Friedrichs ein Wunderzeichen geschehen sein, denn ein Lahmer wurde alsbald gesund und gerade.

Tatsächlich entwickelten sich die St. Peterskirche und das Grab Conrads zu einer lokalen Pilgerstätte. *(Schlegel, S. 50ff.)*

Ermordung des Knaben Simon von Trient. Aus der Nürnberger Weltchronik des Hartmann Schedel, Holzschnitt von 1493.

Ein Toter wird enthauptet

Im Jahre 1363 trug sich ein seltsamer Fall in Erfurt zu. Burggraf Albrecht zu Kirchberg *(1308–1363)* zog in das »Haus zum Paradies« ein, legte sich zur Wirtin und beschlief sie. Es kam aber der Mann mit seinem Knechte dazu und erstach ihn. Darauf schleppten sie den toten Körper nackt und bloß vors Gericht, worauf er als ein Ehebrecher und undankbarer Gast zur Stadt tot hinaus geführt und geköpft wurde. *(Falckenstein S. 266)*

In der umfänglichen Beschreibung des Geschlechtes der Burggrafen von Kirchberg durch Avemann wird diesem Ereignis sehr zurückhaltend gedacht, wahrscheinlich aus Anstand, denn das Buch ist den Nachfahren der Kirchberger gewidmet. Dort heißt es: »Sein Bruder B. Albrecht aber, welcher einstmals sich nach Erfurt begab und in verführische Gesellschaft gerieth, wurde daselbst mitten in verbotener Lust jämmerlich ums Leben gebracht.« *(Avemann, S. 207)*
Stolle, S. 207 weiß noch zu berichten, daß der Mann die untreue Frau fangen ließ und diese im Gefängnis starb.

Bei den Germanen wurde Ehebruch nur bei Ehefrauen strafrechtlich geahndet. Die Frau stand in der Gewalt des Mannes, und ein von ihr begangener Ehebruch galt als Eingriff in die Rechte des Ehemannes. Daraus erklärt sich auch, wie in diesem Fall, daß die ehebrecherische Frau nicht der öffentlichen Bestrafung zugeführt wurde, sondern diese allein dem betrogenen Ehemann zustand. Hier, im zuvor aufgeführten Falle aus Erfurt, ließ der Ehemann seine Frau im Gefängnis sterben. Er hätte sie auch aus dem Haus vertreiben können. Das Strafmaß legte der Ehemann fest. Der Ehebrecher konnte im Allgemeinen nur bei handhafter Tat vom betrogenen Ehemann getötet oder nach gerichtlicher Überführung zu einer Buße verurteilt werden. Der Erfurter Bürger Heinrich zu dem Paradies erschlug den Burggrafen von Kirchberg, weil er ihn auf frischer Tat ertappte, und legalisierte sein Verhalten im Nachhinein. Im 14. Jahrhundert setzte sich die Gleichstellung von Mann und Frau bezüglich des Ehebruchs auch in den weltlichen Gerichten durch. Die Kirche betrachtete die Ehe bereits sehr viel früher als sittliche Institution, die geschützt werden müsse. Die Bestrafung von Ehebrechern war in einzelnen Rechtsbereichen völlig unterschiedlich. Mildere Strafen setzten sich durch, und man sah Ehebruch nur noch als Vertragsbruch an. In Sachsen wurde die Todesstrafe für den Ehebruch 1783 aufgehoben.

Doppelmord im Siechenhaus

Ein Reiter, der im Jahre 1388 zu Remda bei den Grafen zu Gleichen am Hofe diente, entführte eine Jungfer aus dem gräflichen Frauenzimmer, die er liebte, setzte sie hinter sich auf das Pferd und kam mit derselben abends um zehn vor das Löbertor zu Erfurt. Weil er aber nicht eingelassen wurde, ritt er vors Siechenhaus und wurde allda aufgenommen. Das Pferd band er an einen Zaun und ging mit seiner Liebsten in die Stube. Die Siechen *(Aussätzige)*, als sie sahen, daß diese Weibes Person schön war, erwürgten den Reiter, schändeten hernach die Jungfer zu Tode und scharrten beide ein. Es jagten aber etliche von Remda des folgenden Morgens dem Reiter nach, kamen nach Erfurt und fragten am Tore nach beiden. Der Torwärter antwortete: Es wäre wohl einer gekommen, aber allzu spät, und daher nicht eingelassen worden. Hierauf ritten diese vors Siechenhaus und fragten gleichfalls nach, wurden aber von den Siechen abgewiesen, die sagten, sie hätten niemanden gesehen. Indem diese mit ihnen redeten, fing das Pferd vor Hunger an zu schreien, welches noch am Zaune angebunden war.

Als die Nachforscher dieses hörten und das Pferd sahen, drangen sie ins Haus und ließen keinen heraus. Sie schickten alsbald nach dem Magistrat in die Stadt, der auch einige Männer abordnete, die die Siechen examinieren mußten, wobei die böse Tat alsbald entdeckt wurde. Darauf ließ der Rat den erschlagenen Reiter nebst seiner Liebsten bei Sankt Thomas begraben, das Siechenhaus aber mit Holz belegen und es nebst den Siechen, welche an dieser gottlosen Tat schuldig waren, mit Feuer verbrennen und an dessen statt ein Kreuz von Steinen aufrichten, an dessen einer Seite ein Reiter, und an dessen andern eine kniende Jungfer zu sehen war. *(Falckenstein, S. 276f.)*

Nach altgermanischem Recht wurde das Verbrechen des Totschlags durch das sogenannte Wergeld gesühnt. Mit dem Christentum kamen noch weitere Bußen hinzu, die dem Seelenheil des Getöteten, der ohne geistliche Absolution aus dem Leben geschieden war, dienten. Aus Sühneverträgen kennen wir die Ursachen und Begleitumstände, weshalb Kreuze aufgestellt wurden. Die ersten Steinkreuze oder Kreuzsteine stammen aus der Zeit nach 1350. Meist trifft man sie an Wegen oder in der Flur an. Die Kreuze abseits der Straße geben im Allgemeinen den Ort des Verbrechens an. Die an den Straßen oder Kreuzwegen stehenden können sowohl Sühnemahle als auch Andachtsbilder sein. Es war Sitte, daß die Vorübergehenden am Kreuz ein kurzes Gebet sprachen, das den Verstorbenen eher aus dem

Fegefeuer befreien sollte. Das Erlöschen des Brauches setzte im 16. Jahrhundert ein, von Ausnahmen abgesehen. Heute setzt man an Bäume Holz- und Steinkreuze, um Verkehrsopfern zu gedenken.

Das Buttstädter Schnellgericht

Im Jahre 1470, den ersten Montag in der Fastenwoche *(Woche vor Ostern)*, begab es sich in Buttstädt, daß Claus Antonius und Heinze Kerchener mit andern frommen Leuten in die Stadt zum Zechen kamen. Nachdem sie getrunken hatten, wurde Heinz Kerchener müde und schlief auf einem Tisch ein. Nun stand Claus Antonius von seiner Zeche auf und ging zu Heinze Kerchener, der immer noch schlief. Er weckte ihn aus seinem Schlaf und stach ihn unverwarnter Weise ungewortelt *(ohne bösen Wortwechsel)* und ohne Schuld mit einem Messer durch den Hals, so daß er von Stund an niederfiel und kein Ach, noch Wehe sprechen konnte. Das sahen viele fromme Leute und etliche Nachbarn. Die andern aber und seines Bruders Sohn, der ebenfalls dabei war, folgten dem Täter nach, ließen ihn bestätigen *(als Täter)* und klagten ihn vor Gericht in die Acht, wie das Recht des Halsgerichts es vorsah, nämlich mit Zetergeschrei, mit gewappneter Hand und mit gerecktem Schwerte.

Claus Antonius wurde in Gegenwart des toten Leichnams zum dritten Gericht vorgebracht, wo man sich das Zetergeschrei und die Aufforderung *(Vorladung des Schuldners)* anhörte. Antonius war nicht so ehrsam, weder gegen das Gericht noch gegen seine Freunde, daß er um Gnade bat. Also wurde er dem ältesten Schwertmagen *(Verwandten)*, Hans Kerchener, zugeteilt, der ihn richtete. Dieser hat ihm an demselben Tag, an dem die Tat geschah, beim Gericht sein Haupt abgehauen. Die Ältesten berichten, daß solches bei Strohwischen *(im Strohfackelschein)* geschehen sein soll und das ist glaublich, denn die Tat ist zu Mittag geschehen und der Täter in continenti *(unmittelbar darauf)* ergriffen. Flugs wurden nacheinander drei peinliche Halsgerichte über ihn gehalten, wo er vom dritten zum Schwert verurteilt wurde.

Weiter erzählen die Ältesten, daß der Landesfürst, Herzog Wilhelm der Tapfere *(1445–1482)*, der damals auf Roßla Hof hielt, dem Rat schrieb und um Erledigung *(Freigabe)* des Gefangenen bat, aber man hat Seiner Fürstlichen Gnaden geantwortet, er sei bereits tot. Hierüber wurde der Herzog zornig, und er fragte den Rat, wie es komme, daß er in dieser Sache so einen geschwinden Prozeß gemacht hätte. Darauf wurde geantwortet, daß der Rat zu Buttstädt vom Landgrafen Friedrich mit solcher Gerechtigkeit *(Ausübung des Blutgerichts)* begnadigt und laut desselben Confirmatio *(Bestätigung)* bevollmächtigt worden sei. Als nun der Landesfürst solches las, sagte er: »Ihr Herrn von Buttstädt, zieht hin mit euerm Bericht, Gott behüte mich vor euerm Gericht.« *(Teuscher, S. 78ff.)*

Der Feuerteufel von Erfurt

Das Jahr 1472 war für die gute Stadt Erfurt ein sehr unglückseliges Jahr. Ein Zisterziensermönch namens Dietrich Bercker war aus dem Kloster Pforta bei Naumburg ausgetreten. Dieser lief im Lande herum und wurde sich mit den alten Feinden der Stadt um ein Stück Geldes einig, Erfurt mit Feuer anzustecken. Der Mönch nahm noch acht leichtfertige Gesellen zu sich. Sie legten den 19. Juni zu Mittag nach dem Essen Feuer an. Da nun solcher Jammer ergangen war, wurde dem Rat verkündigt, ein Mönch habe die Stadt angesteckt, wäre aber davon. Er wurde zwar gesucht, aber nicht gefunden. Man schickte ihm aber Häscher und Bewaffnete nach.

In Sachsen wurde er ertappt und nach Erfurt gebracht, wo ihn die Bürger, wenn die Wache ihnen nicht gewehrt, zu Tode geworfen hätten. Man durfte ihn aber, weil er ein Geistlicher war, nicht sofort hinrichten, sondern es wurde aus Mainz dem Bischof von Halberstadt aufgetragen, daß er ihn solenniter *(feierlich)* degradieren und die Priesterweihe entziehen und abnehmen sollte.

Auf dem Fischmarkt wurde ein Theatrum, ein Schafott, aufgerichtet, auf welches der Mönch in seiner Kappe geführt wurde. In der Hand hielt er einen Kelch mit der Paten *(Hostienteller)*, als wenn er Messe lesen wollte. Der erfurtische Weihbischof nebst den andern nahmen ihm dieses ab, schabten ihm die Haut von dem äußersten Teil der Finger, womit dieser das heilige Sakrament gehalten hatte, nahmen auch die priesterliche Krone, die Kappe, ab, und verboten ihm weiterhin zu konsekrieren *(zu weihen)*. Darauf, als sie ihm auch noch vorher die Kutte ausgezogen hatten, übergaben sie ihn dem kurfürstlichen Gericht.

Das Gericht sprach das Urteil über ihn und übergab den Mönch dem Scharfrichter. Der band ihn und schnürte diesen Missetäter an eine Säule. 21 Mal riß er ihn mit glühenden Zangen ins Fleisch, so daß man in den Leib sehen konnte. Als der Scharfrichter den Bösewicht fragte, ob es ihm nicht erbarme, daß er die Stiftskirchen und andere Gotteshäuser so jämmerlich verdorben und in Asche gelegt habe, da antwortete ihm der

Bösewicht: »Nein, sondern es jammert mich, daß das Peterskloster nicht auch mit abgebrannt ist. Wäre dies geschehen, könnte ich desto lieber sterben.« Hierauf wurde er vor die Stadt geführt, halb lebend auf den Scheiterhaufen nebst noch seinen sechs andern Mitgehilfen (zwei waren entronnen) geworfen und lebendig verbrannt. *(Falckenstein, S. 337ff.)*

Geblendet

Im Jahre 1493 wurden Andreas Specken die Augen ausgestochen, weil er verfängliche Reden von sich hören ließ, denn er hatte gesagt, man sollte den von Schmalkalden nach Leipzig ziehenden Kaufleuten auflauern und sie erschlagen. *(Geisthirt, 5. Buch, S. 5)*

Das Ausstechen der Augen (eine Form des Blendens) war die schwerste Verstümmelungsstrafe und wurde oft anstelle der Todesstrafe vollzogen. Ursprünglich nur bei Friedensbruch angewandt, galt sie später als Strafe für Verbrechen verschiedenster Art, z. B. Bedrohung an Leib und Gut.

Der Vatermörder von Witterda

Am Tag Unserer Lieben Frauen Anno 1497, einem 8. September, kam es in dem Dorf Witterda bei Tiefthal zu einem scheußlichen Mord. In des Morgens Frühe, als man zur Messe läutete, stand eines Mannes Frau auf und ging in die Kirche. Der Mann aber schlief weiter. Dieser hatte einen Sohn, der ebenfalls auf des Vaters Hof lebte. Als der Sohn hörte, daß die Mutter zur Messe ging, stand er auf und begab sich zu seinem Vater. Ob er das nun Folgende, Schmähliche, bereits im Schilde führte, muß dahingestellt bleiben, kann aber aller Wahrscheinlichkeit nach angenommen werden. Unterwegs stieß er in der Dunkelheit mit dem Fuß gegen eine Heige oder Hacke. Diese Hacke nahm er mit sich.

Wie er nun seinen Vater schlafend fand, schlug er ihm mit dieser mehrmals eins über, bis er ihn umgebracht hatte. Dann nahm er den toten Körper seines Vaters aus dem Bett und warf ihn die Treppe herunter, so daß man glauben sollte, er wäre von selbst dort heruntergefallen.

Als die Mutter nach Hause kam, war der Jammer und die Not groß. Gern hätte sie den Toten in den Keller gebracht, aber es gelang ihr nicht. Inzwischen waren auch schon die Nachbarn zusammengelaufen, und als

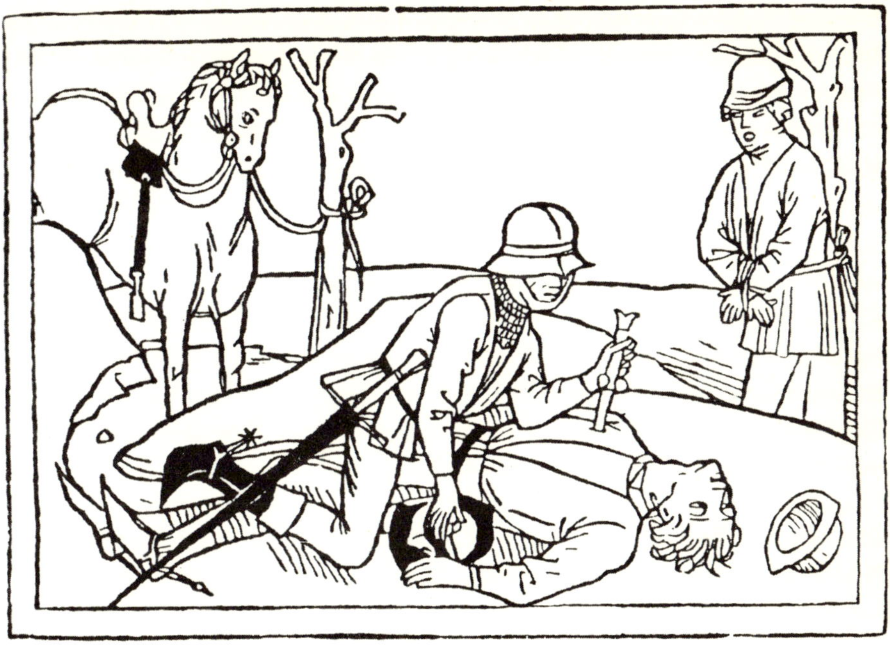

Ermordung eines Reisenden, Holzschnitt von 1475.

sie den Sohn erblickten, sahen sie an seinen Händen und Schuhen Blut. Der Sohn hatte unmittelbar nach der Tat die Kleider gewechselt, um die Tat zu vertuschen, aber das nützte ihm nichts. Schon murmelten die ersten, daß sie etliche Male von ihm gehört hatten, daß er seinen Vater erschlagen wolle, um selber Herr über das Gut zu werden. Der Sohn jedoch bestritt solches.

Da kam der Vogt des Erzbischofs von Mainz, Witterda war ja mainzisch, und verhörte ihn. Darauf erschrak der Sohn und wurde leichenblaß. Der Vogt, mißtrauisch geworden, ließ ihn greifen und im Gefängnis zu Erfurt einsperren. Dort wurde er nochmals verhört, bis er die Tat gestand: Der Vater wäre ihm hart gewesen, die Mutter aber weich und so hätte er, um des guten Willens wegen, den Vater erschlagen.

An einem Donnerstag nach Sanct Severi *(Donnerstag, nach dem 22. September)* führte man den Übeltäter von Erfurt nach Witterda vor den Hof seines Vaters, wo er zum Tode verurteilt wurde. Der Henker brachte ihn vor das Dorf und band ihn an einen Pfahl, den er dort in die Erde gesetzt hatte. Dann warf er zwei große Säcke Kohlen in eine Grube, steckte seine Zangen hinein, und wartete, bis das Feuer, welches er entfachte, sie zum Glühen gebracht hatte. Nun zog der Henker dem Sohn die Kleider aus und begann mit den glühenden Zangen seine Füße, die Waden, die Arschbacken, die Arme, die Seiten und seinen Rücken aufzurupfen.

Der Sohn war während dieser Tortur ganz geduldig und sprach, er hätte es wohl verdient und wolle es gern erleiden, auch wolle er als ein recht frommer Christenmensch sterben. Dann nahm ihn der Henker vom Pfahl und band ihn mit dem Rücken auf einen großen, rohgezimmerten Tisch. Nun schnitt er ihm das Gemächt ab und warf es in eine Grube. Dann schnitt er ihm den Bauch auf, so daß das Gedärm alles miteinander herausfiel. Auch das warf er zu dem Gemächt in die Grube. Jetzt hieb er ihm mit einer Barte, einem Beil, den Kopf ab und nagelte ihn auf den Pfahl. Zum Schluß hackte er den leblosen Körper in vier Teile. An vier Orten des Dorfes wurden diese Teile auf dafür hergerichtete Pfähle genagelt. So kam der Vatermörder von Witterda zu Tode. *Konrad Stolle, dem wir die Überlieferung des Mordes und der Tortur verdanken, schließt mit den Worten:* Gott behüte alle Frommen vor einem solchen schmählichen Tode! *(Stolle, S. 522ff.)*

Raubmörders späte Reue

In Erfurt unterhalb der Domstufen saß vor fast 90 Jahren, also etwa im Jahr 1510, ein feiner Wundarzt und Barbier. Dieser hatte unter den Dompfaffen einen guten Ruf, viel Kundschaft und Zugang. Ein Domherr kam zu diesem Barbier und sprach: »Gevatter Hans, eilet und zaget nicht. Ich habe 300 Gulden des Domkapitels bei mir, und die muß ich schnell fortschaffen.« Er legte mit diesen Worten den Beutel auf den Tisch und setzte sich auf den Stuhl. Der Barbier aber empfing das Mordgift von dem Beutel und rüstete sich, als wollte er dem guten Herrn den stumpen Bart einnetzen. Dann gab er ihm das Becken mit Wasser in die Hand und schnitt ihm mit einem Schermesser die Gurgel ab. Nun ließ er ihn verbluten und verscharrte ihn in seinem Haus.

Da lag er sechzehn Jahre unter einem Holzhaufen und niemand wußte, wo der Mann hingekommen oder ob er gestorben war. Nach sechzehn Jahren kam es vor des Barbiers Hause zu einem Menschenauflauf, wobei ein Bürger verwundet wurde. Der Barbier trat mit seiner Hellebarde auf die Straße, um Frieden aufzunehmen. Wie er aber den Verwundeten ansah und die Stadtknechte vernahm, warf er die Hellebarde ab und sprach zu den Häschern: »Ach, wehe mir Armen! Nehmt mich hin und tut mit mir, wie ich verdiene. Ich habe vor sechzehn Jahren meinen lieben Gevatter

Herrn N. auf meinem Waschstuhl ermordet und ihm 300 Gulden genommen. Dort in meinem Hause werdet ihr seine Gebeine begraben finden. Ach, wie übel habe ich getan und so schelmisch gehandelt.« Also wurde dieser Mord von Gott im Himmel offenbart und nach dem Worte des Herrn mit dem Schwert vergolten und gerichtet. *(Buetner, S. 158 Rückseite)*

Der Kindermörder

Anno 1517, auf den Mittwoch vor Valentin, richtete man einen, der hat einen Knaben lebendig begraben. Und da man ihn fragte, warum er ihn ermordet habe, sprach er, er hätte mit der jungen Mutter zugehalten, und sich besorgt, der Knabe würde es verraten, denn dieser hätte es gewußt. Darum hat er ihn ermordet. Also schlug man ihm den Kopf ab. *(Chronica und Alte Geschichte die von Erffurdt belangendt, von Anno 438 bis auff das 1586. Jahr, fol. 183)*

Lebendig begraben

Im Jahre 1524 geschahen zwei Exekutionen in Schmalkalden. Auf dem Montag nach Allerheiligen *(Montag nach Allerheiligentag, den 1. November)* wurden Augustin Hillebrand und Caspar Erben, welche Johann Wislers und Jacob Müntzmeisters Häuser bestohlen hatten, daneben Heintz Hirt, welcher das Vieh vorm Stillertor gehütet und solches veruntreut und gegessen, mit dem Schwert gerichtet und auf dem sogenannten Gehilfen-Kirchhof alle drei begraben.

Auf Mariae Opferung *(Maria Himmelfahrt, 23. September)* wurde Elsa Schultesin gefänglich eingezogen, weil sie mit Clauss Blumentrost in Unehren ein Kind gezeugt und es in einen Brunnen geworfen hatte. Sie entfloh zwar aus dem Gefängnis und kam zu ihren Eltern nach Jüchsen, wurde aber eingezogen, nach Themar geführt und nach 65tägiger Gefangenschaft lebendig begraben. Es kostete Schmalkalden 52 Gulden. Sie bekannte, ihr Herr hätte ihr den Mord aufgetragen. Der negierte aber auf der Tortur und entwischte aus der Klause *(Zelle)*. *(Geisthirt, 5. Buch, S. 8)*

(K)ein Raubüberfall

Ein gewisser Hans Wallich verlobte sich im Jahre 1535 mit der Tochter eines Kurt Fulda. Der Bruder der Braut, Andreas, war gegen diese Verbindung und gönnte dem Wallich seine Schwester nicht. Als nun der Bräutigam am 2. Dezember von Salzungen nach Schmalkalden reiste, um zum Hochzeitstag noch einiges Silbergeschmeide abzuholen, wurde er auf dem Rückweg am Stege hinter dem Hombenberg überfallen, niedergeworfen und kastriert. Alles, was er an Kostbarkeiten sonst bei sich hatte, wurde dem Armen gelassen. Die Vermummten ließen ihn gebunden gehen und entfernten sich. Dies geschah auf Andreas Fuldas Anstiften, welcher flüchtig wurde. Man zog ihn aber am 9. Februar 1536 gefänglich ein und legte ihn

Das Rädern. Aus Johann Stumpffs Schweizer Chronik, Holzschnitt von 1586.

an eine Kette. Wallichs Braut verheiratete sich den 11. September 1536 mit Kurt Meurer. Ihr früherer Verlobter verließ die Heimat wegen des ihm angetanen Schimpfs, und niemand hat wieder etwas von ihm gehört. *(Thür. Merckwürdigkeiten, S. 117)*

Zögerlicher Auftragsmord

Zu Hardisleben trug sich folgender Mord zu: Hier lebte ein einfältiger Mann, der sich mit Öl nährte und solches von einem Dorf zum andern trug und zum Kauf feilbot. Nun weiß ich nicht wie es kam, denn sein eigenes Weib, seine Schwiegermutter und sein Schwiegervater und noch ein Weib, die mit ihm befreundet war, wurden ihm alle abhold. Sie dungen einen Mörder, der ihn erwürgen sollte. Dafür wollten sie ihm einen Topf Butter und anderes zum Lohn geben. Der, der den Mordauftrag annahm, traf den armen Ölträger im Forst der Freiherren von Werthern an. Er fragte: »Ich will dich erwürgen, wie denkst du darüber und was sagst du dazu?« Der arme Mensch erschrak und bat, seiner zu verschonen.

Der Mörder ging davon und wollte ihn dieses Mal nicht umbringen, denn die Unschuld des armen Ölers ging ihm zu Herzen. Bald jedoch überdachte er es, kehrte wieder zurück, schlug den guten Ölmann zu Tode und verscharrte ihn unter einem Baum. Die Tat wurde bald rüchig und brach aus *(kam an den Tag)*. Die Mörder des Ölers wurden hart bestraft. Sein Weib, seine Schwieger und noch ein Weib wurden lebendig begraben. Den Mörder und den Schwieger richtete man mit dem Rad. *(Buetner, S. 157f.)*

Grausame Mordtat zu Rastenberg

Zu Rastenberg, nicht fern von Weimar, hat Georg Weyse, einer von Adel und ein wohl geübter Kriegsmann, seinen Sitz und Wohnung und als er den Kriegsfahnen nachzog, ließ er sein tugendsames und getreues Eheweib daheim. In ihres Junkers Abwesenheit führte sie fürsorglich die ganze Haushaltung und trug die Haussorge. Dabei spann sie viel Flachs und sandte das Garn zu dem Leineweber Andres Bauch, dieses zu verwirken. Als die Leinwand nun fertig war, sandte der Bürger dieselbe mit seinem Sohn zu der Frau und forderte seinen Lohn. Die Frau aber sprach: »Andres, du irrst in der Rechnung. Geh, rechne mit deinem Vater alles nach und komm dann wieder. Dir soll deine Arbeit verlohnt werden und ein Trinkgeld kommt auch dazu.« Andres ging zu seinem Vater und richtete ihm die Worte der Frau aus. Der Vater sprach: »Geh und laß dir geben, wie ich es gerechnet habe. Will sie dir so viel nicht geben, hau ihr das Beil in den Hals und rechne mit ihr ab.«

Er ging also hin und die Frau sprach wie zuvor. Da hieb sie der elende Schalk mit seinem henkerischen Beil in den Kopf hinein, auf daß die schwangere, edle Frau umfiel und im Augenblick starb. Er wollte nach der Tat die Ware mitnehmen und davonlaufen, aber das Gesinde und die Diener versperrten ihm den Weg, fingen ihn und führten ihn nach Weimar.

Bald nach dieser schrecklichen Mordtat kam Weyse aus Frankreich zurück, und da man Recht und Urteil eingeholt hatte, wurde der elende Mensch Andres Bauch gerechtfertigt und mit dem Rad von den Schenkeln zu den Armen, danach auf dem Rücken zerstoßen und unmenschlich gepeinigt. Wenn der Diebhenker einen Stoß tat, mußte er den Mörder ablösen und mit dem zerbrochenen Bein oder Arm herumschleifen und das ganze Bein oder Arm über die Marterkrippe rücken, wovon der Mörder unsäglich gequält wurde. Er schrie und rief, man solle ihm der großen Marter und Qual abhelfen und seinen Tod nicht so lange hinausziehen. Solches erbarmt und jammert den Edlen Georg Weyse und er befahl dem Landrichter, daß ihm der Hals abgestoßen und zerknirscht werde.

Er soll seinen Vater *(den Anstifter zur Tat)* heftig ausgeredet und entschuldigt haben, weshalb dieser aus dem Gefängnis loskam und am Leben blieb. Da man diesen Mörder vorführte, sank er vor dem Gericht auf dem Markt in der schweren Not nieder. Eine halbe Stunde trat ihm Schaum aus dem Maul. Danach kam er wieder allmählich zur Vernunft. Er ist während des Herumführens bis an die Fehmstadt fünf Mal umgefallen und man glaubte, er würde sterben. Darum löste ihm der Henker die Stränge um seinen Leib auf. Wenn er von der grausamen Plage aufstand und sich besann, fragte er: »Lieber Herr, wo bin ich gewesen? Und werde ich dort hinkommen, wohin ich soll?« Daraufhin fragte der Prediger: »Wo willst du hin, lieber Andres?« Er sprach: »Wißt ihr nicht, zu wem ihr mich gewiesen habt? Habt ihr das vergessen? Ich will es nimmermehr vergessen.«

Von diesen Worten weinten die Prediger und viele fromme Leute heiß und bitterlich, und es schickte sich der elende Mensch zum Sterben an, dergleichen ich *(Wolfgang Buetner)* nicht mehr gesehen habe. Er bat auch den Scharfrichter, so mit ihm zu verfahren, daß seine heimlichen Orte während der Hinrichtung nicht entblößt und aufgedeckt werden.

(Buetner, S. 157)

Der Sohn des Steuereinnehmers

Am 23. Juni 1586 wurde der Edelmann Jost von Wolkow, Rittmeister des Kurfürsten von Sachsen bei Osterwieck in einem Höltzlein von seinem eigenen Schreiber und seinem Kutscher in einem bezogenen Wagen jämmerlich gehauen und gestochen, so daß er alsbald tot blieb. Die Mörder nahmen sich viele Tausend Gulden, goldene Ketten, silberne Dolche, goldene Ringe und andere Kleinodien, die ihr Herr mit sich führte und flohen. Der Schreiber war des Schössers *(Steuereinnehmer)* Sohn von Rudolstadt. *(Chronica und Alte Geschichte die von Erffurdt belangendt, von Anno 438 bis auff das 1586. Jahr, fol. 313)*

Der Serienmörder zu Wanfried

Im Dezember 1596 hat man zu Wanfried an der Werra einen Mörder gefangen, mit Namen Barthel Lindeman von Netra und nach Eschwege geführt, welcher auf die peinliche Frage *(Folter)* bekannte, daß er 50 Mannspersonen und sechs schwangere Weiber, darunter auch sein eigenes Weib, scheuderlich ermordet hat, die Weiber lebendig aufgeschnitten und die Früchte herausgenommen. Welcher Mörder denn kurz zuvor im August samt einem seiner Mitgesellen, Valten Rosing genannt, welcher im Nachhinein zu Hersfeld gevierteilt wurde, bei uns zu Tüngeda, der Wirtin, welche hoch schwanger war, drohte, ihren Leib aufzuschneiden, daher sie auch in gefängliche Haft genommen, aber wieder losgelassen wurden. Dieser Mörder ist nach rechtem ergangenem Urteil mit Zangen gerissen und letztlich in vier Stücke zerhauen und vor Eschwege auf vier Straßen gehenkt worden. *(Binhard, 3. Buch, S. 208f.)*

Tödlicher Verdacht

In Erfurt hat sich ein wunderlicher Fall begeben und zugetragen: Zwei Mörder schlichen sich in einer etwas wohlhabenden Witfrauen *(Witwe)* Haus. Bei der war niemand, außer einer Magd, die das Vieh pflegte und der Witfrau die Stuben kehrte. Es nahmen sich die Bösewichter aber vor, eine reiche Geldbeute zu bekommen. Darum mußten sie das alte Weib und die Magd ermorden. Sie wußten allerdings nicht, wie sie ohne Brechen und Rumpeln solches beenden und zu Werke bringen sollten. Sie gingen in den

Stall zum Vieh, gnippten und zwickten mit ihrem Brechzeug eine Ziege, die in der Nacht düsterlich blökte und schrie. Die Frau hörte dies, rief die Magd aus dem Schlaf und wies sie an, in den Stall zu laufen. Siehe da, wie sie nun hineintrat, erwürgten sie die Schelmen jämmerlich, und weil die Magd nicht wieder in die Kammer kam, steht auch die Frau auf und geht, um zu sehen, wie es um die Ziege und die Magd steht. Da wischen die Mörder aus ihrem dunkeln Versteck hervor und ermorden sie auch im Hui und plötzlich.

Danach nehmen und tragen sie alles aus dem Hause, was sie finden und fangen ein fröhliches Wesen an, weil sie eine fröhliche Tat begangen haben. Als nun das unschuldige Blut vergossen war, bleibt das Haus des Tages verschlossen. Das angebundene Vieh brüllt. Ein Hündlein heult und winselt. Man öffnet das Haus und geht hinein. Da findet man die Frau neben der Magd, jämmerlich ermordet, und niemand konnte wissen, wer solche Tat begangen hatte.

Nun war aber ein Kirchner in der Stadt. Dieser pflegte fast täglich bei der Frau aus- und einzugehen. Bald murmelt der gemeine Mann und nimmt ihn in Verdacht. Bald darauf wird er gefangengenommen, mit grimmiger Marter angegriffen, gestreckt, gereckt und gepeinigt, so daß er schließlich auch bekannte, er hätte den Mord getan und sagte: »Ich habe mit einem braunen Messer die Kästen erbrochen und danach dasselbige ins heimliche Gemach *(Abortgrube)* geworfen.«

Der Untreue des Kirchners, dem von der Witfrau viel Gutes widerfahren war, konnte sich niemand genug verwundern. Er wird endlich zum Tode verurteilt und aufs Rad gestoßen, und wie man ihn richtete, standen die rechtschuldigen Täter dabei und sahen zu. Aber nicht lange nach dem Tod dieses unschuldigen Menschen kamen die zwei Mörder wegen anderer Verbrechen und sonderlich eines angeregten Haders halber zum Gefängnis. Hier bekennen sie unter anderem endlich ohne Frage und Peinigung: »Wir haben um jene Zeit und auf diese Weise die Witfrau und die Magd ermordet. Dem Kirchner ist vor Gott und aller Welt Unrecht und Gewalt geschehen.« Sie sagten auch, wie sie dabei gestanden hätten und sahen, wie er hingerichtet wurde. Diese Mörder hat man, wie sie verdient, billig, hart und scharf gestraft. *(Buetner, S. 184)*

Die unbarmherzige Rabenmutter

Es hat sich neuerlicher Zeit kein schrecklicheres Exempel begeben, als dasjenige, welches sich im Jahre 1665 zu Schmalkalden in Franken mit Valtin Clemen, eines Stahlschmieds hinterlassene Witwe, zugetragen hat. Dieselbe hatte sich acht Jahre lang auf der Gasse zwar auf das allerehrbarste anstellen können, zu Hause aber stets die schändlichste Hurerei getrieben. In solcher hat sie fünf Kinder gezeugt, aber dieselbigen (o schreckliche Grausamkeit) alle umgebracht, und obgleich sie keines außerhalb des Hauses verscharrte, sondern entweder unter dem Bettstroh (darauf sie schlief) oder in Kästen und Kisten verwahrt, kam es doch wunderlich an den Tag. Deswegen wurde sie gesäckt *(in einem Sack ersäuft)*, unter dem Galgen beim Siechenhaus begraben und ihr ein eichener Pfahl durchs Herz getrieben. Das Urteil wollte zwar auch haben, daß sie zuvor mit glühenden Zangen gezwickt wurde, jedoch ist solches aus Gnaden erlassen worden. *(Ernst V, S. 519f.)*

Hinterhältige Intrige einer bösen Stiefmutter

Am Wasser, die Unstrut genannt, nicht weit herab vom Stader *(Ufer)*, trug ein Weib zu ihrer Stieftochter heimlichen und giftigen Neid. Um ihrem Mann die Jungfrau abhold zu machen und die Gunst von ihr zu nehmen, überredete die Stiefmutter einen jungen Gesellen, bot ihm ihre Hilfe und Rat an, wie er sich mit der Stieftochter vermischen und sie verunehren könne. Der gute Gesell versuchte sein Heil. Die Stiefmutter in ihrer Schalkheit brachte den Knecht und die Magd zusammen in ihre Kammer. Doch hatte die verräterische Stiefmutter, auf daß in der Kammer der Kasten nicht umfiel und die Jungfrau nicht geschändet, sondern nur vom Vater verbläut würde, den Vater bestellt, der auch kam.

Die Frau rief: »Sehet, lieber Mann, eure fromme Tochter. Ich hab es euch oft gesagt, aber eure Tochter war fromm und hatte nie kein Wasser getrübt.« Der gute Gesell sprach: »Nu, schände dich, potz Marter! Du verzweifelte Hure hast uns beide fälschlich verraten« und stach ihr damit sein Brotmesser in den Hals. Weil sie davon jedoch nicht starb, sondern wieder verheilte, bekannte sie und sprach: »Es ist ja dies alles mein Anliegen und Betreiben gewesen, aber es soll nicht mehr geschehen.« Nachdem der gute Gesell geflohen war, erfuhr er, daß die Verräterin genesen war. Er ging zu dem Vater der Magd und sprach: »Ich habe nicht recht getan, als mich euer Weib zu eurer Tochter in die Kammer brachte und ich euer Weib verwundete. Weil aber euer Weib wieder gesund ist und lebt und eure Tochter von Ehren fromm ist, so bitte ich euch, gebt sie mir zur Frau.« Der Vater ließ es geschehen und man sagt, daß diese zwei Menschen miteinander über 70 Jahre in der Ehe lebten, auch am Bau der Stadt Gotha oder dem gothaischen Bau etliche Jahre miteinander hart und täglich arbeiteten. *(Buetner, S. 123 Rückseite)*

Stiefmutter ist eine böse Rut,
Tut rechten Kindern selten gut.
Doch willst du sein ihr liebes Kind,
Mit Geduld ihre Untreu überwind.
Wer eine Stiefmutter daheim hat,
Der findet selten kindlich Gnad.
Denn will der Vater gut Tage han,
Muß er sein Kind auch werden gram.
(Hondorf, 2. Teil, S. 113)

Kindermord in Ostramondra

In diese Abteilung gehört zuvorderst folgende schreckliche Mordtat, welche ein Paar Eheleute an ihrem eigenen Kinde verübten. Es ist nämlich Maria Elisabetha Hohndorffin, eines Jägers hinterlassene Witwe, zu Ostramondra, unweit Kölleda in Thüringen mit dem Leineweber Gottlieb Bernd daselbst in Unehren bekannt und geschwängert worden, und hat sich, als sie die Schwangerschaft bemerkte, um Lichtmeß *(2. Februar)* 1730 mit Bernd öffentlich kopulieren *(verheiraten)* lassen. Weil aber die Gerichte aus Ostramondra Nachricht bekamen von der Berndin Schwangersein, ihrer geschwinden, bedenklichen Krankheit sowie ihrem ambitieusen Temperament, so haben sie beide Eheleute einziehen lassen, welche in Güte bekannten, daß ihnen am 11. Juni 1730 früh um zwei Uhr ein Mägdlein zur Welt geboren wurde.

Der Mann, auf der Frauen ungestümes Zureden, und daß sie sich widrigenfalls das Leben selbst nehmen wollte, erstickte das Kind mit dem Deckbette. Die Frau aber, daß es desto gewisser sterben müßte, legte ihr Bein auf das Kind. Sie haben zwar Rattenpulver gekauft, um sich damit, wenn die Tat herauskäme, hinzurichten, wurden aber daran gehindert.

Beide wurden am 8. September 1730 durch die Säckung, wozu noch bei jedem ein Hund, ein Hahn, eine Katze und eine Schlange mit in den Sack getan, vom Leben zum Tode gebracht. Sie gingen beide wohlbereitet zum Tode: Er im 23. Jahre seines Alters, vom Weibe verführt, indem er, außer dieser Tat, sich eines frommen Wandels beflissen. Sie hingegen im 33. Jahre mit Hinterlassung zweier Kinder vom ersten Manne. *(Heller, S. 682f.)*

Raubmord zu Kölleda

Hierher gehört folgendes, durch eine böse Geldlust erwecktes Delictum, und die darauf vollzogene Exekution: Juditha Wozuin, Witwe eines kursächsischen Soldaten, hatte zu Cölln an der Lossa *(Kölleda)* ihrer die Tochter ihrer Schwester, Annen Catharinen, und deren Mann, Jeremias Aßingen, mietweise im Hause. Sie ließ nun ihr aus dem Kriege mitgebrachtes Soldatengeld, 200 Taler an Wert, welches sie teils im Zopfe, teils am Leib in einer Geldkatze bei sich trug, der Aßingen sehen. Diese erzählt solches abends im Bett ihrem Mann und spricht dazu: »Ei, wenn wir doch der Wozuin Geld hätten!« Jeremias Aßingen hat den gleichen Wunsch. Hierauf werden sie beide schlüssig: »Wir wollen sie dämpfen *(ersticken)*.« Abends, den 28. November 1727, nehmen sie sich den Mord vor, welchen aber Gott der Herr, nach seiner warnenden Barmherzigkeit, damals abwandte, indem die in ihrer Stuben schlafende Wozuin erwachte.

Der Streit *(Zweifel)*, ob er den Mord doch noch ausführen sollte, war in dem Manne groß. Er wollte sich, um diese Gedanken loszuwerden, den 3. Dezember aufs Land begeben. Allein die Frau machte ihm das Geld groß und den Mord klein und leicht. Also nahm sie ihr erstes Kind, vier Wochen alt, und ging zu ihren Freunden, solche mit Plaudereien so lange aufzuhalten, bis der Mann den Mord vollbracht hatte. Inzwischen fängt er mit der Wozuin einen Zank an und nimmt ihr mit drei Schlägen eines starken Prügels das Leben.

Die Frau kommt nach Hause und vernimmt mit Vergnügen, als der Mann spricht: »Sie ist hin. Droben liegt sie.« Aus Dankbarkeit verspricht sie, das Leben mit ihm zu verbringen und erteilt ihm den Rat, er solle sie aufhenken. Als dies geschehen war, geht der Mörder nach Dermsdorf zu seiner Schwester, wirft das geraubte Geld auf den Tisch, nimmt etwas Weniges und läuft mit einem bösen Gewissen davon auf Erfurt zu. Inzwischen schreit die Aßingin zu Hause aus: Die Wozuin habe sich erhenkt!

Bei der gerichtlichen Besichtigung aber finden sich die gewaltsamen Schläge, weshalb die Aßingin festgesetzt und nach ihrem Mann gefragt wird, welchen das nagende Gewissen selbst herbeitrieb, so, daß er schon in darauffolgender Nacht arretiert werden konnte.

Die Tat konnte nicht geleugnet werden. Ihm wurde die Schleifung und das Rad, ihr auch die Schleifung und das Schwert, und daß die toten Körper aufs Rad gelegt werden sollten, zuerkannt. Den 18. Juni 1728 geschah die Exekution, wozu sich der Mann wohl bereitete, dahingegen das Weib sich nicht so wohl fand, jedoch endlich auch willig zum Tode ging. Nun mußte sie ihr Versprechen erfüllen: Ich will mein Leben bei ihm lassen. Der Satan hat also zuerst das Weib, das Weib aber den Mann verführt, so daß er im 29., sie aber im 28. Jahre ihres Alters einen solchen bitteren Gang zu gehen und schmählichen Tod auszustehen hatten. *(Heller, S. 542f.)*

Bei besonders schweren Fällen, wie in diesem, vollzog man die sogenannte Strafe des Räderns. Das Rädern war von der germanischen Frühzeit bis in das 18. Jahrhundert gebräuchlich. »Es galt als schimpflichste und ehrloseste Strafe und wurde nur bei Mord oder Majestätsverbrechen (Attentat auf den König) angewendet. Der Verbrecher wurde mit ausgestreckten Armen und Beinen auf den Boden gelegt, Hände und Füße an Pflöcken festgebunden und unter die Glieder und den Körper kamen Hölzer, so daß er völlig hohl lag. Der Scharfrichter zerstieß ihm dann mit einem

Der Mord an Juditha Wozuin auf einem zeitgenössischen Stich von 1728.

Rad sämtliche Glieder und das Rückgrat, wobei die Zahl der Stöße im Urteil vorgeschrieben war. Der Sterbende oder Tote wurde dann durch die Speichen des Rades geflochten, dabei kamen die Glieder einmal über und einmal unter die Speichen des Rades. Am Ende wurde das Rad auf einen Pfosten oder auf den Galgen gesteckt. Brach man beim Rädern zuerst die Knochen der Beine, dann die der Arme usw., trat der Tod sehr langsam ein, und häufig lebte der Verbrecher noch, wenn er auf das Rad geflochten wurde. Es galt daher als Gnadenerweis, den ersten Stoß des Rades gegen den Hals zu führen. Ebenfalls eine Strafmilderung war es, wenn der Verurteilte vor dem Rädern gehenkt oder enthauptet wurde oder den Herzstoß erhielt. Dies konnte aber auch eine Zusammenfassung mehrerer Strafen bei mehreren verschiedenartigen Verbrechen sein (Kumulation). Zu jeder Hinrichtung wurde ein neues Rad verwendet, welches neun oder zehn Speichen haben mußte. Verbunden mit der Todesstrafe des Räderns war auch häufig das Schleifen. Der Verurteilte wurde gefesselt auf eine Tierhaut oder ein Brett gelegt und von einem Pferd zur Richtstätte geschleift. Eine Strafverschärfung war es, wenn er unterwegs an bestimmten Plätzen mit glühenden Zangen in Brust, Arme oder Hüften gezwickt wurde.« (Justiz in alter Zeit, S. 330)

Häufig nannte man die Plätze, auf denen man die Geräderten aufstellte, Rabenstein, und es geschah nicht selten, daß die Verurteilten von diesen Vögeln zerfleischt und gefressen wurden.

Der Brandstifter von Sömmerda

Am 20. Januar 1751 wurde in Erfurt ein Mordbrenner hingerichtet. Er hieß Polze und war aus Sömmerda gebürtig. Er hatte dort zwei Mal Feuer gelegt, wodurch das erste Mal vier Häuser in die Asche gelegt wurden. Als er nun das Bubenstück noch einmal versuchen wollte, wurde er über der Tat ertappt. Im Verhör versicherte er, er habe eine unüberwindliche Neigung zum Mordbrennen und würde, falls er wieder freikäme, selbst sein eigenes Haus nicht verschonen. Er war Protestant, wurde aber im Gefängnis von den Jesuiten mit dem Versprechen, für ihn eine gelindere Strafe auszuhandeln, zum katholischen Glauben bekehrt. Allein, es blieb bei dem gesprochenen Urteil. Trotz aller Fürbitten der Jesuiten zeigte sich der wackere Statthalter von Warsberg unerschütterlich.

Auf dem Scheiterhaufen rief der Delinquent einige Male mit lauter Stimme: »Jesu, du Sohn Davids, erbarme dich meiner!«, wobei ihm die hellen Tränen aus den Augen stürzten. Der ihn begleitende Jesuit, der ihm, als er schon an den Pfahl angebunden und erdrosselt war, noch immer das Kruzifix vor die schon gebrochenen Augen hielt, wäre beinahe ein Opfer seines frommen Eifers geworden, weil der Scheiterhaufen plötzlich zu brennen anfing. Nur ein Salto mortale von beträchtlicher Höhe herab rettete ihn vor dem gräßlichen Flammentode. *(Beyer, S. 26f.)*

Vatermord in Breitenbach

Im Jahre 1755 wurde aus Großbreitenbach im Schwarzburgischen unter dem 14. Juni berichtet: Es ist allhier ein bemittelter Kaufmann namens Follrath, der eine Handlung an einem auswärtigen Ort hat, und ein schönes Haus allhier besitzt, auch hier wohnhaft ist, welcher vor einiger Zeit seinen Söhnen, um der Ruhe zu genießen, die Handlung übergeben hat, abhanden gekommen. Die Frau, etwa fünfzig Jahre alt, hat denselben jederzeit schlecht behandelt. Als er bereits fast neun Wochen weg ist, hat ihn ein Hirt im Wald gefunden. Denn als ein Stück Vieh eine Schelle verloren und er sie zu suchen herumging, findet er im Busch den Körper unterm Reisig und wohl sechs Zentner Steine darauf liegen.

Es ist aber alles Fleisch schon verzehrt gewesen, und man hat nichts erkennen können außer seinem grauen Haar, das Hemd und die Halskrause, worin der Name stand. Die Frau wird hierauf dazugeholt und in das Haus geschafft, wo man sie mit acht Mann bewacht. Dann werden zwei Mägde, die dort in Diensten stehen, abgehört. Die eine will unwissend sein, die andere aber sagt aus, sie hätte 20 Gulden und ein Bett bekommen, nichts davon zu sagen. Die Frau und zwei Söhne hätten ihn totgeschlagen, und sie hätte helfen müssen, ihn in den Keller zu bringen. Ein Schneider und Meister des Orts hat ihn, nachdem er vierzehn Tage im Keller lag, in den Wald getragen, welcher ebenfalls vierzehn Tage vor der Findung davonging und sein Weib mit Kind verließ. *(Merkwürdige Geschichten, S. 276)*

Hanß Eisenbeiß

Am 28. April, Montags nach Qvasimodogeniti, im Jahre 1606, als Hanß Eisenbeiß, ein wohlhabender Bauer zu Eliasbrunn (ungefähr eine dreiviertel Meile Weges von Lobenstein) neben seinem Knecht zu Felde war und ackerte, fing er sich um zehn Uhr gräßlich zu stellen an. Er nahm seine

Schrothacke zu sich und ging zu seinem schwangeren Weibe (die schon etliche Wochen über die Hälfte war und damals ein Bürdlein Gras auf dem Rücken trug). Er ermordete sie ganz teuflisch, indem er ihr den Kopf und das Genick entzweischlug, so daß das Hirn hervordrang. Fürs andere hat er seine Magd, welche eine Bürde Streu aus dem Holze holte, am Angesicht in den Kopf greulich und erschrecklich zerhauen und zerschlagen, daß sie fast keinem Menschen gleich sah. Zum dritten hat er sein Söhnlein von neun Jahren in seinem Garten, als es ein Bürdlein Gras auf dem Rücken trug und ein Stöcklein in der Hand hatte, gleicher Gestalt ermordet. Zum vierten hat er sein kleines Söhnlein, welches im Kühestall neben des Vaters Bette in der Wiegen lag, entleibt. Zum fünften hat er sein Töchterlein außerhalb der Stube und zum sechsten seinen ältesten Sohn von zehn Jahren, welcher in der Stube hinter dem Tisch saß und ein Schreibbüchlein sowie Feder und Tinte vor sich hatte, zum siebenten sein Söhnlein von fünf Jahren in der Stube bei der Siedel *(Bank)*, zum achten abermals sein Söhnlein, ungefähr sechs oder sieben Jahre alt, bei dem vordersten Fenster in der Stube jämmerlich ermordet.

Er zerschmetterte ihnen allen mit der Hacke das Genick und die Köpflein, daß das Hirn hindurch drang. Der Anblick war so greulich, daß man sich auf das höchste verwunderte, wie der Teufel über diesen Menschen, den jeder für einen frommen und gottesfürchtigen Mann gehalten hatte, so große Gewalt bekommen konnte. Danach ging er wieder auf sein Feld, wo der Knecht ackerte und arbeitete, wandte sein mörderisches, teuflisches Gesicht gegen den Knecht, in Meinung, denselben gleicher Gestalt umzubringen, der gleichwohl das Blut an dessen Hacke sah und sich mit der Geisel *(spitzer Stock)* von ihm entledigte. Bald darauf meldete er solches der Herrschaft zu Lobenstein, worauf dann der Stadt- und Landrichter etliches Volk zu sich nahm, auf Bericht des Knechtes in des Eisenbeißen eigenes Hölzlein streiften, und ihn, den Täter, mit blutiger Hacke darin antrafen und gefänglich gen Lobenstein führten.

Es ist denselben Abend, obwohl er von etlichen, warum er doch an seinem eigen Fleisch und Blut und treuen Dienstboten diese schreckliche Tat begangen, gefragt worden, kein einziges Wort von ihm zu bringen gewesen. Indem man nun diesen und den folgenden Tag die Sache an die hohe Obrigkeit des Ortes brachte, die darüber zu befinden hatte, wie es mit den Entleibten gehalten werden sollte, ist mittwochs darauf, den 30. April, der Erzmörder wiederum hinaus nach Eliasbrunn zu Weib, Kindern und Magd (welche in sieben Särgen lagen und er sie anrühren mußte) geführt worden. Aber es konnte ihm niemand ein Wort abgewinnen.

Danach nahm man die Begräbnisse der Ermordeten vor, an der Zahl neun Personen (das Kind im Mutterleibe mitgerechnet), und bestattete sie auf dem Kirchhof zu Eliasbrunn christlich und ehrlich zur Erde, hielt auch eine Leichenpredigt, in Gegenwart des Täters und etwa 250 geistlicher, adliger und weltlicher Personen, unter welchen auch Herr Johann Hoffmann, Kanzler, und der Stadtschreiber zu Gera, auch der Herr Oberforstmeister zu Saalburg waren. Da solches verrichtet war, wurde der Täter wieder in gefängliche Verhaftung gen Lobenstein geführt und endlich Freitag, den 23. Mai, als indessen die hohe Obrigkeit an gebührenden Orten sich rechtens befragt, folgender Gestalt justifiziert worden:

Erstlich ist am benannten Freitagfrüh um acht Uhr Eisenbeiß zu Lobenstein vor Gericht geführt und ihm seine Missetaten und das darauf gesprochene Urteil öffentlich vorgelesen worden. Danach hat man den Täter auf einen Wagen (darauf ein Kessel mit Kohlen, Feuer und eine Zange, desweiteren eine Kuhhaut und anderes Werkzeug lag) sitzend gebunden und aus der Stadt bis an das Dorf Eliasbrunn mit zwei Rossen geführt und vor dem Dorf auf die Kuhhaut, halb ausgezogen und mit ausgespannten Händen gelegt. Danach wurde er mit seinen zwei Ziehochsen durch das Dorf hinaus auf das Feld, wo er das schwangere Weib, die Magd und im Garten das neunjährige Söhnlein ermordete, geschleift und ihm am selben Ort vier Griffe mit glühenden Zangen gegeben. Dann wurde er wiederum an den Ort, wo sein Haus stand (welches bereits zum ewigen Gedächtnis niedergerissen worden war) geschleift, und weil er daselbst fünf Kinder umbrachte, fünf Mal mit glühenden Zangen gerissen.

Darauf ist er am selben Ort von der Haut genommen und durch den Henker bei dem Arme auf die daselbst aufgeschlagene Bühne (wo zuvor sein Tisch stand), die eigentliche Gerichtsstatt, geführt, dort ausgezogen, niedergelegt und ihm die zwei Hände abgehauen worden. Danach wurde er mit zwei Rädern auf den rechten Schenkel drei Mal und auf den linken zwei Mal gestoßen. Anschließend hat man ihn auf ein Kreuz, die Fleischbank genannt, gelegt und gebunden, ihm das Herz aus dem Leib geschnitten und drei Mal um das Maul geschlagen, wobei sich der Kopf noch regte, den man ihm alsbald abhaute. Dann wurden ihm die Eingeweide ausgenommen und der Leib in vier Teile geteilt. Der Kopf, die zwei Hände und die Hacke, womit er so viele Mordtaten begangen hatte, wurden auf eine Säule, wo er das Weib umbrachte, genagelt. Die vier Viertel des Leibes wurden auf die vier Wegscheiden auch an Säulen aufgehängt. Das Eingeweide hat man samt dem abgerissenen Haus draußen auf dem Gemeindeplatz verbrannt.

Als man ihn zur Wahlstatt *(Hinrichtungsstätte)* führte, hat er den ganzen

Weg, was ihm die Geistlichen zum Trost vorsagten, nachgesprochen und bei dem neunten Zangengriffe sich dieser Worte verlauten lassen: »Herr Jesus, erbarm dich meiner!«, so daß man für die Seeligkeit seiner Seele einige Hoffnung hatte. Damit aber diese greuliche, erschreckliche Tat bei den Nachkommen nicht vergessen würde, hat die Obrigkeit an dem Orte, da des Missetäters Haus stand, ein Monumentum oder Gedenkmal aufrichten lassen, daran, wie alles verlaufen war, zu finden ist. *(Zopf, 2. Teil , S. 67ff.)*

Menschenfleisch auf der Speisekarte

In einem thüringischen Dorf vier Meilen *(30 km)* von Jena entfernt, ermordete ein gottloser Erzbube vierzehn Menschen. Doch statt des Viehs setzte er das Fleisch der heimlicher Weise Ermordeten den bei ihm einkehrenden, fremden Gästen vor.

Diesem wurde zuerst bei seiner Exekution im Jahre 1702 die rechte Hand abgehauen. Darauf zwickte man ihn mit glühenden Zangen und riß ihm anschließend bei lebendigem Leibe das Herz heraus. Endlich wurde er gevierteilt und die Viertel auf die vier Heerstraßen an eiserne Ketten aufgehängt. *(Theatrum europaeum, S. 227)*

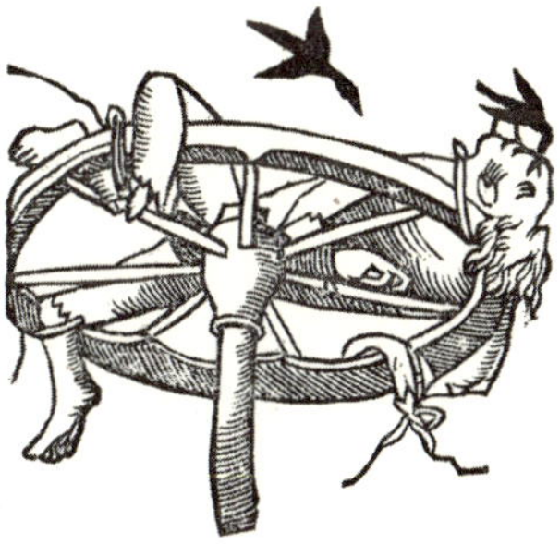

Folterkammern

KAPITEL

VOM HEXENWAHN

Auch in Thüringen gab es vor allem vom 16. bis zum 18. Jahrhundert Hexenverfolgungen und zahlreiche Hexenprozesse, die sich in Chroniken und Gerichtsakten ausführlich niederschlagen. Etwa 1.500 Fälle lassen sich nachweisen, die Dunkelziffer der angeklagten und verurteilten Hexen (meist Frauen, aber auch Männer) dürfte beträchtlich darüberliegen. Die meisten Hexenprozesse endeten mit einem Schuldspruch, Freisprüche waren die Ausnahme. Hexen und Hexer wurden stets auf dem Scheiterhaufen verbrannt.

Der Hirtsplatz

Auf diesem Hirtsberg oder Hirtenplatz, unweit dem Galgen *(Herrenhof bei Georgenthal)*, sind in der Zeit von 70 Jahren *(etwa ab 1640)* 48 Hexen verbrannt worden. Die Vielheit der sogenannten Hexenstangen oder Pfähle, woran die Hexen angebunden und verbrannt wurden, haben vor 30 Jahren von weitem noch fast einem Hopfenberg geglichen. Die Hexenstöcke waren groß, von eichenem Holz und ziemlich dicht aneinander gesetzt. Nun aber steht kein Pfahl mehr, sondern einige wenige liegen noch auf der Erde und verfaulen. Und hiermit will auch das Andenken, daß es wirklich Hexen und Zauberer gebe, gleichsam vermodern. Man will bei dieser Gelegenheit nur ein paar merkwürdige Umstände, welche man von solchen Zauberinnen in dem Archiv zu Georgenthal aus den Inquisitionsakten notiert, allhier mit beidrucken, welches der geneigte Leser nicht ungnädig aufzunehmen gebeten wird.

Einstmals gab es eine Zauberin, die sich in dem famosen 30jährigen Krieg wegen ihrer Geilheit von einem vermeintlichen Offizier hinter dem Dorf Hohenkirchen stuprieren *(entehren)* ließ. Später aber erfuhr sie, zu ihrem größten Schaden, von ihm selbst mit den allerschmeichlichsten Worten, daß er der Satan sei. Daraufhin ergab sie sich, wegen der zu befürchtenden Strafe, ihm vollends und meldete niemandem ihren schweren Fall. Diese Elende, mit dem Satan heimlich Verbundene, hat sich nach der Zeit mit einem Bauerskerl aus Hohenkirchen öffentlich kopulieren *(verheiraten)* und trauen lassen. In dieser Ehe hat sie unter anderem auch einen Sohn erzeugt, welcher sich mit der Zeit ebenfalls verheiratete und die Mutter nach dem Tod des Vaters zu sich nahm. Die Mutter wurde nun, nach Verlauf einiger Jahre, als eine wegen Zauberei verdächtige Person eingezogen.

Sie hat bei der Inquisition ausgesagt, daß sie alle Kinder, welche die Schnur *(Name ihrer Schwiegertochter)* ihrem Sohn gebären sollte, getötet habe, indem sie von ihrem Zauberpulver (welches aus der mit dem Satan ausgebrüteten und ausgewürgten Mißgeburt, welche von den Hexen ungefähr acht bis neun Wochen getragen, und ohne eine sonderbare Haut, gleich wie starke Gallerte, grau aussieht, gebrannt wird) der Schnur kurz vor der Geburt ihrer Kinder unvermerkt in einer sogenannten Stärksuppe beigebracht habe. Dieses Pulver habe bewirkt, daß alle diese Kinder vor Empfangung der Heiligen Taufe verstarben. Hierauf wäre sie, die Inquisitin, allemal wenn ein Kind begraben war, die folgende Nacht mit ihrem Bundesverwandten *(dem Teufel)* zum Grabe gegangen. Sie hätten miteinander das Körperlein ausgegraben, welches dann ihr Friedrich (so nannte sie den sauberen Gesellen) zu sich nahm. Man merkt hieraus des Satans List. *(Heller, S. 259ff.)*

Den Teufel im Herzen

Am 3. Mai 1597 ist Catharina Saurin von Siegelbach im Gefängnis allhier in Arnstadt auf dem Schlosse gestorben, nachdem sie vorher zum Prediger sagte: Sie wollte für ihren Buhlen, den Teufel und wegen ihres Unglaubens sterben. Das Vaterunser hat sie zwar ein Mal nachgebetet, doch bei weiterer Zurede geantwortet, sie wollte auf den Schindanger *(Platz zum Verscharren von gefallenen Tieren und Gerichteten)*. Sie wäre auf Bonifatius getauft, der Teufel säße in ihrem Herzen und der gebe ihr solche Reden ein. Die Saurin wünschte, daß der Schinder *(Henker)* käme und ihr das Herz aus dem Leibe schnitte, damit sie solcher Marter loswürde. Bald darauf ist sie mit Zittern und Beben hingefahren. Da hat sich dann eine große Ratte sehen lassen, welche mit dem Weib ins Gefängnis gekommen war. *(Olearius, Arnstadt, S. 315)*

Die Kerkerzellen in der Ruine Neideck, dem ehemaligen Arnstädter Stadtschloß, sind bis heute erhalten geblieben.

20 Jahre Hexerei

Am 27. September 1598 wurde eine Hexe aus Aue *(bei Schmalkalden)* verbrannt, dergleichen Exekution in hundert Jahren nicht geschehen. Ihr Name war Catharina Petronellin. Sie wurde beschuldigt, daß sie 20 Jahre die Hexerei getrieben, mit dem Teufel gebuhlt und dem Vieh die Milch gestohlen hätte. Unter anderm sagte sie auch aus: Sie wäre auf dem Hexentanz gewesen, da sich 80 sich versammelt hätten, von denen sie drei kannte: nämlich Elsa Fischern von Wernshausen, eine aus Allendorf bei Salzungen und Wasch Barba aus Klein Schmalkalden. Sie bekannte ferner: Sie hätte sechzehn Pferde gesterbet *(zu Tode gehext)*, wäre auf dem Bock *(Teufel in Gestalt eines Ziegenbockes)* von Erfurt geholt worden, hätte das Brot *(die Hostie)* im Heiligen Abendmahl aus dem Mund getan, in ein Brot gebacken und auf des Satans Geheiß ihrem unverständigen Sohn zu essen gegeben. So hatte sie auch das Sehen in die Kristalle praktiziert.

Sie wollte einst, nachdem sie captiert *(verhaftet)* wurde, aus dem Schloßturm echappieren *(flüchten)*, brach sich aber beim Herunterspringen das Bein und mußte also bleiben. Als man sie zum Scheiterhaufen führte, war sie ziemlich getrost, betete fleißig und bat Gott um Vergebung. *(Geisthirt, 5. Buch, S.26)*

Ein Hexenverhör

Im Herzogtum Sachsen-Gotha spielte sich im Jahre 1660 ein Hexenprozeß in geradezu barbarischer Weise ab. Man brachte die schon längere Zeit Verhaftete am 4. September, nachts zwei Uhr, in die Folterstube auf den Erfurter Turm, wo ihr 301 Fragen vorgelegt wurden, welche sie sämtlich verneinte. Um sieben Uhr morgens entkleidete sie der Scharfrichter, untersuchte ihren Körper, und nun begann das Foltern bis mittags zwei Uhr,

Hexenverbrennung in der Grafschaft Regenstein, Holzschnitt 16. Jahrhundert.

ohne daß sie gestand. Am selbigen Nachmittag wurde daher mit der Tortur fortgefahren, und obschon der Scharfrichter die Schrauben so fest zugezogen, daß er selbst eine Narbe in die Hand bekam, so fühlte sie doch nichts davon (!). Als sie darauf an die Leiter gestellt und an den ihr auf dem Rücken zusammengebundenen Händen aufgezogen wurde, schrie sie das eine über das andere Mal, sie sei eine unschuldige Frau, blökte auch dem Scharfrichter so in die Ohren, daß er vorgab, es werde ihm ganz schwindlig davon. Bald darauf aber stellte sie sich, als ob sie ohnmächtig würde, sagte solches auch, redete ganz schwächlich und schlief endlich ein. Als ihr aber der Scharfrichter nur an die Beinschrauben, die er ihr an das rechte Schienbein gelegt, rührte, konnte sie laut genug schreien.

Wie sie nun etliche Male so eingeschlafen, sagte der Scharfrichter, er habe dieses bei gar argen Hexen auch observiert *(beobachtet)*. Der böse Feind mache ihnen nur tiefen Schlaf, daß sie nichts fühlen sollten. Daraufhin wurde der Unglücklichen nochmals die Folter zuerkannt. Doch gelang es ihrem Verteidiger, sie durch rücksichtsloses Aufdecken des grausamen Verfahrens zu bewahren. Der Schöppenstuhl zu Jena sprach die Angeschuldigte los, erkannte jedoch aber »zur Vermeidung alles Ärgernisses« die »Amtsräumung« *(Ausweisung)* gegen sie, welche von der Regierung noch auf einige Ämter ausgedehnt und aller Eingaben ihres Mannes ungeachtet streng ausgeführt wurde. Und das geschah in einem Ländchen, das sich unter Ernst dem Frommen *(1640–75)* und Friedrich I. *(1675–91)* durch seine vorzüglichen Einrichtungen vor den meisten anderen deutschen

Ländchen auszeichnete, und das insofern als ein »Musterstaat« anderen dadurch voranleuchtete, daß darin nur wenig Hexen zum Tode verurteilt und schon seit 1680 gar nicht mehr auf Anwendung der Folter erkannt wurde. *(König, S. 393f.)*

Hexenbiß unterm Arnstädter Galgen

Am 10. Mai 1660 wurde ein neuer Galgen am Dornheimer Weg in Arnstadt errichtet und den 11. Mai Hans Joachim, von Königsberg aus Preußen gebürtig, daran gehenkt. Bei der Aufrichtung des Galgens hat sich etwas Schmerzliches zugetragen, indem Johann Caspar Keul, ein Knabe von elf Jahren, auch hinausgeht und plötzlich von einem tollen Hund gebissen wird, an welcher Wunde er den 29. Mai auch stirbt. Der Hund soll eine Hexe gewesen sein. *(Olearius, Arnstadt, S. 356)*

Der Hexenprozeß von Tambach

Im Jahre 1674 führte der Schultheiß von Tambach *(Tambach-Dietharz)* einen Hexenprozeß, der durch eine Besessene hervorgerufen worden war, welche die Angeklagte beschuldigt hatte, sie habe ihr in einem Stückchen Kuchen den Teufel beigebracht. Am Morgen des 30. Mai begann das Foltern. Nach dem ersten Grade erklärte die Unglückliche, sie wäre eine arme Sünderin, aber keine Hexe. Hierauf ist sie wieder auf die Leiter gestellt und sind die Riemen angezogen, ihr auch die Beinschrauben angelegt worden. Aber alles das hat nicht gefruchtet, bis nach zehn Uhr. Da hat sie den Kopf hängenlassen, die Augen sperrweit aufgemacht, dieselben verdreht, sich gebäumt, das Maul verdreht, geschäumt und so abscheulich ausgesehen, daß man sich nicht genug zu entsetzen und zu fürchten gehabt. Deshalb hat sie, wie sonst öfters wechselweise geschehen, der Nachrichter heruntergelassen, ihr zugerufen und gebetet: »Christe, du Lamm Gottes ...« und andere liebe Passionsgesänge: »O Lamm Gottes ...«, ihr auch Wein in den Mund gegeben und auf allerlei Weise gesucht, sie zum Geständnis zu bringen, aber alles vergebens, denn sie hat dagestanden wie ein Stock.

Gegen elf Uhr, da sie wieder zu sich gekommen war, ist nach treufleißiger Erinnerung wieder ein Versuch mit ihr gemacht worden. Sie hat aber, ehe der Nachrichter sie recht angegriffen, abermals die Augen verkehrt, das

Hexe reitet auf einem Wolf. Buchholzschnitt von Johann Zainer, Ulm 1490/91.

Maul gerümpft und sich so schrecklich gestellt, daß man augenscheinlich spüren und merken müßte, es gehe mit ihr mit rechten Dingen nicht zu, sondern Satanas habe sein Werk an ihr. Weil man denn nun bei dieser ihrer Verzückung nicht anders meinte, als Satanas habe ihr, weil der Kopf und alles geschlottert, den Hals gebrochen, oder was noch nicht geschehen, würde noch geschehen, da hat man sie aus der Stube an ihren Ort gebracht, in der Hoffnung, daß Gott auf andere Weise und Wege ihre Bekehrung suchen werde, und also ist sie ohne Geständnis fernerer Tortur entkommen.

Unter diesem Protokoll ist bemerkt: »Notitur. Als ungefähr eine Stunde nach der Tortur ich mit der anderen Inquisitin zu tun gehabt im Nebenstüblein, und man nicht anders gemeint, die Wiegandin *(so hieß die Frau)* täte kein Auge auf und läge gleichsam in Extase, hat sich auf einmal in ihrem Gefängnis ein groß Gepolter erregt. Da man nun zugelaufen, hat sich befunden, daß sie von ihrem Ort, allwo sie auch ausgestreckt gelegen, hinweg und außerhalb dem Türlein des Gatters, welches doch ziemlich niedrig und schmal, vorm Ofen auf einem Klumpen gelegen *(zusammengekrümmt)*. Von dort hat man sie dann mit vieler Mühe wieder an ihren Ort bringen müssen, und jedermann glaubte, es ginge mit rechten Dingen nicht zu, der Satan müsse sie hinausgerissen und ihr seinen Dank, daß sie sich so wohlgehalten, gegeben haben. Johann Benedikt Leo.« Dieser Herr J. Benedikt Leo muß ein recht schlauer Beamter gewesen sein!
(König, S.394f.)

Sachsen-Ursel

Im kleinen Amt Georgenthal, das damals kaum 4.000 Einwohner zählte, wurden im Jahre 1674 zwölf, zwischen 1652 und 1700 vierundsechzig und 1670–75 achtunddreißig Hexenprozesse geführt, weil sich der damalige Amtschösser *(Amtmann)* in seinen dummen Kopf gesetzt hatte, den ganzen Amtsbezirk vom Hexenwahne vollständig zu befreien. Dabei mußte denn die Folter das Beste tun. Die 80jährige »Sachsen-Ursel« wurde mit Daumenstöcken und spanischen Stiefeln *(Beinschrauben)* an der Leiter ein paar Stunden gefoltert, leugnete aber, eine Hexe zu sein. Man folterte also weiter: »Hat sie endlich gewehklagt und gesagt, der Nachrichter soll sie doch herunterlassen, dem wir aber widersprachen und begehrten, sie solle zuvor sagen, wann, wie und wo sie zur Hexerei gekommen. Sie: Man sollte sie heruntertun, sie wolle sterben als eine Hexe und sich verbrennen lassen. Wir: Ob sie denn eine Hexe sei? Sie: Nein, so wahr als sie dastände, wäre sie keine Hexe. Sie wüßte nichts und könnte nichts, man möchte mit ihr machen, was man wollte. Wir: Sie möchte sagen, was sie wollte, es wären so schwere Anzeigen wider sie da, welche machten, daß man ihr sogleich nicht glauben könnte. Diese begehrt nochmals, man möge sie herunterlassen, die Arme täten ihr wehe, man sollte ihr zu trinken geben. Wir: Wenn sie gleich zu bekannte, so sollte sie gleich heruntergelassen und ihr, was sie begehre, gegeben werden. Ob nicht wahr, daß sie eine Hexe sei? Diese: Sie müßte etwa vom Teufel heimlich sein verführt worden. Wir: Ob sie denn verführt worden, wann und wo? Sie: Ja, nu, nu, ich will mich erst besinnen. Er müßte im Kohlholz zu ihr gekommen sein, da sie vielleicht nicht gebetet oder sie sich Gott nicht befohlen haben würde. Wir: Wann es geschehen? Sie: Als ihr Mann noch gelebt, müßte er *(der Teufel)* etwa am Nesselberge zu ihr gekommen sein, als der Amtsverweser noch dagewesen, müßte er sie am Nesselberge mit Listen so bekommen und sie in Essen und Trinken verführt haben. Wir: Es gelte und heiße hier nicht: ›es müßte, es müßte pp.‹, sondern sie sollte pure *(klar)* antworten: entweder ja oder nein. Sie sollte sagen, ob sie nicht das Hexen gelernt, wo, wie und wann? – Nota: Weil man ihr gemerkt, daß sie auf gutem Wege sei, hat man sie von der Leiter gelassen, sie von allem ledig gemacht, sie auf einen Stuhl niedergesetzt und sie zum Geständnis beweglich und umständlich ermahnt. Sie: Sie wolle es sagen, ja, ja, sie sei eine Hexe.«

Die Unglückliche wurde verbrannt. Die Kosten der Speisung und Ergötzung der bei der Hinrichtung zugegen gewesenen Amtspersonen betrugen dreizehn Groschen und drei Pfennige. Von den dreizehn Gästen wurden nämlich 17,5 Maß *(Liter)* Wein und 26 Kannen Bier getrunken. (Sonach pflegten die Herren Amtspersonen, wie es im Volksmunde heißt, der armen Gerichteten »Fell zu versaufen«.) Zu der Exekution wurden drei Klafter Holz und zwei Schock Reisig verbraucht, welche mit Fuhrlohn acht Groschen kosteten. *(König, S. 395ff.)*

Das eingehexte Kalbshirn

Als eine Metzgerin zu Jena einem alten Weib einen begehrten Kalbskopf, für den die Alte aber fast nichts geben wollte, versagte, habe das Weib im Zurückgehen etwas zwischen den Zähnen gemurmelt. Kurz darauf empfand die Metzgerin entsetzliche Hauptschmerzen und weil die Ursache dieses Zustandes unbekannt war, so konnten ihr auch die geschicktesten Medici keine Hilfe oder Linderung verschaffen.

Hexe mit ihrem Teufelsbuhlen auf einem Pferd reitend.
Holzschnitt aus der Schedelschen Weltchronik 1493.

Zuweilen gab die Metzgerin durch das linke Ohr Hirn von sich, welches man anfangs von ihrem eigenen Hirn zu sein glaubte. Weil sie aber aus diesem Anlaß mutmaßte, das alte Weib habe ihr wegen des versagten Kalbskopfes diesen Zustand angezaubert, untersuchte man das Hirn genauer, welches aus dem Ohr gekommen war, und fand, daß es in der Tat Kalbshirn war. Man wurde in dieser Meinung noch bestärkt, da auch Beinlein *(kleine Knochenreste)* eines Kalbskopfes mit dem Hirn herauskamen. Und nachdem das Übel lange genug gedauert hatte, wurde die Metzgerin endlich wieder gesund. Dieses ereignete sich Anno 1685. *(Calmet, S. 89f.)*

Grabspruch für eine Hexe

Eine alte Zauberin, die reiten konnt und krabeln
Auf Bock und Besenstiel, Melkschemel und Mistgabel
Hin nach des Teufelstanz, fiel endlich aus der Luft,
Brach Hals und Bein entzwei und liegt in dieser Gruft.
(Stieffler, S. 502)

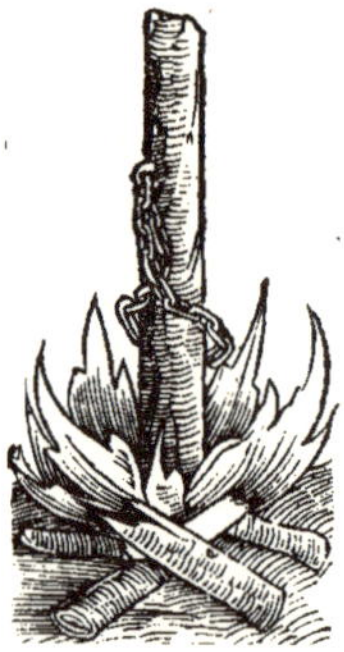

KAPITEL

WÖLFE UND VAMPIRE

Wölfe greifen an

Im Jahre 1400 haben sich unzählige Wölfe in Thüringen, sonderlich in dem Wangenheimischen Gebiete *(Tüngeda, Oesterbehringen, Behringen und Wolfsbehringen)* sehen lassen. Sie liefen in die Häuser und holten kleine Kinder vor den Augen der Eltern, die ihnen nicht wehren konnten, weg. Sie haben auch in einem Dorf Tüngeda ein Mädchen von fünfzehn Jahren niedergerissen und aufgefressen.

Um das Jahr 1565 herum trieben die wilden Bestien in den Wäldern auf dem Harz ihr Unwesen. Man fand etliche Stücke von zerrissenem Wild, aber auch zahmes Vieh schonten sie nicht. Wo sie konnten, gingen sie aus dem Holz in die Dörfer, den Bauern auf die Höfe und suchten, ob sie etwas erhaschen konnten. So soll ein Haufen von zehn Wölfen den Leuten vor ihren Augen zwei Schweine hinweggenommen, zerrissen und davongetragen haben. Auch wird vermeldet, daß sie wenige Jahre später wiederum in die Dörfer gingen und Kinder anfielen. *(Pfefferkorn, S. 373; Binhard, 2. Buch, S. 286; Spangenberg, S. 703)*

Den 6. April 1647 ist Andreas Witzel im Holz am Gieselsberg, wo er Reisig machte, von einem Wolf angefallen worden, dem er zwar etliche Hiebe mit der Axt gab, aber doch übel zugerichtet, kaum entlaufen konnte. Auf den Abend sind etliche Bürger in das Holz gegangen, haben den Wolf aufgesucht, gefunden und totgeschlagen und dem Forstmeister nach Seligenthal gebracht. Eben dieser Wolf hatte an solchem Tage, früh, zu

Winterstein, eine Magd angefallen und bei der Au Wallenburg eine Weibsperson, die auf der Wiese Gräben aufwurf, zerrissen und teils gefressen, welche den 7. April zu Trusetal begraben wurde. *(Geisthirt, 5. Buch, S. 61)*

Den 30. Juni 1648 ist von einem Wolf ein Hohleborner Weib zerrissen und gefressen worden. *(Geisthirt, 5. Buch, S. 63)*

Werwölfe

Bei Konrad Stolle findet sich die Wolfsgeschichte für das Jahr 1400 ebenfalls. Auffallenderweise weiß Stolle, daß man die Wölfe auch als Werwölfe (werwolffe) bezeichnete. In seiner Chronik (Memoriale) gibt er dieser Geschichte sogar die Überschrift »Von den werwolffen« (S. 479).

Im Jahre des Herrn 1400 verschlingen auf dem Gebiet der Herren von Wangenheim Wölfe, die man auch Werwölfe nannte, Kinder und zerfleischen einen Menschen von fünfzehn Jahren. Ja, sogar am hellichten Tage kamen sie in die Dörfer und holten die Kinder unter den Augen der Eltern aus den Eingängen der Häuser weg.

Das Wort Werwolf heißt übersetzt Mannwolf. Es ist die mythologische Bezeichnung für einen Menschen, der auch in Wolfsgestalt auftreten kann. Das Wort erscheint erst im 15. Jahrhundert häufiger. Der Glaube, daß Menschen Wolfsgestalt annehmen können, ist unter den indogermanischen Volksstämmen besonders bei den Griechen, Römern, Slawen und Germanen verbreitet gewesen und hat sich vereinzelt bis in die Neuzeit erhalten. Der Sage nach geschah die Verwandlung mit Hilfe eines Wolfshemdes bzw. eines Wolfsgürtels oder auch durch einen Zauberring. Der Werwolf fraß Kinder, überfiel des Nachts Wanderer oder brachte in dunklen Fluren Menschen um. Wurde das zeitweilig abgestreifte Wolfshemd verbrannt oder der Wolf verletzt, so nahm der Mensch wieder seine natürliche Gestalt an. Verwundbar war der Werwolf meist nur durch Erbsilber (ererbtes Silber). Gewöhnlich endet die Sage von einem Werwolf damit, daß man sich zu seiner Bejagung zusammenfindet und ihm schließlich so nahe auf den Pelz rückt, daß ihm eine Verletzung beigebracht werden kann. Man erkennt dann am nächsten Tage den nun wieder in menschlicher Gestalt erscheinenden Werwolf an einer Verwundung an

Ein Werwolf. Holzschnitt aus dem 16. Jahrhundert.

derselben Stelle. Daraufhin wird der Betreffende entweder von der Volkswut vernichtet oder dem weltlichen oder geistlichen Gericht übergeben.

Diese Werwolfvorstellungen sind in Zeit und Raum sehr verschieden. So werden bei den Slawen dem Werwolf Vampireigenschaften zugesprochen, während sich besonders in Deutschland der Werwolfglaube unter dem Einfluß des spätmittelalterlichen Hexenglaubens weiter verbreitete und mit diesem zurückging, zumal die Wölfe in West- und Mitteleuropa ausstarben. Dem alten Volksglauben nach können sich besonders Hexen und Zauberer in Werwölfe verwandeln.

Anna Henneberger, einer vermeintlichen Hexe aus dem Amt Georgenthal, warf man unter anderem auch vor, sie verwandele sich in einen Wolf. Letztendlich dürfte der Werwolfglaube auch auf der Lykanthropie, einer Geisteskrankheit, beruhen, die in dem von ihr Befallenen die Einbildung weckt, daß er ein Wolf sei und ihn entsprechend handeln läßt. Bereits 1516 setzt sich Geiler von Kaisersberg mit dem Werwolfphänomen auseinander. Für ihn sind Werwölfe »Kind- und Menschenfresser aus Hunger, Grimm, Alter, Versuchung, Erfahrung«. Er führt sieben verschiedene Ursachen an. Sechs seien gewöhnliche Wölfe oder Bären, die Menschen aus Hunger oder Tollwut anfallen. Als siebente Ursache nennt er den Teufel – es gebe Männer, die sich einbildeten, Wölfe/Werwölfe zu sein und dementsprechend Kinder töteten.

Ein toller Wolf

Im Herbst des Jahres 1557 lief zu Rotterode, Mittel- und Näherstille ein toller Wolf herum und lädierte elf Personen, von welchen etliche starben. Endlich wurde er bei Aspach mit einer Mistgabel erstochen. *(Geisthirt, 5. Buch, S. 16)*

Der zärtliche Wolf

Im Jahre 1555 ist im Sommer etliche Wochen ein Wolf um Erfurt umhergelaufen, der den Leuten im Felde, sonderlich Weibspersonen, nachfolgte, sie geherzt und gedrückt, aber unbeschädigt gelassen hat. Etliche sind darüber erschrocken gewesen, daß sie auf den Tod gelegen haben. Auch haben etliche gesehen, daß er den Rachen aufgesperrt, welcher von einer ungewöhnlichen Größe war. Solches alles ist von glaubwürdigen Leuten gesehen und ausgesagt worden. *(Binhard, 3. Buch, S. 145)*

Solch einen Wolf, der die Leute nicht anfiel, sondern offenbar mit ihnen spielen wollte, vermelden Chronisten für das Jahr 1681 auch aus Kranichfeld.

Vampire in Schmalkalden

Für das Jahr 1566 wird in der Historia Schmalcaldica von Johann Conrad Geisthirt über eine verheerende Pestepidemie berichtet. In diesem Zusammenhang erzählt der Chronist über einen der in Thüringen außerordentlich seltenen Fälle von Vampirismus (schmatzende Tote). In anderen Ländern

Europas waren solche oder ähnliche Fälle über die Jahrhunderte weit verbreitet.

Während diesem Sterben erscholl ein Gerücht, daß zu Schmalkalden etliche Leute im Grabe schmätzten oder um sich fressen sollten, daher würde das Sterben nicht eher aufhören, bis man solche Leute ausgegraben und ihnen den Hals mit einem Spaten abgestochen hätte. Obwohl nun der Schmalkaldische Superintendent, Magister Vischer, dawider eiferte und dieses Gerücht für Aberglauben und für ein teuflisches Gespenst hielt, so geschah es doch, daß man zu Brotterode dergleichen um sich Fressende ausgegraben und ihnen den Hals abgestochen, worauf das Sterben nachgelassen haben soll. *(Geisthirt, 5. Buch, S. 17f.)*

Vampir ist ein serbokroatisches Wort und bedeutet Blutsauger. Unter Vampirismus versteht man jene weit verbreitete Form des Aberglaubens, daß sich Menschen vor, aber auch nach dem Tode in Ungeheuer (Untote) verwandeln können und ihren Mitmenschen auf diese Weise Schaden zufügen. Die »schmatzenden Toten« verzehren das Fleisch und das Blut ihrer nächtlichen Opfer. Nachdem man ihnen die Köpfe abschlägt, endet das Sterben. In anderen deutschen Gegenden kannte man den Vampir als »Nachzehrer« (in der Mark), in Preußen ging die Rede von einem geheimnisvollen »Blutsauger« oder in Pommern vom schrecklichen »Gierfraß«. Dort war auch die Sage von den Wilis verbreitet, den verkörperten Seelen von vor der Hochzeit verstorbenen Bräuten, die junge Burschen zum Tanz verlocken, bis sie tot hinstürzen.

Wahrscheinlich hatte man die »schmatzenden Toten« nicht tief genug eingegraben, bei Pestepidemien nicht ungewöhnlich, so daß gewisse Vorgänge während der Verwesung dazu führten, ein »schmatzendes« Geräusch zu verursachen. Später, nach der Exhumierung und Enthauptung, grub man sie in ordentlicher Tiefe wieder ein, und das Geräusch war nicht mehr zu hören.

KAPITEL

TEUFELS- UND GEISTERERSCHEINUNGEN

Die teuflische Hummel

Im Jahre 1454 entstand ein teuflischer Schwarm und verfluchte Ketzerei, wie es in Thüringen genannt wurde, besonders zu Sangerhausen und im Schwarzburgischen Gebiet vorm Harz. Da gingen Männer und Frauen, Brüder und Schwestern zusammen heimlich in ein Haus und beteten den Teufel in einem Keller an. Der kam in Gestalt einer Hummel und flog ihnen vor den Mund, und wer sich gegen die Hummel neigte, dem wurde viel Gutes beschert. Darauf wurden die Lichter ausgelöscht und jedermann griff um sich, und wen er ergriff, mit dem sündigte er, es wäre Mutter, Schwester oder Tochter. Als aber solche Teufelei und Schandwesen ausbrach, wurden die Delinquenten alle eingezogen und zum Feuer verurteilt. Es wird auch gemeldet, daß etliche unter ihnen gar willig hinein gingen. Dies abscheuliche, sodomitische Wesen offenbarte Graf Heinrich *(von Schwarzburg)* ein Schmied, der es auch mit seinen Augen selbst gesehen hatte. *(Olearius, Rerum Thuringicarum Syntagma, 1. Teil, S. 313)*

Vom Teufel geholt

Zu seiner Zeit begab sich zu Mühlberg folgende Geschichte: Antonius, der sich mit Pfeifen auf Hochzeiten verdingte, stand zu Mühlberg in der Abendszeit, als der Hirte des Ortes Ochsen, Kühe und anderes Vieh in die Stadt trieb, mit seinen Zechgesellen vor der Schenke. Als nun unter diesem

Vieh auch ein Kalb vorüberging, welches nach seiner Art seine Notdurft tat, lief einer von ihnen hinzu und hob den Kalbsmist auf, tut ihn in ein Glas, welches er mit der andern Hand mit Wein vollgeschenkt hatte, und wie er einen guten lahmen Zoten *(Witz)* reißen wollte, schwenkte er es im Glas um und schrie: »Hier guter Theriak!«, ganz so, wie die Theriakskrämer pflegen ihren Markt auszuschreien. Danach, wie er es wohl untereinander rührte, trank er dem Antonius zu, welcher, obwohl er es zuerst nicht annehmen wollte, sich endlich doch bereit fand und das Glas austrank. Was geschieht?

Der Teufel läßt ihn fast über ein Jahr gehen, tut ihm sogar sonderlich nichts. Aber nach diesem Jahr fing der Teufel an, dem Antonius in sein Gewissen zu reden. »Siehe! Gedenke was du dann und dann getan hast.« Mit heimlichen, herzfressenden Gedanken plagte der Teufel den Antonius ein ganzes Jahr. Danach begab es sich, daß einer von seinen Freunden sich mit einer Jungfrau verlobte, welche nicht reich genug, doch fromm und tugendsam war. Diesem Verlöbnis wohnte auch Antonius bei. Wie aber sein Freund Herz und Liebe auf eine andere warf, die etwas reicher war, wollte er der ersten die Ehe, wie zugesagt, nicht halten.

Solche Sache kam vor den Richter. Da wurden auch Zeugen geladen, und vornehmlich dieser Antonius, welcher, seinem Freund zu gefallen, vielleicht auch durch große Versprechungen dazu beredet, die Wahrheit vor Gericht verschwieg. Hier trat ihm nun Christus aus den Augen, und Satanas schickte sich an, sich mit Gewalt sehen zu lassen und warf ihm seine begangenen Sünden vor. Wie nun Antonius in solchen Ängsten war, mit feurigen Pfeilen des Teufels erschrecklich verwundet, durch Gottes und eigenen Gewissens Gericht überführt, dazu vom Teufel leibhaftig besessen, ging er umher, suchte Ruhe und fand sie nicht, und das über ein ganzes Jahr. Aß nicht, trank nicht, schlief nicht, sondern ging umher, wie einer, der bereits in der Hölle sitzt. Als er keinen Ausweg aus seiner Körper- und Seelenqual mehr wußte, ging er zum Pfarrherrn von Mühlberg und erhielt nach abgelegter Beichte die Absolution und das hochwürdige Abendmahl.

Wie nun der Teufel hörte, daß Antonius solchen Trost annahm, trieb es nun Satanas noch heftiger. Und endlich, weil er ihn vom Glauben nicht bringen konnte, gestand er ihm ein, daß zwar nun die Seele errettet sei, der Leib aber wäre ihm, dem Teufel, zum Verderben übergeben. Als Antonius an einem Abend zu Mühlberg in seiner Stube auf der Sedel *(Sitzbank)* lag und einen Rosenkuchen *(Heilmittel, Rückstand bei der Destillation von Rosenwasser)* auf der Brust liegen hat *(Brustwickel)*, saß seine Hausfrau vor ihm. Ein kleines Kind in der Wiege stand daneben, auch eine Kandel *(Kanne)* Bier auf dem Ofen und ein brennendes Licht auf dem Tisch. Und als er die Frau sah, voller Trauer, den Kopf in der Hand, hat er angefangen sie zu trösten. Sie sollte sich nicht um ihn bekümmern, denn es helfe doch nichts, und wenn man ihn in einen stählern Berg wollte verschmieden, so müßte er doch davon. Daraufhin vertraute er dem Weib die Kinder an, bat, sie solle nach seinem Abschied sich vorsehen und einen Mann nehmen, der Gottes Wort lieber hört. Kurz danach, da er solche und viele andere Worte mehr zu seinem Weibe redete, erhob sich ein grausamer Wind und Brausen vor der Stube. Bald ist die Kandel vom Ofen, das Licht vom Tische, und das Kind mit der Wiege umgestürzt. Alle haben geschrieen und erbärmlich gerufen: »Antonius, Antonius!«, aber er wurde nicht mehr gesehen.

Allein ein greuliches Blöken, wie von einem Ochsen, haben sie gehört, dem sie denn als einem dicken Nebel die Gassen hinauf nachfolgten. Da haben sie dann gesehen, daß ihn der Satan durch den Ofen geführt hatte, an dem er sein Schusterhandwerk ausübte, das Leder zurichtete und im Kessel gerbte. Dieser Ofen hatte ein so kleines Ofenloch, daß man durch dieses kaum einen Scheit hineinbringen konnte.

Alle haben gesehen, daß ihn der Teufel durch denselben Ofen führte. Der Rosenkuchen blieb klein zermalmt im Loch liegen. Und nachdem sie den andern Tag viel um den Flecken *(um den Ort)* gesucht hatten, fanden sie ihn endlich bei der Mühle. Das Maul war ihm fast zerrissen gewesen, alle Beine *(Knochen)* im Leibe waren zerknirscht und der Kopf lag zur Hälfte im Wasser, das Angesicht unter sich gekehrt. Die Bürger jedoch, die in den Gassen wohnten, wo es brüllte und an die Fenster liefen, haben fast alle todkrank gelegen. Sie sind aber durch Gottes Gnade wieder aufgekommen. Der Antonius war drei Jahre besessen, nämlich von 1528 bis 1531, da er denn vom Teufel geholt wurde. *(Melissantes, S. 73ff.)*

Ein Schmalkalder Poltergeist

Im September 1595 tat sich einst in der Nacht das Weidenbronner Tor in Schmalkalden von selbst in einer Stunde vier Mal auf und zu, welches nicht nur der Torwärter, sondern auch der Ratsherr Balthasar Merckel hörten. Dabei verspürten sie um das Tor und auf dem Stadtgraben ein jämmerliches Wehklagen, welches auch die Nachbarn hörten. In der Pfarrkirche polterte es darauf um Lichtmeß *(2. Februar)* so sehr, daß der Wächter auf dem kleinen Turm nicht mehr wachen wollte. Es führte diese Begebenheit in der Stadt zu einem großen Nachdenken, zumal es in dem Rathaus auch greulich spukte. *(Geisthirt, 5. Buch, S. 25)*

Das Schleusinger Teufelsgeld

Anno 1666 geschah es zu Schleusingen, daß ein Kerl um eine Magd buhlte, die sich eine ziemliche Zeit kannten. Doch der Geselle fühlte sich mehr zu ihr, als sie sich zu ihm hin gezogen, da er kaum Geld hatte. Während einer seiner Werbungen sprach sie deshalb zu ihm: »Ei! Wie wollen wir uns denn behelfen? Wir können nicht einmal fortgehen. Denn wer wohl schmert *(schmiert)*, der gut fährt.« Nun aber war in beider Taschen kein Speck noch Fett. Darauf tröstete er sie immer und setzte sein Datum darauf, daß er bald etwas zu Markte bringen würde. Damit schied er ab, willens seine Sachen zu Geld zu machen. Was geschieht?

Diese Gelegenheit nutzt der hinterlistige Satan und stellt sich ein paar Tage später in der Gestalt des Bräutigams ein, gibt vor, er habe nunmehr Mittel zuwege gebracht und schüttet ihr 300 Reichstaler in den Schoß, fragend, ob es denn nun genug sei. Das gute Mensch erschrak über die gegenwärtige Barschaft und antwortete dem verstellten Henker, nicht auf seine Frage, sondern vielmehr aus Gottes, des Heiligen Geistes Anregung, zweifelnd ob es richtig mit ihrem Bräutigam und dem Geld zugehe: »O Herr Jesu! Wie kommt ihr zu so vielem Geld?« Darauf verschwand der leidige Geist von Stund an, aber das gelieferte Geld blieb ihr. Sie sah nun, wie viel es geschlagen hatte und wessen Mahlschatz es eigentlich war.

Sie konnte die Geschichte jedoch nicht verschweigen, sondern brachte sie unter die Leute bis sie an die Obrigkeit gelangte. Von dieser wurde sie vorbeschieden und verhört. Sie erhielt den Rat, sie solle in Gottes Namen das Geld behalten, es wurde ihr ja beschert und sich fortan des glückseligen Namens Jesus getrost gebrauchen, so werde und wird es ihr gut ergehen. *(Praetorius, S. 134f.)*

Der Strumpf des Bürgermeisters

Im Juli 1667 erzählte man sich, daß zu Gera ein Bürgermeister gestorben war, dem man nicht das Beste nachredete, ich weiß nicht warum. Er soll aber in der Kirche begraben worden sein und anschließend ein großes

Gespuke gestiftet haben. Nachdem dies ruchbar wurde, nahm es einer zum Anlaß, sich verschließen zu lassen und heimlich eine Nacht in der Kirche zu bleiben. Und das tat er auch.

Er setzte sich auf den Altar, machte aber zuvor einen Kreis um sich herum und wartete, was folgen würde. Mitten in der Nacht kamen hinten aus der Kirche Gespenster hervor, öffneten das Grab, hoben den Bürgermeister heraus und weil er in seinen Kleidern begraben war, zogen sie ihn ganz nackig aus und fingen ein Wurfspiel mit den Kleidern, Hemden, Hosen, Schuhen, Strümpfen etc. an. Sie teilten sich in der ganzen Kirche auf und warfen sich gegenseitig die Kleider zu. Hierüber fiel ein Strumpf in den Kreis hinein und blieb liegen. Da es nun bald ein Uhr schlagen wollte, kleideten die Gespenster den Körper wieder an und wollten ihn in den Sarg zurücklegen. Es fehlte ihnen aber der eine Strumpf, worauf sie fleißig zu suchen begannen und endlich sahen, daß er in dem Kreise lag.

Sie winkten dem Wächter auf dem Altar, er möge doch herunterkommen und ihn aus dem Kreis holen und ihnen zuwerfen. Aber dieser blieb still sitzen und folgte ihnen nicht. Darauf mußten sie den Leichnam ohne den Strumpf begraben. Dann waren alle verschwunden. Nun langte der Mann nach dem Strumpf und zeigte ihn am folgenden Morgen der Obrigkeit, die das Grab öffnen ließ und richtig befand, daß dem beerdigten Bürgermeister jener Strumpf fehlte, den der Wächter in der Hand hielt. Dies hat eine vornehme Person geschrieben. *(Praetorius, S. 482f.)*

Das Gerücht um den Sensenmann

Im Dezember 1698 verursachte ein ausgesprengtes Gerücht ein großes Aufsehen in der Stadt und in der benachbarten Herrschaft. Es hieße, in Schmalkalden ließe sich der Tod mit dem Horologio *(Stundenanzeiger, hier wohl Sanduhr)* und der Sense bei Frau Magister Bornschürer, welche in der Weidebrunner Gasse nicht weit vom Tor wohnte, in der Behausung am Tage und des Nachts sehen. Es kröchen Schlangen an der Decke in der unteren Stube herum. Der Tod ginge im Hause mit einem Spieß herum und was der Dinge mehr waren, wie es in solchen Fällen zu geschehen pflegt, da der gemeine Pöbel immer mehr dazu, als davon tut.

Es liefen die Leute nicht nur in der Stadt vor das Haus, sondern auch sehr viele Fremde kamen, dieses Unerhörte zu erkunden und den vermeinten Tod, vor dem sich auch sonst die Natur entsetzte, zu sehen, weil man diese Novität *(Neuigkeit)* sogar in die gedruckte Zeitung gebracht hatte.

Ja, selbst der Rat schickte Deputierte *(Abgeordnete)*, dieses phenomenon domesticum *(Hauserscheinung)* in Augenschein zu nehmen. Was war es aber? Nichts als ein fälschlich imprimiertes *(aufgemaltes)* Wesen. Es mochte vor Zeiten, wie in Schmalkalden sehr usual *(üblich)*, die Decke mit allerhand Blumenwerk und Figuren von unterschiedlichen Farben bemalt, danach aber mit Kalk und weißer Farbe zugestrichen worden sein. Durch den Dampf des Lichtes, weil die Stube sehr niedrig war, hatte sich die weiße Farbe nach und nach extenuiert *(ausgedünnt)*. sofort trat das ehemalige Blumenwerk wieder hervor, wie man auch wirklich gemalte Tulpen sah.

Durch das Gerücht nahm das Laufen *(der Schaulustigenzustrom)* so stark zu, daß sich auch die guten Leute im Haus fast nicht mehr behelfen konnten, bis endlich der Betrug offenbar und der Tod mit den Schlangen nicht mehr gesehen wurde oder gesehen werden wollte.
(Geisthirt, 5. Buch, S. 76)

Der Kobold im Jenaer Wirtshaus

In dem vor dem Löbertor zu Jena befindlichen Wirtshause »Zum gelben Engel« soll sich vor Zeiten ein Kobold aufgehalten haben, dem alltäglich ein halbes Stübgen Bier *(ca. zwei Liter)* samt etwas vom Fleisch und anderer Kost hingesetzt, auch alljährlich ein rotes Kleidchen hingelegt werden mußte. Wogegen er die Ställe rein zu halten und den Wirten gute Nahrung zu bringen pflegte. Im Fall, man unterließ etwas von oben gedachter Pflege, zeigte er sich unruhig und widrig. *(Heller, S. 46ff.)*

Seinem Wesen nach ist der Kobold ein helfender Hausgeist, wie er noch im 19. Jahrhundert im Volksglauben gesehen wurde, trotz der bösen, teuflischen Färbung, die ihm von christlicher Seite zugedacht wurde. Er half im Haus und wurde dafür mit Milch, Käse oder sonstigem belohnt. Vergaß man seinen Lohn, hagelte es Schläge, Scherben und Beulen.

Sein Gemüt galt als wechselnd, beinahe unheimlich. Meist war er besonders lustig und manchmal den Menschen geistig überlegen.

Wie listig der Satan ist

Einem polnischen Edelmann begegnete in Thüringen der Teufel

Georg Christoph Rolacky hatte eine schwere Kindheit und eine noch schwerere Jugend. Bei einem Rittmeister diente er zufrieden siebeneinhalb Jahre. Als dieser aber einmal in Berlin war, sei er von seinem Bruder, einem Major, erstochen worden. Weil er nun die Gelder des Rittmeisters in Händen hielt, wollte er sich davon etwas nehmen und fortmarschieren, allein er habe gleich gedacht, daß dies eine große Sünde sei. Er kam auf andere Gedanken und wollte zu seinen Eltern gehen. Weil aber diese ihn zu ermorden suchten, und er niemanden hatte, ging er nach Joachimsthal. Obwohl er sich gleich bemühte, wieder Dienste zu kriegen, wäre es ihm doch nicht gelungen. Weil er nun gar nichts zum Leben hatte, habe er damals den lieben Gott angerufen und auf Knien gebeten, er möge ihm doch Wege zeigen, wie er sich helfen könne. Da aber dies nicht erfolgte, hätte er gedacht, Gott wolle ihm nicht helfen. Darauf sei er mit betrübten Gedanken weg und auf Georgenthal zugegangen.

Als er nun eine halbe Stunde gegangen war, kam er durch Verführung des Teufels auf folgende Gedanken: Wenn ihm Gott nicht helfen wolle, so könnte ihm der Satan helfen. Kaum hätte er dies gesagt, wäre unbemerkt eine Person in Priestergestalt aufgetaucht, welche ein Schläpgen *(Kopfbedeckung)*, auf der rechten Seite weiß, auf der linken aber schwarz und in gleichen Farben Stiefel trug, worüber er sich sehr entsetzte, jedoch aus Ehrerbietigkeit den Hut vor ihm ziehen wollte, indem er dachte, es wäre ein Priester. Hierauf sagte der Unbekannte, er solle nur den Hut aufbehalten und nicht erschrecken, er hätte ihn ja verlangt. Er wäre der Satan, er wolle ihm helfen, es solle ihm an nichts fehlen und er müßte nur mit ihm einen Kontrakt auf 30 oder 40 Jahre machen. Er habe aber solches nicht tun wollen und sagte, er wolle den Vertrag nicht so lange haben, sondern nur so lange, bis er einen Herrn oder Unterhalt bekäme.

Satan sagte daraufhin: »Du dummer Mensch! Es soll dir niemals an etwas fehlen.« Und da er die vorgeschriebenen Jahre nicht einging, hätte der Satan gesagt, er möchte es auf ein oder ein halbes Jahr eingehen, worauf er versetzte, er wolle es auf sechs Monate eingehen. Da hatte der Satan gleich Papier und Feder zur Hand. Er sollte den Kontrakt schreiben. Weil aber keine Tinte da war, hätte er gefragt, wo er denn Tinte herkriegte? Darauf antwortete der Satan, er solle sich in die Hand stechen, da würde er Tinte bekommen. Als er oben in die linke Hand in eine Ader stechen wollte, hätte er es nicht tun dürfen, sondern sich in die rechte Hand, und zwar in die Pulsader stechen müssen, da hätte er gleich Blut bekommen.

Nun hätte ihm der Satan auf seinem Knie die Hand geführt. Was er aber schrieb, habe er vor Schrecken nicht wahrgenommen. Bekannt war ihm aber, daß er ihm die Hand geben mußte, daß er Gott verleugnen und sonst niemand als ihn ehren sollte, ob es aber in dem Kontrakt stand, wußte er nicht mehr. Er konnte sich noch gut entsinnen, daß er seinen Namen unterschreiben mußte, worauf der Teufel den Zettel mit der Schere auseinanderschnitt und einen Teil ihm gab, den andern aber selbst behielt. Er sollte den Zettel unter den linken Arm auf die bloße Haut legen, er würde nicht herunterfallen. Das tat er und der Teufel verschwand. Vorher sagte ihm der Teufel aber noch, er solle huren, buben, spielen, auch nicht in die Kirche gehen, welches er vier Wochen trieb.

Er muß gestehen, daß er in solcher Zeit sehr liederlich lebte. So oft er in die Tasche griff, hätte er Geld gehabt, wieviel er brauchte und wie es gültig war. Er glaubt, wenn er an einem Tag 100 Reichstaler verlangt hätte, hätte er solche bekommen. Als er nach Zeesen bei Berlin kam, sei ihm Reue über sein sündliches Verüben gekommen und wäre daher in die dortige Kirche gegangen. Als nun der Prediger das Evangelium vom reichen Mann vorstellte, wären ihm die Tränen von den Augen geflossen, und er habe zu Gott geseufzt, zumal als der Prediger an die Erklärung der Worte: Ich leide Pein in dieser Flamme ... kam. Da er nun seufzte, wäre der Satan gekommen, und hätte sich in Gestalt von ein paar Hunden unter die Bank, worauf er saß, gelegt, hätte ihn gebissen und entsetzlich gequält. Als er aus der Kirche ging, sei der Satan in der Gestalt, in welcher er vorher erschienen war, vor ihm hergegangen, aber gleich darauf wieder verschwunden. Da habe er wieder Friede gehabt. Darauf sei er in größten Ängsten wieder fort nach Erfurt gegangen, wo er zehn Wochen blieb. Da habe er, wenn er in die Tasche griff, Geld gehabt, habe aber oft aus Angst vermieden, Geld daraus zu holen. In solcher Zeit habe er seine Dienste treu verrichtet.

Inzwischen habe er öfters gedacht, wenn ihn nur Gott die Gnade täte, daß er davon frei wäre, er wolle sich fortan gern davor hüten. Inzwischen wäre ihm der Teufel wieder erschienen, und gab ihm vom Leben seiner Freunde Nachricht. Auch wenn seinem Herrn etwas entwendet worden wäre, hätte ihm der Teufel die Person gesagt. Zuletzt nun wäre er auf Befehl seines Herrn nach Emleben gekommen. Als er nun wieder zurückgegangen und an den Hayn kam, wäre ein Wolf gekommen und mit den Vorderpfoten auf seine Achseln gefallen, ihm drei Bisse gegeben, worauf er dann zum letzten Mal in Ohnmacht fiel. Als er nun eine halbe Stunde dort lag, wäre er wieder zu sich gekommen. Dabei fiel ihm ein, daß die mit dem Teufel accordierte *(vereinbarte)* Zeit um sei.

Daraufhin verlangte er mit einem Priester zu sprechen. Weil er aber hätte nach Mühlberg gehen müssen, so hätte er sich bei seiner Herrin ausgebeten, daß sie ihn mit den Knechten Stroh zu holen, nach Wölfis fahren lassen möchte. Dort kamen ihm folgende Gedanken: »O Gott, ist denn keine Gnade bei dir!« Allein, gleich hätte er gedacht, seine Sünden wären allzu groß, dabei noch gedacht, er wollte den Pfarrer fragen, ob er nicht errettet werden könnte. Darüber habe er eine Stimme, vermutlich die des Satans gehört, welche schrie: »O du armer Schelm, du magst zum Pfarr gehen oder nicht, so bist du trotzdem mein. Um zwölf Uhr diese Nacht ist deine Zeit um.« Darauf habe er die Handschrift zerrissen. Sie sei aber immer wieder an ihn gekommen, bis er sie endlich in Stücke zerschnitt und in die Luft warf. Da sei die ihm unter den Arm gelegte Handschrift nicht wieder gekommen.

Wie er nun in solcher Bestürzung nach Wölfis kam, hätte er von des Satans Geld für einen Groschen Branntwein sich und den Knechten einschenken lassen. Dabei spürte er, daß viel Geld in der Tasche war. Von da ging er in das Haus des Herrn von Wangenheim. Da wäre es ihn angekommen, als wenn er unsinnig wäre. Als er nun wieder zu Verstand kam, verlangte er nach dem Pfarrer. Und als dieser nicht kam, und er noch heftiger und um Christi Wunden willen bitten ließ, er möchte doch kommen, hätte ihn der Teufel ganz sinnlos gemacht und ihn so hart gemartert, daß sechs Leute ihn halten mußten. Endlich wäre der Satan um zwölf Uhr, der ihm beständig die Handschrift zeigte und hinter den Leuten stand, die ihn hielten, zum Fenster gegangen und verschwunden. Darauf warf er sich auf seine Knie und dankte herzlich Gott und dem Pfarrer. *(Heller, S. 172ff.)*

Die beschimpfte Antiquität

Wir richten unsere Gedanken nun auf folgende Begebenheit, welche etwas Besonderes in sich faßt, da sich ein warnend strafender Geist zu nächtlicher Zeit eingefunden hat. Und obwohl dieser, wegen Bestrafung eines Frevels, für einen guten Geist gehalten werden kann, so läßt uns doch die zurückgelassene und verursachte Krankheit, die dem damaligen Knaben widerfuhr, daran zweifelneinen. Es lebt seit einigen Jahren zu Jena Herr Caspar Engelhard, ein Buchdrucker, welchem folgende extraordinaire *(nicht alltägliche)* Geisteserscheinung begegnete. Es ging diese Geschichte zwar

Hexen und Hexer treten auf Befehl des Satans das Kreuz mit Füßen.
Aus: Guazzo, Compendium maleficarum, 1610.

in seinem Vaterland zu Greiz, also außerhalb Thüringens, vor, weil er sich aber jetzt in Thüringen aufhält, will man diese besondere, merkwürdige Geschichte hier einfügen und jedem sein unparteiisches Judicium *(Urteil)* darüber zu fällen überlassen.

Im Jahre 1681 trug sich folgende Begebenheit wahrhaftig zu Greiz im Vogtlande zu. Als sich einige Schulknaben vor der Kirche versammelten, eine Leiche abzuholen und zur Erde zu begleiten, treibt dem Knaben Caspar Engelhard der Vorwitz, ein in der Kirche stehendes Epitaphum oder Bildnis einer alten, gottesfürchtig gewesenen Matrone, des gewesenen Herrlich-Reuß-Plauischen Rates und Hofmeisters zu Greiz, Christoph von Güntherods Gemahlin, namens Esther von Kolba, auf das Schändlichste zu verunehren, und mit Schlagen, Anspeien, Treten und Werfen zu beschimpfen.

Nach solcher boshaftigen Verrichtung geht der mutwillige Knabe mit zur Leiche *(zur Beerdigung)*, und von derselben nach Hause. Da er nun des Nachts sich zur Ruhe begeben will, erscheint vor seinem Bett die beschimpfte von Güntherod, in ihrer völligen Tracht, wie sie im weißen

Schleier in der Kirche abgebildet ist, fällt auf gedachten Knaben, drückt ihm die Backen, daß er den Mund aufsperren und sie ansehen muß. Nun bläst sie ihn in den Hals, wovon er augenblicklich grausame Schmerzen und Geschwulst empfindet.

Den morgenden Tag erzählt er solches seinen Eltern, und weist seinen geschwollenen Leib, welche sich darauf bedachtsam erkundigen, was bei solcher Sache zu tun sei. Da nun bei dieser Bewandtnis alle Arznei vergebens war, müssen sie es also dabei bewenden lassen. Die folgende Nacht erscheint die von Güntherod wieder in ihrem Habit *(Kleidung)*, macht sich über ihn her und fühlt mit eiskalten Fingern an sein Oberbein, wonach der Knabe greift, und selbige erwischt, auch zugleich, mit kläglicher Stimme, seine Eltern ruft. Diese, vor Schrecken zitternd, heißen ihren Sohn schweigen, welchen er denn zur Folge gehorsamen muß, bis das Gespenst von selbst, wie in der ersten Nacht, entweicht. Die dritte Nacht erscheint die Güntherod gleich den vorigen beiden, und zwar mit einem größeren Geräusch, obschon die Eltern die Kammertür mit Riegeln und Schlössern auf das Beste und Sorgfältigste verwahrten, streicht den Knaben mit beiden eiskalten Händen vom Angesicht bis zu den Füßen und verschwindet.

Nach dieser letzten Erscheinung wurde der beängstigte Knabe von seinen Geschwülsten, die er in zwei Nächten empfangen hatte, wunderbar befreit. Die vierte Nacht kommt ihm in einem Traume vor, als wenn die von Güntherod wieder erschiene, und ihn mit sich in die Kirche zu ihrem Bildnis führt und mit aufgereckten Fingern drei Mal vernehmlich sagte: »Siehst du, daß ich es bin. Tue es hinkünftig nicht mehr!«

Darauf wird der Knabe gesund und von allen Geschwülsten befreit. Als er nun seinen Eltern erzählt, was er in dieser Nacht geträumt hat, und wie er wieder gesund wurde, geht seine Mutter in die Kirche, dankt Gott, wäscht das Bild sauber ab und erzeigt sich bei demselben sehr ehrerbietig. Nachdem kommt es dem Knaben vor, als wenn ihm in der fünften Nacht ein Engel erschiene und in sonderbarer schöner Gestalt sich vor seinem Bette finden lasse, die Hände zusammenfalte, welches den Knaben zu guten Gedanken bringt und ihn erinnert, daß er Gott für die Erhaltung seines Lebens Dank abzustatten schuldig sei, was er auch andächtig verrichtet.

Da nun diese Begebenheit kund wurde, hat der damalige Rektor, Herr Caspar Strauß, eine christliche Vermahnung an alle Schüler getan, daß sie sich vor dergleichen Mutwillen und Vorwitz hüten, und die Toten in ihrer Ruhe nicht stören, noch ihre Gedächtnisbilder und Grabmale beschimpfen sollten. Dieses alles ist mir glaubwürdig von demjenigen, welchem solches in seiner Jugend begegnete, in Gegenwart gelehrter Männer erzählt worden, wie ich solches aus seinem Munde zu Papier setzte. So weit die Nachricht von dieser sonderbaren Begebenheit. *(Heller, S. 556ff.)*

Der Mönch von Niederdorla

Zu Niederdorla im Thüringischen war im Oktober 1785 ein Begräbnis. Nach der dortigen Gewohnheit sangen vier Adjuvanten *(Kirchenmusiker)* einige Verse bei dem Grabe, und erhielten acht Groschen als die gewöhnliche Gebühr dafür. Nach einer anderen, sehr schlechten Gewohnheit, gingen die Sänger vom Grabe weg in die Schenke, um das ersungene Geld zu vertrinken. Als nun das Gelage zu Ende war, und jeder wohl bezecht nach Hause taumelte, stürzte einer, dem weder Fuß noch Auge die gehörigen Dienste leistete, von einer Brücke herab, über die er gehen mußte.

Die anderen achteten nicht darauf; und der Trunkenbold war seiner Zunge und seiner Vernunft so wenig mächtig, daß er nicht einmal um Hilfe rief, sondern sich, wie eine Sau, im Bache herumtummelte.

Unterdessen ging ein Bauer aus dem benachbarten Dorfe Langula vorbei, der verwunderungsvoll das Plätschern im Wasser hörte. Auch sah er die schwarze Figur, denn der Adjuvant hatte den Trauerrock noch an. Mit emporstrebenden Haaren und gewaltigem Herzklopfen eilte er über den spukähnlichen Anblick davon, und in das nächste Branntweinhaus, um durch einen guten Schluck sich von seinem Schrecken zu erholen. Zitternd erzählte er dem Wirt, er habe in diesem Augenblick den Mönch, der bei der Brücke umginge, wirklich gesehen, und im Wasser tummeln gehört.

Der Wirt wollte mit ihm nach dem bezeichneten Ort hingehen, um zu sehen, ob das vermeintliche Gespenst nicht etwas Natürliches wäre, aber der Erschrockene ließ sich nicht ausreden, daß er Kutte, Kapuze, einen geschornen Kopf und alles, was dem spukenden Mönch eigen sei, gesehen habe. Nichts in der Welt hätte ihn vermocht, jetzt gleich einen Schritt wieder dahin zu tun. Also ging der Wirt ging auch nicht. Morgens darauf fand man den Adjuvanten, mit zwei Löchern im Kopf, tot unter der Brücke liegen. *(Wagener, Die Gespenster, S. 87ff.)*

KAPITEL

ALLERLEI ANDERE MERKWÜRDIGKEITEN

Der fliegende Bürgermeister

Heinrich der Erlauchte *(1222–1288)* rüstete mächtig *(im thüringisch-hessischen Erbfolgekrieg, 1247–1264),* die Fortschritte der Herzogin Sophie von Brabant zu hemmen, und die thüringischen Edlen halfen ihm mit Rat und Tat. In einer stürmischen Nacht, am 25. Januar 1262, eroberte er, begünstigt von einigen des Krieges müden Bürgern, die Stadt Eisenach im Sturm.

Heinrich schonte zwar die eroberte Stadt, aber den Freund Sophias, der die Bürger von ihm abgewandt und für die Herzogin gewonnen hatte, Heinrich von Vellbach, ließ er auf eine höchst grausame Weise töten. Er wurde durch eine Blide, eine Wurfmaschine, welche in damaligen Belagerungskriegen häufig zum Schleudern von gewaltigen Steinbrocken gebraucht wurde, von der Wartburg nach der Stadt Eisenach geworfen. Während des Wurfes noch soll Vellbach gerufen haben: »Thüringen gehört doch dem Kinde von Brabant!« Der Markgraf ließ in der Stadt eine Burg bauen, um die Bürgerschaft im Zaume zu halten und vor neuem Abfalle zu bewahren, weswegen die Burg, wohl von den Bürgern selbst, den gehässigen Namen »die Klemme« erhielt. *(Herzog, S. 297f.)*

Der fliegende Bürgermeister (1262). Miniatur aus der Chronik des Wiegand von Gerstenberg. 15. Jahrhundert.

Eigene Genugtuung für die Sünde

Hermann, Freiherr von Treffurt, nachdem er lange Zeit geraubt, gehurt und gebubt hatte, gedachte durch selbst auferlegte Bezahlung *(Buße)* den lieben Gott zu versöhnen, begab sich Anno 1321 nach Eisenach, wurde ein Barfüßermönch und bettelte. Und als er 1347 daselbst starb, befahl er, man solle seinen Leib an dem Ort begraben, wo die Schulknaben ihr heimliches Gemach haben *(Abort)*. Er vermeinte, hiermit seine begangene Büberei zu büßen und zu tilgen. Also wurde er nach seinem Begehren an selbigen, schändlichen Ort gelegt. *(Olearius, Rerum Thuringicarum Syntagma, 1. Teil, S. 63)*

Später Kindersegen

Markgraf Friedrich der Strenge *(1349–1381)* heiratete im Jahre 1346 Katharina von Henneberg. In der Ehe mit derselben wurden ein Prinz und eine Prinzessin erzeugt, die aber in frühester Jugend starben. Die Markgräfin wurde durch diese Todesfälle und weil sie weiter kein Kind bekam, so in Betrübnis versetzt, daß sie das Gelübde tat, sich bis an ihr Ende nur schwarz und grau zu kleiden und allem Schmuck zu entsagen. Sie ließ in Kirchen und Klöstern um männliche Erben bitten und teilte reiche Spenden an die Armen aus, daß auch sie ihre Gebete mit den ihrigen dahin vereinigen möchten. Endlich, nach 21 Jahren, wurde ihr Gebet erhört und sie gebar noch drei Prinzen, Friedrich den Streitbaren (1369), Wilhelm II., den Reichen (1370) und Georg (1372). *(Koch, S. 297)*

Ein Weib als Pfaff

Im Jahre 1457 kam in das Land Thüringen einer, der war geschoren wie ein Pfaffe und etwa fünfzig Jahre alt. Er kam zuerst nach Weißensee, lebte dort eine Zeitlang und hielt oft Messe in der Pfarrkirche. Darum taten ihm die Deutschherren *(Deutschordensbrüder)* und die Bürger daselbst viel Gutes. Nach einer Zeit ging das Gerücht um, der Pfarrer wäre ein Weib und nicht ein Mann. Er hätte bei einem Deutschherren geschlafen und derselbe habe mit ihm »zu schicken« gehabt. Das kam den Amtleuten des Mainzer Bischofs in Erfurt zu Ohren. Der Pfarrer wurde vor die Amtleute gebracht, ebenso der Deutschherr, der ihn beschlafen haben sollte. Die

Amtleute verhörten und betrachteten den Pfarrer ausführlich. Danach wurde auch der Deutschherr verhört und bekannte, er hätte bei ihm gelegen und mit ihm »zu schicken« gehabt, und er hätte nicht gemerkt, daß die Sache anders als mit einem anderen Weibe ginge. Daraufhin wurde der Pfaffe erneut zum Verhör bestellt. Aber er blieb aus, und niemand erfuhr, wo er hinkam. *(Cammermeister, S. 162)*

Da in Weißensee eine Komturei des Johanniterordens bestand, dürfte mit der Bezeichnung »Deutschherr« sicher ein Johanniter gemeint sein.

Unverhältnismäßige Rache

Im Jahre 1514, Freitag vor Pfingsten, erschlugen die Bauern zu Berlstedt im Erfurter Gebiet den Knecht eines Edelmanns. Der Edelmann sann auf Rache.

Am 14. Oktober kam er nachts in Berlstedt mit etlichem Volk *(Bewaffneten)* an und versteckte sich in einem Stall, bis die Wache vom Turm weg war. Als man morgens zur Messe läutete und das Volk in die Kirche ging, ließ er mehrere seiner Gesellen mit versteckten Waffen ebenfalls in die Kirche gehen. Dann nahm er die Kirchentüren ein und verschloß sie, so daß keiner raus oder rein konnte.

Die anderen indessen plünderten das Dorf und steckten es an, daß es fast gänzlich verbrannte. Danach wurde die Kirche geöffnet. Die Weiber ließ man heraus, achtzehn der reichsten Männer nahm man gefangen und führte sie hinweg. Die Weiber fanden ihre Häuser in Glut, vierzehn Kinder verbrannten, und wie man dieselbigen zu Grabe trug, floß Blut von ihnen auf die Erde.

Der Feind teilte sich den Raub vor Jena. Etliche Bauern ließ man heimlaufen. Diese mußten 300 Gulden bringen, damit die anderen aus ihrer Gefangenschaft ausgelöst werden konnten. So also hat der Edelmann seinen Knecht gröblich gerächt. *(Rudolph, Zeitbüchlein, ohne Seite)*

Das kecke Jesuskind zu Eisenach

Man hat zu Eisenach im Paulanerkloster ein Marienbild mit dem Kindlein Jesu gehabt. Wenn nun jemand vor ihm betete, kehrte ihm das Kind den Rücken zu, als wollte es den Sünder nicht beachten. Wenn man aber ins

Kloster etwas zu geben versprach, wandte sich das Kind ihm wieder zu. Hat man noch mehr zu geben versprochen, hat sich das Kind noch freundlicher gezeigt, ein Kreuz über ihn gemacht und gesegnet. *(Olearius, Rerum Thuringicarum Syntagma, 1. Teil, S. 63)*

Wolfgang Buetner, Superintendent und Dr. Martin Luther lösten den Fall, wie im folgenden zu vernehmen:

Ich *(Wolfgang Buetner)* und Dr. Martin Luther und etliche andere haben in der Stadt Eisenach ein wirkliches und künstliches Bild, welches sich selbst regte, mit unsern Augen gesehen. Das war gar wirklich von den Papisten *(Katholiken)* auf ihren Genuß und Vorteil zugerichtet und hoch gehalten. Es war aber das Bild Marias, der Mutter Gottes, wie sie das Kindlein Jesu auf dem Arme trägt dergestalt zugerichtet, daß, wenn es etwas zurücklag, dasselbe ein Mönch bewegen konnte, daß sich entweder die Mutter oder das Kind zu dem, der da hinzuging und Geld opferte, wandte und ihn ansah oder den Kopf wiederum weg und zurückkehrte, wenn er kein Opfer brachte. *(Buetner, S. 30 Rückseite)*

Schicksalsschläge

Um das Jahr 1532 wohnte eine ehrbare Frau, Sophia genannt, zu Creuzburg in Thüringen, welche in kurzer Zeit vier Ehemänner nacheinander hatte. Aber mit keinem war ihr das Glück hold: Einer wurde gerädert, der andere geköpft, der dritte erstochen und der vierte ausgestäupt. Sie hatte auch einen einzigen Sohn, den die schwere Not *(Epilepsie)* täglich niederwarf, wie ihn einst dicht an der Werra solches Unglück überraschte und er darüber ins Wasser fiel und ersoff. *(Ernst X, S. 984f.)*

Bestrafter Geiz

Im Jahre 1539, Mittwoch nach Pfingsten, wollten etliche Fuhrleute aus Zwickau einem Bauern bei Erfurt viel Korn abkaufen. Da wollte ihnen der Bauer den Scheffel zu viel zu teuren 56 Groschen geben. Die Fuhrleute boten ihm aber nur 46, mit dem Hinweis, daß er bedenken solle, wie das liebe Getreide durch Gottes Gnade im Feld sehr wohl stünde und eine gute Ernte zu erhoffen wäre.

Da antwortete der Bauer, es stehe auf dem Felde wie es wolle, so könnte es der Blitz noch erschlagen, aber sein Korn auf dem Boden *(in der Scheune)* wäre ihm gewiß, dem könnte nichts widerfahren. Etwa vier Stunden nach diesen Reden kam ein großes Wetter, zündete ihm sein Haus und Hof an und sein Korn, welches er niemand um einen billigen Preis gönnte, sondern auf Wucher hielt, verbrannte mit Haus und Hof. *(Hilscher, S. 4)*

Der falsche Sohn

Zu Krautheim in Thüringen hatte ein Bauer einen Sohn, welcher taub und stumm war. Der verlor sich von seinen Eltern *(verschwand spurlos)*, daß niemand wußte, wo er hingekommen war. Im Jahre 1541 aber begab es sich, daß sich ein anderer für diesen Sohn ausgab. Er stellte sich an Gebärden und anderem, daß man nicht anders meinte, es wäre der rechte Sohn und weil der Bauer ein gutes Vermögen besaß und ein Bier gebraut hatte, sollte der Stumme mit der Magd das Bier tragen helfen. Als sie nun das Bier trugen, begab es sich, daß der Zuber schwankte. Der vermeinte Stumme fing überlaut zu rufen an: »Halt Ursel! Der Tragstab wird brechen und wird uns der Teufel bescheißen!«

Die Magd dachte nun, wie kommt's, daß der Caspar reden kann und meldete solches dem Bauern. Dieser hinterbrachte es dem Junker. Der ließ ihn ins Gefängnis werfen. Darin bekannte er gütlich, daß er etliche Leute betrogen hatte, ihrer etliche auch tötete und es bei dem Bauern auch tun wollte. Der Junker schickte nach Urteil und Recht *(holte Urteil und Strafe ein)*, welches ihm das Rad zuerkannte, womit er auch bezahlt wurde. *(Ernst IX, S. 177)*

Ein halbes Jahr geschlafen

Im Jahre 1552 trug es sich zu Scharzfeld, ein halbe Meile vom Herzberg, wenn man nach Duderstadt reisen will, in einem Vorwerk im Gebiet des Grafen Ernst von Honstein zu, daß eine Dienstmagd, sechzehn Jahre alt, um Martini *(November)* 1551 sich schlafen legte und bis Juni 1552 noch schlief, ohne menschliche Speise. Mittlerzeit *(zwischendurch)* ist sie nie erwacht. Dahin zogen denn viele Leute, edel und unedel, haben das mit der Wahrheit befunden und sahen, daß sie schlief, wie ein rechter, natürlicher, gesunder Mensch, zwinkernd mit den Augen, als lege sie in einem ganzen, süßen Schlaf. Sie hatte einen feinen, roten Mund. Der Puls hatte sich natürlich geregt mit dem Herzen. Sie konnte aber auf keinerlei Weise geweckt werden, wiewohl man viel mit ihr versuchte. Man sah auch, daß dieselbe Jungfrau im Schlaf sich des Tages und nachts einmal umwandte und auf die andere Seite kehrte, doch nicht darüber erwachte. *(Binhard, 3. Buch, S. 135)*

Blutige Tränen

Zu Erfurt sollte ein junger Edelmann seines Verbrechens halber gerichtet werden. Die Mutter bat vor und nach Gott, man sollte ihm doch das Leben schenken. Wie sie aber nichts erhalten konnte und der Sohn nun aus dem Gefängnis fortgeführt wurde, das Urteil zu leiden, hat die betrübte Frau vor großer Herzensangst Blut geweint, daß ihr die roten Zähren häufig beide Backen herabflossen. *(Stieffler, S. 562)*

Der verwunschene Speiseschrank

Verwichenen Frühling des Jahres 1706 kam ein armer Bauer aus einem gothaischen Dorf wegen seines an Brustfieber krank darniederliegenden Kindes. Unter anderem klagte er, daß ihm, seiner Frau und den Kindern nach dem Essen so übel wird und sie dann mit großer Unlust brechen müssen. Ja, es wären ihm schon zwei kleine Kinder daran gestorben. Der Pastor des Ortes hatte ihm zwar dann und wann von seinem Theriak was gegeben, der zuweilen auch gut tat. Nun hätten ihm die Nachbarn geraten, daß, weil sein Haus und Schrank, darin er seine Kost hatte, bezaubert wäre, sollte er solchen Schrank zu einem fließenden Wasser führen, gut abwaschen und alsdann im freien Felde mit Johanniskraut, Wacholder und schwarzem Katzendreck gut aus- und durchräuchern. Dem zur Folge habe er den Schrank auf dem Schubkarren ans Wasser gebracht und beräuchert.

Wie er ihn aber wieder an seinen vorigen Ort setzen wollte, sah er unten an der Seite ein ziemlich großes Loch und bemerkte dabei an der Wand noch zwei andere. Diese hielt er für Rattenmäuselöcher. In der Meinung, die Mäuse auszujagen und totzuschlagen, fuhr er mit seinem Knebelspieß, der unten einen scharfen, spitzen Stachel hatte, in den Löchern herum. Er habe aber Kröten gefunden, worüber er sehr erschrocken war und leicht gedenken konnte, daß sie durch das Loch in den Schrank hineingekrochen und die Speisen verunreinigt hätten. *(Paullini, S. 312f.)*

Weiber oder der Versuch einer Erklärung

Etliche vergleichen die Weiber nach ihrer innerlichen Beschaffenheit mit Geißen oder Ziegen, welches geile Tiere sind, wegen ihres ganz hitzigen und scharfen Geblüts, welches sie niemals ruhen läßt und stetig zu steigen und zu springen treibt. Ihr Hirn soll sich in allem mit der Weiber Gehirn gleichen, weil beide von kleinem Raum sind und die aufsteigenden Dämpfe wegen der genau verschlossenen Hirnschalen nicht vergeistern können. Deswegen haben auch die Weiber mehr Hauptwehen *(Kopfschmerzen)* als die Männer, deren Hirnschalen meistenteils anders beschaffen sind.

Die Ziegen sind genäschige *(naschhafte)* und feige Tiere, nähren ihre Jungen, sind stolz und neidisch und gehen und springen alle der ersten nach, wie auch die Weiber ihnen in diesem allen insgemein gleichen. Der Unterschied besteht jedoch darin, daß die Geißen Hörner tragen, die Weiber aber andern Hörner machen. Wenn nun die Weiber von Natur aus zu unziemlichen Einfällen neigen, ist es nicht wunderlich, daß sie in der Zeit, wenn sie schwanger sind, ihre unordentliche Begierde spüren lassen. Die Ursache dafür liegt darin, daß nach dem dritten und vierten Monat nach der Empfängnis die Frucht in dem Leib nicht die ganze Nahrung verzehren kann, so daß das übrige gleichsam dumm wird und die davon aufsteigenden Dünste so seltsame Gelüste verursachen.

Die Ärzte ordnen dafür saure Sachen, als da sind Senf, Essig usw. an, welche solchen Dünsten widerstehen, den Magen reinigen und Lust zu gesunden Speisen erwecken. Insgemein aber gelüstet es die auf schwerem Fuß gehenden Weibspersonen nach Kreiden, nach Kalk, teils nach Kohlen, Wagenschmiere, woraus zu sehen ist, daß sie sich unwissend etwas Scharfes zur Speise ausersehen und sich dadurch zu heilen suchen. Es ist aber sehr verwunderlich, daß ihnen solches nicht oder nur selten schadet, sondern ihrer Geburt vielmehr nutzt.

Manchmal aber liest man, daß die Schwangeren, wenn sie eine schöne Person entblößt sehen, in ihr Fleisch zu beißen begierig sind und wenn sie dazu nicht kommen, große Schmerzen empfinden. Man erzählt, daß eine einen Bäckersknecht nackt gesehen hat und bat, ihr Mann sollte es zuwege bringen, daß er sie drei Mal in seine Schultern beißen läßt. Der Mann gab dem Bäckersknecht Geld. Zwei Mal willigt er ein, das dritte Mal will er aber wegen der Schmerzen die Schultern nicht mehr hinhalten. Was geschieht? Das Weib kommt nieder und gebiert Drillinge, von denen zwei lebendig, das dritte aber tot auf die Welt kommen.

Wer wissen will, wie dies geschehen könne, der trinke sich voll und betrachte bei sich danach, was für Worte und Werke er aus verdüsterten Einfällen und Einbildungen sehen und hören kann. *(Harsdörffer, S. 239ff.)*

Seltsame Gelüste

Im Jahre 1449 saß Hanß Rudolff in Creuzburg an der Werra, ein ehrbarer Greis, mit seiner kahlen Platte im Sommer haußen vor der Tür. Da ging ein schwangeres Weib vorüber und hatte ein Schafsgehänge *(Eingeweide)* in der Hand und bat, er möchte ihr erlauben, daß sie ihm solches auf die Kolben *(auf den Kopf)* schmisse. Der Mann, in Ansehung ihres Zustandes, ließ es geschehen. Wie sie etliche Schritte weg war, kehrte sie um und wollte es noch einmal tun. Das schlug er ab. Den andern Tag gebar sie zwei Söhne, einen lebendigen und einen toten. Sie sagte, wenn sie noch einmal hätte schlagen dürfen, wäre ihre Lust gestillt worden und das Kind wäre am Leben geblieben. *(Paullini, Teil 2, S. 682)*

Zu Gotha kam ein hochschwangeres Weib in die Fleischbänke *(Schlachthaus)*, daselbst bekam sie eine Begierde, einem kahlköpfigen Fleischhauer mit einem Kälbergeschlinge *(Schlund mit daran hängenden edlen Eingeweiden, also Lunge, Leber, Herz)* auf die Glatze zu schmeißen.

Der Mann hielt dies zwei Mal aus, das dritte Mal aber wollte er es ihr nicht gestatten. Als sie nach Hause kam, gebar sie nebst einem toten zwei lebendige Söhne, welche besagter Fleischhauer aus der Taufe hob.
(Ernst III, S. 266f.)

Die Entweihung der Kirche Unser Lieben Frauen zu Erfurt

Am 22. Mai 1476, vormittags in der achten Stunde, geschah diese Geschichte in der Kirche Unser Lieben Frauen zu Erfurt. Als man das Vormittagsgebet anhob, sprach ein Chorsänger zu einem anderen jungen Chorschüler: »Unterstreiche die Verse, daß wir nicht irre werden.« Da antwortete der Knabe frech, er ließe ihn wohl ein böses Jahr haben, warum er es nicht selber täte und verfluchte ihn übel. Darauf antwortete der große:

»Je, du böser Bube, wie fluchst du?« und er raufte ihn ein wenig in den Haaren. Da fluchte der Chorschüler noch lauter und beschimpfte des Chorsängers Mutter und Schwester. Was für ein böser Bube und kaum dreizehn Jahre alt!

Das alles geschah auf dem linken Chor. Da sprach der große Choralis: »Je, du böser Bube, was fluchst du mir? Ich müßte dich noch mehr strafen.« Er wollte den jungen noch einmal räufen und griff ihm nach den Haaren, denn er war ein vernünftiger und frommer Geselle. Da zog der Chorschüler sein spitzes Brotmesser und stach den Gesellen durch seinen Arm unter den Ellenbogen mittig zwischen der Hand und dem Ellenbogen in die Innenseite des Armes *(er traf wahrscheinlich die Pulsader)*. Das Blut sprang in den Chor und sprudelte hier und auf dem Kirchhof gar sehr. Der Geselle lief sofort zum Scherer *(Barbier, Wundarzt)*, doch auch dieser konnte die Blutung nicht stillen. Es lief ein Schererbecken voll Blut, so daß der Geselle viele Male ohnmächtig und für tot gehalten wurde.

Als der Organist Herr Johann Starcke das Blut auf dem Kirchhof sah und es in der Kirche von der Cavate *(Aufgang)* bis in den Chor nachspürte, ging er zu den Chorschülern und fragte, was das bedeute. Da erzählten ihm diese die Sache und sagten, was für ein böser Lecker *(Schelm)* der junge Schüler wäre. Der Organist ging zu dem bösen Knaben, strafte ihn und sprach: »Nun bist du kaum so groß wie der Würfel eines Brettspieles und willst an einem solchen Ort mit dem Messer stechen?« Darauf antwortete der junge Chorschüler: »Warum raufte er mich?« Der Organist erwiderte: »Und wenn er dich mit Füßen getreten hätte, hättest du nicht mit dem Messer an einem solchen Ort herumstechen dürfen. Dir gebührt den Vers zu signieren. Das ist deine Aufgabe. Heb dich, du böser Bube! Stirbt der Geselle, so tötet man dich auch, egal wie klein du bist. Friste dein Leben!« Er wollte jedoch nicht gehen und blieb bis zum sechsten Gesang. Also wurde es den Prälaten und den Domherren bis zur Vesperzeit verschwiegen.

Am anderen Tag, in des Morgens Frühe, führten die Herren ein Kapitel durch und konsultierten Doktoren wegen dieser Angelegenheit. Die sprachen, obwohl der Knabe ein Kind und jung wäre, so füllt jedoch seine Bosheit das Alter auf. Weil er so schalkhaft war, wäre die Kirche entweiht. Er war tatsächlich ein böser Bube, und wie man sagen hörte, wollte er den Schulmeister, die Lokaten *(im Amt folgende Domherren)* und seine eigene Mutter abstechen. Also ließen die Herren in der Kirche nicht mehr singen, noch Messe lesen, noch Läuten bis auf Sankt Severi Abend *(Montag, den 21. Oktober)*. Sie bestellten den Weihbischof, der den Chor, die Kirche, den Kirchhof, die Cavate, die Kluft *(Krypta)*, die Sakristei, den Kreuzgang, die Kapelle, den Hohen Chor und alle Enden in der Kirche rekonzilierte *(weihte)*. Und das war zum Erbarmen, und er setzte Kreuze umher und rekonzilierte auch die neuen Altäre, die nach dem großen Stadtbrand gemacht worden waren. Somit wurde die Kirche auch von mancher heimlichen, entweihenden Sünde gereinigt. Der Geselle, der angestochen wurde, blieb am Leben, lag aber sehr lange krank. Ich, Konrad Stolle, der dieses geschrieben hat, habe ihn viele Mal besucht. *(Stolle, S. 383ff.)*

Auf dem Milchstein

Auf den Heiligen Drei-Königs-Tag *(6. Januar)* 1532 verhielt sich Hans Hoffmans Sohn auf dem Brautreigen bei der Hochzeit von Hans Hötzings Tochter auf dem Rathaus ungebührlich. Da ihm nun der Stadtdiener auf Befehl der Herren die Buße abforderte, denn die Beamten hatten beschlossen, daß niemand bei dem Brautreigen tanzen sollte, es sei, er wäre gegürtet *(von höherem Stand)*, welches aber dieser Geselle nicht war, nahm sich Hans Keyser von Hohleborn seiner an. Er lief in die hintere Ratsstube vor die Gewaltigen und den ganzen Rat und sagte: »Ist es nicht zum Erbarmen! Sitzt ihr nur darum da, unsern Schweiß und unser Blut abzuschätzen?« Da ihn nun der Stadtdiener ins Gefängnis hinabführen sollte, warf Hans Keyser selbigen die Stiege hinunter. Er mußte aber Sonnabend darauf auf dem alten Markt auf den sogenannten Milchstein treten und seine unhöflichen Worte büßen. *(Geisthirt, 5. Buch, S. 13)*

Geisthirt führt in seiner Historia Schmalcaldica noch weitere schimpfliche und zum Teil groteske Strafen und Rechtsprechungen an:

Im Jahre 1541 erstachen Hans Dieterich und Hans Kornbrod den Veit Hetzel im Dörfchen Aue. Dieterich entlief, Kornbrod blieb in der Stadt. Da man nun über ihn das peinliche Halsgericht hielt und er das Factum *(das Geschehnis)* leugnete, legte man ihm die gebackene *(starre?)* Hand zum Leibzeichen auf den Tisch in einem reinen Bogen Papier vor. Sie zeichnete aber nicht, worauf er losgesprochen wurde.

Unter Leibzeichen versteht man ein Zeichen, welches das peinliche Gericht von einem gemordeten Körper als Beweis seiner Ermordung nahm. Es war bei vielen Gerichten gebräuchlich, daß vor der Beerdigung des toten Körpers ein Leibzeichen genommen wurde, wie denn von alters her oft ein Finger oder die ganze Hand abgeschnitten, gedörrt, oft aber nur ein blutiges Hemd, Rock oder Hose und dergleichen genommen und an einem Ort verwahrt und bei Hegung des hochnotpeinlichen Halsgerichtes mit vorgebracht wurde, wodurch das corpus delicti, und daß die Tat wahrhaftig geschehen, erwiesen werden sollen (nach Grimm).

Im hier geschilderten Fall glaubte man wohl, daß die Hand des Ermordeten auf dem Blatt Papier den Namen des Täters offenbaren würde.

Sarkastisch bemerkt Geisthirt dazu: »Man hatte viel dicentes *(zurückhaltendes)* vor Zeiten von dieser gebackenen Hand, als einem Mittel hinter die Wahrheit zu kommen ... *(gehört)*. Heutzutage aber will man nichts von selbigen auf dem Rathaus wissen.« *(S. 14)*

Im Jahre 1564 wurden Hans Bornschürer, einem Gemeindevormund *(Gemeindevertreter)* die Schlüssel abgenommen und er seines Dienstes entsetzt *(enthoben)*, weil er seine Magd geschwängert hatte. Da solches in beide fürstlichen Kanzleien berichtet wurde, diktierte man ihm die Strafe, daß er vier Wochen gefänglich sitzen, 50 Gulden erlegen *(Gulden zahlen)* und drei Sonntage nacheinander mit einem weißen Stäblein vor der Kirchentür stehen müsse. *(S. 17)*

Im Jahre 1575 wurde Greth Bachin in Hurerei ergriffen. Sie mußte den Stein am Rathaus drei Mal um den Markt herumtragen. Der Scharfrichter führte sie und der Knecht paukte auf einer blechernen Schüssel. Darauf wurde sie mit Ruten gestrichen *(ausgepeitscht)* und des Landes verwiesen. *(S. 20)*

Am 2. Juni 1627 hat man Ursul Cordes, welche Pflanzen gestohlen hatte, einen Kranz von Pflanzen aufgesetzt, sie drei Mal um den Gack *(das Gefängnis)* geführt und zur Stadt hinausgejagt, wobei die Jungens sie tapfer mit Kot bewarfen. *(S. 38)*

Weiberplage

Am 18. Mai 1592, früh zwischen fünf und sechs Uhr hat sich C. W. vorm Arnstädter Riethtor in seinem Weinberg an einem Birnbaum selbst erhängt, im 73. Jahr seines Alters. Darauf wurde er unter dem Fischgalgen bei der

Steinbrücke begraben. Man sagte, sein Weib hätte ihn so sehr geplagt im Hause. *(Olearius, Arnstadt, S. 313)*

Rätselhafte Entführungen

Im Jahre 1559 begab es sich im Thüringer Lande etliche Male, daß Bauersleute nachts aus ihren Häusern unwissend verschwanden und wahnwitzig wurden. Sonderlich ist einem frommen Bauersmann solches begegnet, der unwissend aus seinem Hause gebracht wurde und in einen Wald kam, darinnen er etwa acht Tage war, endlich wiederum unwissend bei Nacht nach Hause gebracht wurde und eine Zeitlang danach unsinnig *(geisteskrank)* gewesen ist. Er zeigte später an, er habe seltsame Dinge gesehen. *(Rivander, S. 506)*

Zweifellos ein Fall für Erich van Däniken.

Der Weinpanscher

Im Monat September 1755 ereignete sich in Erfurt eine sonderbare Begebenheit, die man als eine außerordentliche Sensation ansah. Es wurde nämlich ein Mainzer Weinhändler namens Hauke, weil er viel Wein verfälscht und viele Betrügereien ausgeübt hatte, durch Urteil und Recht zum Galgen verurteilt und zum Richtplatz geführt. Alle Anstalten zur Hinrichtung waren getroffen. Ein Geistlicher bereitete ihn zum Tode, und als er auf dem Stollberge unterm Galgen ankam, wurde er, nachdem er gebeichtet und sich zum Sterben bereit gemacht hatte, von einigen Gerichtsassessoren *(Beisitzer)*, die sich in dieser Absicht auf den Hinrichtungsplatz verfügt hatten, gefragt, ob er noch etwas auf dem Herzen hätte? Er sollte es nur bekennen. Der Delinquent erwiderte, daß er auf sein bereits abgelegtes Bekenntnis sterben wolle.

Nun erscholl plötzlich das Wort »Gnade!«. Der Delinquent, wie von einem elektrischen Schlag durchzuckt, stand betäubt und dem Umsinken nahe da. Schon wähnte er vor der Pforte des Todes zu stehen, als sich ihm die des Lebens wieder öffnete. Sein Blut war erstarrt und ein Chirurg mußte ihm eine Ader öffnen. Er wurde nun nach geschworener Urfehde *(Verzicht auf Rache)* des Landes verwiesen. Der Wein, der mit Silberglätte verfälscht war und mit dem er in Erfurt viele Kaufleute betrogen hatte, wurde in die Krämergasse geführt. Hier wurden die Fässer in kleine Stücke zerschlagen, und so rann für etliche tausend Taler Wein auf die Erde. *(Beyer, S. 31)*

Unter Silberglätte versteht man erstarrtes kristallines Bleioxyd von heller Farbe. Sie war ein gefährliches Mittel zur Verfälschung von Wein. Weinschenken versuchten oftmals durch Zugabe von Silberglätte saure Weine zu versüßen. Besonders im 17. und 18. Jahrhundert verstarben viele Menschen nach dem Genuß solcher Weine.

Teufelsaustreibung im Waisenhaus

Nicht weniger gehört unter diese Abteilung folgende zu Jena im Waisenhaus sich begebende, höchst strafbare Tat. Es befanden sich in diesem Waisenhaus ein Strumpfwirker, namens Schrödter, mit Weib, einem Kind, einem Wollkämmer, zwei Gesellen und einem erst ausgelernten Lehrjungen. Diese Familie wurde ohne das unschuldige dreijährige Kind durch den Wollkämmer Johann Bernhard Hönecken schändlich verführt. Dieser Hönecken stammte aus dem Dorf Süßenborn, war über 30 Jahre alt und verachtete Gottes Wort. Darüberhinaus fand er Gefallen an fanatischen, unreinen und mystischen Büchern. Er verfiel zusehends greulichen Irrtümern und gab sich der Familie des Strumpfwirkers als Prophet und göttlicher Lehrer aus. Er bildete sich ein, seine Worte wären Befehle Gottes und er hätte ein besonderes Geschick sowie einen innerlichen Trieb, die andern zu lehren und sie in diesen und jenen Sachen zu unterrichten.

Dieweil nun seine Lehre nicht fruchten wollte, hat ihn der Teufel soweit verblendet, daß er durch Prügel und Schläge dasjenige auszurichten suchte, was seine närrischen phantastischen Worte und geplauderten Phantastereien nicht bewirken konnten. Hönecken gab vor, der Meister und die Gesellen hätten den Teufel bei sich und er müßte ihn austreiben. Er hat sich am Ende anstatt der Bibel einen erstaunlichen Prügel zu Wege gesucht und hat damit die übrigen einige Mal nacheinander ganz jämmerlich und elendig zerschlagen. Mit dieser Art, den Teufel auszutreiben, brachte er solange zu, bis der im Waisenhaus wohnhafte Buchführer Christian Franz Buch am 13. Juni 1729 ein gewaltiges Lärmen und Turnieren hörte, welches ihn bewog, nebst noch einem andern im Waisenhaus wohnenden Manne, in die Schrödterische Stube zu gehen und nach diesem ungewöhnlichen Schreien und Lärmen zu fragen.

Bei ihrem Eintritt in die Stube präsentierten die Anwesenden ihnen jeweils einen Stuhl und hießen sie, sich niederzusetzen. Als Buch aber den in der Stube mit einem Stock herumgehenden und im Gemüt gleichsam eifernden Wollkämmer fragte, was sie denn machten, daß man solch ein Schreien und Lärmen hörte, antwortete selbiger: »Was werde ich machen! Teufel treibe ich aus. Sieht er sie denn nicht? Hier sitzen ihrer drei« und zeigte auf die auf niedrigen Stühlen sitzenden drei Strumpfwirkergesellen. Buch redete ihnen zu und sagte: »Solches Benehmen gebührt euch nicht. Ihr habt dazu keinen Grund. Die Obrigkeit würde solches nicht billigen, sollte sie es erfahren. Ihr seid nicht voll süßen Geistes, sondern eher, wie ich wahrnehme, voll sauren Weines.« Kaum waren diese Worte ausgeredet, gab der Wollkämmer dem Buch eine Ohrfeige, mit den Worten, er hätte ebenfalls noch den Teufel bei sich, ganz wie die hier gegenwärtigen Kerls.

Als nun, wie leicht zu verstehen, der Lärm noch größer wurde, liefen noch mehr Leute hinzu, unter anderem die Magd des Buchführers, um zu sehen, was diese verrückten Leute mit ihrem Herrn machten. Sobald aber der Wollkämmer, welcher zur Tür heraus mit dem Buchführer ringt und sich windet, der Magd ansichtig wird, läßt er von Buch ab, in der Meinung die Magd sei ebenfalls besessen und will ihr gleichfalls den Teufel austreiben. Er schlägt ihr mit dem Prügel ein so großes Loch in den Kopf, daß man es für nötig hält, ihr bei der Rückkehr in ihre Stube warmen Wein auf die Wunde zu legen.

Als nun ein Junge diesen Wein aus der Vorstadt bringen soll und von der Affäre erzählt, hört dies der Ratswachmeister, der gerade mit zwei Ratsdienern vor dem Stadttor steht. Sogleich beschließen die drei, ins Waisenhaus zu gehen und sich nach der Sache zu erkundigen. Als sie nun zu der Stube kommen, wo das oben Erzählte geschah, fanden sie diese verschlossen und verriegelt, so daß sie sie mit Gewalt öffnen mußten. Wie sie nun in die Stube eindrangen, widersetzte sich Hönecken und traktierte die drei dermaßen mit Schlägen, daß sowohl der Ratswachmeister, als auch der eine Knecht übel zugerichtet wurden. Indem sie nun merkten, daß sie zu schwach waren, riefen sie einige Jenaische Grenadiere zu Hilfe. Endlich wurden fünf Personen, nämlich der Meister, Hönecken und drei Gesellen verhaftet und ins Gefängnis gebracht. Kaum hatte die Inquisition begonnen, bezeugte einer von den Gesellen seine Unschuld. Ihm wollte dieses Wesen nicht gefallen, weil er wüßte, daß der Wollkämmer Hönecke und die Schrödterin mit Vorwissen ihres Mannes Ehebruch getrieben hatten.

Auf Befragen hat sowohl der Ehebrecher das Adulterium *(Ehebruch)* als auch der Mann das Lenocinium *(Kuppelei)* sogleich bekannt. Hönecke aber bestand etliche Wochen hartnäckig darauf, daß es keine Sünde sei, bezog sich auf verschiedene Sprüche der Heiligen Schrift, welche man, um kein Ärgernis anzurichten, hier lieber verschweigt. Der Meister und seine Frau erkannten ihr Unrecht und beklagten sich, daß sie beide von Hönecken eingenommen waren und vor ihm keine Ruhe hatten, bis sie einwilligten, was er haben wollte. Beide mußten das Land verlassen. Der Wollkämmer lag noch lange im Gefängnis. Die christliche Obrigkeit wollte aufgrund der Schwere des Deliktes keine zu gelinde, aber auch keine zu harte Exekution aussprechen. *(Heller, S. 614ff.)*

Lasset uns den Teufel nit also verachten.
Er ist wahrlich ein Tausendkünstler.
Martin Luther

HIER ENDET DAS THÜRINGISCHE OBSCURUM.

ORTSREGISTER

QUELLEN UND LITERATUR

Apfelstedt, Friedrich, *Heimathskunde für die Bewohner des Fürstenthums Schwarzburg=Sondershausen,* Sondershausen 1856.

Auen, Karl, *Segen und Zauberformeln,* gesammelt in Thüringen, in: Zeitschrift des Vereins für thüringische Geschichte und Altertumskunde, T. 1, Jena 1854 (kurz: ZVthGA).

Avemann, H. F., *Vollständige Beschreibung des uralten und weitberühmten Hochgräfl. Geschlechts der Herren Reichsgraf= und Burggrafen von Kirchberg in Thüringen,* Franckfurt am Mayn 1747.

Bange, Johann, *Thüringische Chronik oder Geschichtsbuch,* 1519.

Beyer, Constantin, *Neue Chronik Erfurt,* 1821.

Binhard, Johann, *Newe Vollkommene Thüringische Chronica,* Leipzig 1613.

Buetner, Wolfgang, *Epitome historiarum,* 1596.

Calmet, Augustin, *Gelehrte verhandlung ...,* Erster Theil, Augsburg 1751.

Cammermeister, *Die Chronik Hartung Cammermeisters,* hg. v. d. Hist. Commission der Prov. Sachsen, bearb. v. Robert Reiche, in: Geschichtsquellen der Provinz Sachsen und angrenzender Gebiete, 35. Band, Halle 1896.

Chronica und Alte Geschichte die von Erffurdt belangendt, von Anno 438 bis auff das 1586. Jahr (Stadtarchiv Erfurt, ohne Autor).

Chronik des Johann Wilhelm Trapp, Eisenach in den Jahren 1739 bis 1805, in: Beiträge zur Geschichte Eisenachs, XVIII., Eisenach 1908.

Chronik von Arnstadt. Zeittafel/Lexikon, hg. v. Andrea Kirchschlager; Ulrich Lappe u. Peter Unger, Arnstadt 2003.

Daston, Lorraine; Park, Katharine, *Wunder und die Ordnung der Natur 1150–1750,* Frankfurt am Main 2002.

Der Heidelberger Totentanz von 1485, hg. v. Manfred Lemmer, Frankfurt am Main/Leipzig 1991.

Der neue Pitaval. Eine Sammlung der interessantesten Criminalgeschichten aller Länder aus älterer und neuerer Zeit. Begründet vom Criminaldirector J. E. Hitzig und Dr. W. Häring (W. Alexis). Fortgesetzt von Dr. A. Vollert. Neue Serie. Sechster Band. Leipzig 1871.

Deutsches Wörterbuch von Jacob und Wilhelm Grimm, Nachdruck der Erstausgabe von 1854, München 1999.

Dexelius, Gottfried, *Historischer offener Schau=Platz,* 1697.

Die Arnstädtische »Bieroper« aus dem Jahre 1705, hg. in Verbindung mit dem Thüringer Geschichtsverein Arnstadt e.V., mit einer Einführung von Ernst Stahl, Arnstadt 1993.

Die Holzschnitte zu Sebastian Brants »Narrenschiff«, hg. v. Manfred Lemmer, Frankfurt am Main/Leipzig 1994.

Eckartsbergaer Kreisblatt, 1851.

Engelhardt, Karl August, *Tägliche Denkwürdigkeiten aus der Sächsischen Geschichte,* 1. Teil, 1809.
Engelhardt, Karl August, *Tägliche Denkwürdigkeiten aus der Sächsischen Geschichte,* 2. Teil, 1809.
Ennet, Diether, *Heilpflanzen und Drogen (BI-LEXIKON),* Leipzig 1990.
Entsetzliche Mord-That und Beraubunge, Kölleda 1728.
Ernst, Jacob Daniel, *Das Neu=auffgerichtete Historische Bilderhauß,* Teil 1 und 2, Altenburg 1684, (Ernst I).
Ernst, Jacob Daniel, *Das Neu= auffgerichtete Historische Bilderhauß,* Teil 3, Altenburg 1684, (Ernst II).
Ernst, Jacob Daniel, *Gemüths=Ergetzlichkeiten,* Magdeburg 1697, (Ernst III).
Ernst, Jacob Daniel, *Auserlesene Denckwürdigkeiten,* Leipzig 1693, (Ernst IV).
Ernst, Jacob Daniel, *Die Neu=zugerichtete Historische Confect=Taffel,* 1677, (Ernst V).
Ernst, Jacob Daniel, *Die Neu=auffgerichtete Schatz=Cammer,* Altenburg 1696 (Ernst VI).
Ernst, Jacob Daniel, *Die Neu=historische Schau=Bühne,* Leipzig 1702, (Ernst VII).
Ernst, Jacob Daniel, *Curiose Historische Blumen=Lese,* Leipzig 1694, (Ernst VIII).
Ernst, Jacob Daniel, *Der Neu=aufgerichtete Schau=Platz,* 1. Teil, Leipzig 1696, (Ernst IX).
Ernst, Jacob Daniel, *Der Neu=aufgerichtete Schau=Platz,* 2. Teil, Leipzig 1699, (Ernst X).
Falckenstein, Johann Heinrich v., *Erfurttische historia* 1739.
Falckenstein, Johann Heinrich v., *Thüringische Chronica,* 2 Bände, Erfurth 1738.
Geisthirt, Johann Conrad, *Historia Schmalcaldica oder Historische Beschreibung der Herrschafft Schmalkalden,* Schmalkalden um 1734.
Gesammelte Nachrichten von allerhand merckwürdigen Begebenheiten, 2. Band, 1770.
Gründler, O., *Gebesee – Aus der Vergangenheit der Stadt,* Gotha 1930.
Grüning, Friedrich Heinrich, *Neue vervollständigte Chronik der Stadt Cölleda,* Cölleda 1835.
Guethe, Johann Sebastian, *Poligraphia Meiningensis,* Gründliche Beschreibung der Uhr=alten Stadt Meiningen, Gotha 1676.
Harsdoerffer, Georg Phillipp, *Der grosse Schau=Platz,* 1664.
Hartlieb, Johannes, *Das Buch aller verbotenen Künste*, hg. v. Frank Fürbeth, Frankfurt am Main 1989.
Hilscher, Paul Christian, *Die bedencklichen Berichte Gottes über die Zungen=Sünden,* 1719.
Helmrich, Karl, *Geschichte des Großherzogtums Sachsen-Weimar- Eisenach für Schule und Haus,* Weimar 1852.
Heller, Johann Bernard, *Zehen Sammlungen sonderbahrer alt und neuer Merckwürdigkeiten,* Jena und Leipzig 1731.
Hellwig, Albert, *Verbrechen und Aberglaube*, Leipzig 1908.

Herzog, Karl, *Geschichte des Thüringischen Volkes,* Hamburg 1827.
Hoffmann, Alfred, *Das Thüringer Heuschreckenjahr 1693,* in: Thüringer Heimat, Heft 3, Weimar 1958, S. 183.
Hondorff, Andreas, *Promptuarium Exemplorum,* Historien und Exempelbuch, Leipzig 1623.
Hsia, R. Po-chia, *Trient 1475*, Geschichte eines Ritualmordprozesses, Frankfurt am Main 1997.
Irsigler, Franz; Lassotta, Arnold, *Bettler und Gaukler, Dirnen und Henker,* Außenseiter in einer mittelalterlichen Stadt, Köln 1984.
Junckers Chronik, (Beiträge zur Geschichte Eisenachs), 1710.
Justiz in alter Zeit, hg. v. Hinckeldey, Ch., mit Aufsätzen v. Schild, Wolfgang, in: Schriftenreihe des Mittelalterlichen Kriminalmuseums Rothenburg ob der Tauber, Band VI c, Rothenburg ob der Tauber 1989.
Kindervater, Johann Heinrich, *Curieuse Feuer=und Unglücks=Chronica,* Nordhausen 1712.
Kirchschlager, Michael (Leiter des Autorenkollegiums); Schlegel, Gerd; Stolle, Thomas; Hildebrand, Thomas; Berwinkel, Holger; Lohmann, Burkhard; Weiß, Wolfgang; Uebensee, Heinz, *Die Geschichte der Stadt Weißensee von den Anfängen bis zur Gegenwart.* Festschrift anläßlich des 800jährigen Marktrechtes der Stadt Weißensee 1998, Erfurt 1998.
Koch, Julius, *Gründliche und ausführliche Geschichte Thüringens,* Gotha 1886.
Koch, Tankred, *Lebendig begraben.* Geschichte und Geschichten vom Scheintod, Augsburg 1996.
König, Bruno Emil, *Hexenprozesse,* Ausgeburten des Menschenwahns im Spiegel der Hexenprozesse und der Autodafés, Berlin o. J. (nach 1918).
Licetus, Fortunius, *De Monstris*, 1665.
Lonitzer, Adam, *Kreuterbuch*, Ulm 1679.
Maturo, J. V. S., *Altenburgi Altitudo,* Altenburg 1699.
Melissantes, Berg=Schlösser In Teutschland, Franckfurth und Leipzig 1721.
Merkwürdige Geschichten und Denkwürdigkeiten, 1769.
Metzke, Hermann, *Lexikon der historischen Krankheitsbezeichnungen,* Neustadt/Aisch 1994.
Oberländer, Johann Nicodemus, *Das Gedächtnis der Stadt Coelleda,* Cölleda 1730.
Olearius, Johann Christoph, *Historia Arnstadiensis,* Historie der alt= berühmten Schwartzburgischen Residencz Arnstadt, Arnstadt 1701.
Olearius, Johann Christoph, *Rerum Thuringicarum Syntagma,* Allerhand denckwürdige Thüringische Historien und Chronicken, Franckfurth und Leipzig 1704.
Paullini, Christian Franz, *Zeit=kürtzender Erbaulicher Lust/oder/Allerhand ausserlesener/rar=und curioser/so nütz=als ergetzlicher/Geist=und Weltlicher/Merckwürdigkeiten,* 1. Teil, Franckfurt am Mayn 1693, 2. Teil 1694, 3. Teil 1703.
Pfefferkorn, G. M., *Merkwürdige und auserlesene Geschichte von der berümten Landgrafschaft Thüringen,* 1684.

Praetorius, Johannes, *Glücks-Topff*, 1669.
Rivander, Zacharias, *Düringische Chronicka*, 1596.
Rothe, Johannes, *Düringische Chronik*, hg. v. Liliencron, Rochus von, in: Thüringische Geschichtsquellen, Bd. 3, Jena 1859.
Rudolph, Valentin, *Zeitbüchlein*, Jena 1580.
Ruffié, Jacques; Sournia, Jean-Charles, *Die Seuchen in der Geschichte der Menschheit*, München 1993.
Sagittarius, Caspar, *Saalfeldische Historien*, hg. v. Devrient, Ernst, Saalfeld 1903.
Schiebel, Johann George, *Neu=erbautes historisches Lust=Hauß*, Leipzig 1685.
Schlegel, Gerd, *Weißenseer Pitaval.* Die Stadtgerichtsbarkeit in Weißensee mit ausgewählten Prozessen, Kriminalfällen und Strafgeldlisten vergangener Jahrhunderte, Weißensee 2000.
Schumacher, Gerd-Horst, *Monster und Dämonen*, Unfälle der Natur, Eine Kulturgeschichte, Berlin 1993.
Seibt, Ferdinand, *Glanz und Elend des Mittelalters*, Berlin 1987.
Stieffler, Johann, *Loci Theologiae Historici Continuati*, Oder fortgesetzt Geistlicher Historien=Schatz, Franckfurth am Mayn und Leipzig 1686.
Stoiber, Ingrid, *Bilzingsleben und seine Ortsgeschichte*, 1174–1999, Auszug, Bilzingsleben 1999.
Stolle, Konrad, *Memoriale – thüringisch-erfurtische Chronik*, bearb. v. Thiele, Richard, in: Geschichtsquellen der Provinz Sachsen und angrenzender Gebiete, 39. Band, Halle 1900.
Storch, Ludwig, *Allerlei Geschichten*, 1848.
Unger, Salomo Gottlob, *Anekdoten von dem großen Brandunglück in Cölleda am 14. August 1795*, nebst vorangesetzter Chronik dieser Stadt, Cölleda 1796.
Tagebuch der Rosalie Richter (Abschrift), Kreisarchiv Arnstadt, Sign.: 2-201-04-1
Theatrum europaeum, Band 14, Frankfurt 1702.
Thüringische Merkwürdigkeiten, hg. v. Meyer, H.J., Drittes Heft, Arnstadt 1829.
Teuscher, Christian Friedrich Gottfried, *Die Geschichte der Stadtschule zu Buttstädt*, Neustadt an der Orla 1828.
Toppius, Andreas, *Weissenseeische Chronnica*, Weißensee 1646.
Vasold, Manfred, *Pest, Not und schwere Plagen*, Seuchen und Epidemien vom Mittelalter bis heute, München 1991.
Wagener, Samuel Christoph, *Die Gespenster*, Teil 3, Berlin 1799.
Wagener, Samuel Christoph, *Neue Gespenster*, Teil 2, Berlin 1802.
Wette, Gottfried Albin, *Historische Nachrichten von der berühmten Residentz-Stadt Weimar*, Weimar 1739.
Zeiller, Martin, *Handbuch von allerley nützlichen Erinnerungen*, 1655.
Zopf, Johann Caspar, *Reuszische Gerauische Stadt=und Land=Chronica*, Leipzig 1672.

Einige Titel wurden zweckmäßigerweise gekürzt. Die Vignetten entstammen der Schedelschen Weltchronik.

MÖRDER/RÄUBER/MENSCHENFRESSER

Einhundert Biographien deutscher Verbrecher des
15. bis 18. Jahrhunderts

Taschenbuch
240 Seiten, Euro 10,95
ISBN 978-3-86552-024-1

Die erste Auflage dieses Klassikers der »Kriminalliteratur« erschien 1786 in Bornholm. Die Herausgeber blieben anonym und konnten nicht ermittelt werden. Noch im 19. Jahrhundert zählte das Buch zu der empfohlenen Handliteratur für den Polizeimann.
Diese Sammlung stellt eine interessante, leicht lesbare und verständliche Quelle zur Kriminal- und Kulturgeschichte des Verbrechens vergangener Jahrhunderte dar. Das Spektrum der beschriebenen Verbrecher reicht von fürstlichen Ehebrecherinnen, Giftmörderinnen, gemeinen Mördern und Hexen bis hin zu korrupten Beamten und Politikern.

Bearbeitet und herausgegeben von Michael Kirchschlager. Ausgestattet mit zahlreichen Abbildungen seltener Kupferstiche.

www.Festa-Verlag.de

DAS OBSCURUM

Mord- und Schauergeschichten aus Chroniken des Alten Europa
Herausgegeben von Lothar Bechler und Michael Kirchschlager

Hardcover
320 Seiten, Euro 18,80
ISBN 3-934277-09-8

DAS OBSCURUM enthält 130 Geschichten von Monstren, Serienmördern, Menschenfressern, Hexen, Werwölfen, Vampiren und Geistern, erschrecklichen Martyrien sowie bösen Taten der Wollust und Habgier. Der besondere Reiz der schaurig-morbiden und zum Teil fantastischen Geschichten liegt in ihrem Wahrheitsgehalt.
Die Herausgeber kommentieren, erläutern und entschlüsseln. Zahlreiche zeitgenössische Holzschnitte und Kupferstiche illustrieren diese einmalige Edition zur Kriminalgeschichte und zum Aberglauben des Alten Europa in einzigartiger Weise.

pax et gaudium: *Wer die vielen detaillierten Beschreibungen von Folterungen und Hinrichtungen liest, sollte jedenfalls nicht allzu zart besaitet sein.*

KIRCHSCHLAGERS CRIMINAL- & CURIOSITÄTEN-CABINETT
Band 1

Hardcover
192 Seiten, Euro 16,00
ISBN 978-3-86552-048-7

Kirchschlagers Criminal- & Curiositäten-Cabinett stellt eine Sammlung merkwürdiger, aber auch schauriger Nachrichten aus Chroniken, Exempelbüchern, Gazetten und seltenen Drucken vom Mittelalter bis zum ausgehenden 20. Jahrhundert dar.
Die Geschichten handeln von schrecklichen Morden, spektakulären Verbrechen und dämonischen Erscheinungen, historischen Ereignissen, außergewöhnlichen Begebenheiten, Ungeheuern, wilden Bestien, Wundergeburten, naturwissenschaftlichen und medizinischen Phänomenen, sowie allerlei anderen »Curiositäten«, die die Zeitgenossen der verschiedensten Jahrhunderte erschreckt und beschäftigt haben.

Dieser Band enthält u. a. Beiträge über ein Affenweib, die Scharfrichtermasken auf Burg Rodenegg, die Ermordung des Teufels, den Scheintod und die Gefahr, lebendig begraben zu werden, abergläubische Gebräuche in Indien und gebackene Leichen. Zum besonderen Gespräch stellte sich der als »Madendoktor« bekannte Kriminalbiologe Mark Benecke.
Zahlreiche zeitgenössische Holzschnitte und Kupferstiche, aber auch seltene Fotos illustrieren dieses Hardcover in einzigartiger Weise.

KIRCHSCHLAGERS CRIMINAL- & CURIOSITÄTEN-CABINETT
Band 2

Hardcover
192 Seiten, Euro 16,00
ISBN 978-3-86552-047-0

Kirchschlagers Criminal- & Curiositäten-Cabinett stellt eine Sammlung merkwürdiger, aber auch schauriger Nachrichten aus Chroniken, Exempelbüchern, Gazetten und seltenen Drucken vom Mittelalter bis zum ausgehenden 20. Jahrhundert dar.
Die Geschichten handeln von schrecklichen Morden, spektakulären Verbrechen und dämonischen Erscheinungen, historischen Ereignissen, außergewöhnlichen Begebenheiten, Ungeheuern, wilden Bestien, Wundergeburten, naturwissenschaftlichen und medizinischen Phänomenen, sowie allerlei anderen »Curiositäten«, die die Zeitgenossen der verschiedensten Jahrhunderte erschreckt und beschäftigt haben.

Dieser Band enthält u. a. Beiträge über eine Selbstmordmaschine, die Hexenverliese der Alten Burg Penzlin, den Vampir Peter Plogojowitz und »Weiße Teufel«. Der bekannte Kriminalbiologe Mark Benecke berichtet über Vater Denke, den »vergessenen Kannibalen«. Zum besonderen Gespräch stellte sich Heike Gerdes, Deutschlands erste Verlegerin von Kriminalromanen.
Zahlreiche zeitgenössische Holzschnitte und Kupferstiche, aber auch seltene Fotos illustrieren dieses Hardcover in einzigartiger Weise.